Antonio Gala
Carta a los herederos

GN00983861

Documento

Antonio Gala

Carta a los herederos

PLANETA

© Antonio Gala, 1995

© Editorial Planeta, S. A., 1996
   Córcega, 273-279, 08008 Barcelona
   (España)

Realización cubierta: Departamento de
Diseño de Editorial Planeta (foto © Pilar
Aymerich)

Primera edición: octubre de 1995
Segunda edición: diciembre de 1995
Tercera edición: enero de 1996

Depósito Legal: B. 3.225-1996

ISBN 84-08-01548-6

Composición: Víctor Igual, S. L.

Papel: Offset Soporset, de Soporcel, S. A.

Impresión: Duplex, S. A.

Encuadernación: Encuadernaciones Maro, S. A.

Printed in Spain - Impreso en España

Índice

Encabezamiento 9
La posibilidad 11
Los predecesores 14
Adiós y bienvenida 16
Fin de milenio 19
Ante unas elecciones 21
Americanización 24
La última palabra 26
Progresar 29
A cada instante 31
Joven con perro 34
Nuestra casa 36
Comunicación 39
Las migraciones 41
Beber 44
Objetores e insumisos 46
Tarde de verano 49
Un libro en las manos 51
El futuro imperfecto 54
La joven Europa 56
El erotismo 59
La luz y la canción 61
El gran poema 64
La toma del poder 66
Una vida mejor 69
La política desprestigiada 71
Uno de vosotros 73
La profesión humana 76
Esperanza y recuerdo 78
Revolución 81
Hacia vosotros mismos 83
La reina del mundo 86
La nueva humanidad 88

Visión del mundo 91
La soledad poblada 93
Otro juego 96
Generaciones y degeneraciones 98
Utopía 101
Los puercoespines 103
El bastón 105
Enamorados 108
Los griegos y nosotros 110
Jerarquías 113
Ser la cultura 115
El aburrimiento 118
Los malpagados 120
La vida feliz 123
Cultura del ocio 125
Camino de vuelta 128
La familia sí, pero... 130
Maestros 133
Mañana de abril 135
Generación X 137
Émulos de la llama 140
El proyecto más largo 142
La gran aventura 144
De uno en uno 147
Humanizar la tierra 149
El compromiso 152
Dinero, mucho dinero 154
El silencio elocuente 157
Arenga 159
Sentimientos religiosos 161
Comunidad de la esperanza 164
Perder los sentidos 166
Vuestras catacumbas 169
Escribir 171
El tiempo compartido 174
Los héroes oscuros 176
La búsqueda 179
El sexo y la vida 181
A grandes rasgos 184
El río salvaje 186
Sensibilidad nueva 189
Vosotros y yo 192
El beneficio de inventario 194
Las riendas del mundo 197

Tres razas, dos ejemplos 199
La razón y la fe 202
Los herederos expoliados 205
El flautista 207
Las poderosas 210
Nuestro idioma 213
Los diferentes 215
Los desconcertados 218
El brote 221
Las drogas enemigas 223
Las drogas aliadas 226
¿Quién soy yo? 228
Ser o no ser 231
Los padres 234
Movidas 236
Parados 239
Los espacios sagrados 241
La iniciación 244
Hambre de padre 246
Invitación a la alegría 249
La cima 251
Pasado y futuro 254
Hasta siempre 256

Índice onomástico 259

ENCABEZAMIENTO

¿Queridos? Sí, bueno: queridos. Pero queridos, ¿qué? ¿Amigos? Eso no depende de mí sólo. Y vosotros sois tantos y tan contrarios... Nunca escribí una carta más difícil. No porque ignore vuestro idioma. (No ha de ser tan distinto de este en el que os escribo, y, si lo fuera, me gustaría aprenderlo.) No porque seáis la generación de jóvenes más culta que ha existido en España. (Yo no lo creo, y, si alguien os lo dice, es que quiere con el halago sacar algo. Lo que estáis —eso sí— es mejor informados.) No porque os respete u os tema hasta el punto de sentirme tan lejos que no escuchéis mi voz... Yo no escribo sino a quien amo; yo no corrijo sino a quien amo. No creo en oráculos, ni en gurus, ni en carismas; creo en verdades suficientes, que ya son de por sí bastante misteriosas. Una inconcusa es que vosotros sois los herederos... Por lo tanto: Queridos herederos.

Sin embargo, nunca he escrito una carta tan difícil. Es desconsolador trazar signos a tientas; ligar párrafos como avanzando a oscuras por una habitación inhabitual. Es desconsolador desperdigar simiente sobre una tierra de fertilidad incierta. Es desconsolador escribir una carta que sabemos de antemano perdida... Sí; toda carta no deseada está perdida. Y ésta tiene destinatarios, pero ¿tendrá lectores? Sé que no me leeréis. Precisamente porque me dirijo a vosotros, volveréis con desdén la espalda: «Otro más.» Estáis hartos de que se opine de vosotros desde fuera... Quizá alguno me lea, no obstante. Yo me encuentro más próximo a vosotros que vosotros a mí. (No tengo otra manera de sentirme vivo: cada época marca su propia juventud.) Nunca levantaré los puentes levadizos. Nunca me adentraré, como el viejo león en su caverna, dejando fuera el mundo: los ecos, los olores, la renovación portentosa de los seres... Quizá alguno me lea. O me lean vuestros padres, y os adviertan: «¿Por qué no lees a Gala?» Pero, por venir de vuestros padres, haréis a la advertencia oídos sordos o un gesto despectivo: «¿Leer? Estoy cansado.» Y volveréis la cara a la televisión, o al atardecer que se descuelga detrás de la ventana, o al limpio dibujo de los labios de vuestra compañera o vuestro compañero. U os acercaréis al teléfono para quedar con alguien, y acaso vayáis luego a los lugares en que, bajo la atroz cúpula del ruido, late un silencio duro como una piedra: el ruido insoportable y el silencio de los que os gusta rodearos... No a todos, creo...

Sé que no sois iguales. Si os veo de uno en uno, me adivino a través de vuestros ojos; juntos, es ya más complicado. Me sorprende vuestra aparente pasividad, la sabiduría de animales astutos que en alguno de vosotros acecha. Sé que sois muy dispares. Pero algo sí tenéis en común. No sólo la *posibilidad*; no sólo el *todavía*; no sólo vuestra negativa a sentiros *promesas* o miembros del vago ejército llamado *Juventud*. Tenéis en común que sois los herederos. «Si no nos conoce —diréis—, ¿por qué nos escribe?» También —sobre todo— se escribe para aprender, para concretar lo poco que sabemos y para acrecentarlo. Mi vida ha sido un interminable aprendizaje: ¿de quién queréis que aprenda de ahora en adelante?

Algunos de vosotros me inspiran piedad: los tempranamente envejecidos, en cárceles acaso, cuyo futuro absorbió la ciudad al volverse enemiga. Otros, una fraternal impaciencia: me tienta provocarlos para que se apresuren. Otros, los autosuficientes, los que se apoyan en un arbotante tan caedizo como su edad, me inspiran cólera: ninguna edad es nunca un burladero; hay que estar en la plaza, y más cuanto más fuertes y más ágiles. Por otros —los ambiciosos, que respetan las malas normas para medrar deprisa— siento sólo desprecio: son los que más se despegan de vosotros; sembraría en ellos un poco de locura. Por los perdidos en el tenebroso bosque de la droga siento la mayor misericordia; pero también por quienes los rodean y los sufren...

Decidme, por lo menos, ¿es que vais más de uno en una misma dirección? ¿Tenéis acaso la misma inteligencia, la misma sed, igual temperatura? Algunos estudiáis y muy pronto buscaréis trabajo; otros lo estáis buscando; hay muchos que no buscáis ya nada. ¿Ya? Sí. Actuáis cerrando en torno vuestro una rotunda parte de la vida; no pensáis en madurar, ni en prolongaros, como si debierais morir jóvenes o como si nunca fueseis a envejecer. Habéis oído decir que los amados de los dioses mueren a vuestra edad. No es cierto (poco de lo que habéis oído es cierto): los amados de los dioses no mueren...

Sólo os escribo porque sois los herederos. No nuestros nada más, sino de cuantos se nos anticiparon. Los herederos de todo lo que hay. Hagáis lo que hagáis, seáis como seáis, lo único que le importa al mundo es que lo recibiréis en herencia. Ningún eslabón de la cadena puede ser roto. A pesar de las bienaventuranzas, seáis o no mansos —es decir, apacibles de corazón—, poseeréis la Tierra. Mal o bien, la poseeréis. Por eso es por lo que yo, aunque no me leáis, os escribo esta carta esperanzada.

LA POSIBILIDAD

Cuando pienso en vosotros, lo primero que se me ocurre es que cualquiera podría, por la edad, ser hijo mío. Afortunadamente no fue así; para vosotros, digo. Y para mí quizá; en algunos casos por lo menos. La Naturaleza, en esto de las procreaciones, suele acertar; porque ¿qué habríamos hecho en semejante circunstancia? Alguna vez he escrito lo que habría sido mi hijo para mí: todo, mi documento de identidad. Más aún, mi identidad: mi nombre habría sido mi hijo; mi domicilio, mi hijo; mi hijo, mi lugar de nacimiento y también mi profesión... Todo, excepto la edad. Y ella es tan importante.

Por eso me he de preguntar qué sería para mi hijo yo. Una losa. Enamorada, ferviente, con dedicación exclusiva; pero, por lo mismo, una losa. Él se ahogaría debajo. La lucha por sobrevivir siendo cada uno —no por sorda menos fiera— entenebrecería nuestro cariño. Mi hijo (¿se llamaría Ramiro, o Mencía quizá?) me habría retirado casi de mi trabajo. ¿Y de qué viviríamos? Un padre conocido —no hablo en un sentido genético, sino sociológico— es un coñazo; sin embargo, es peor un padre que sólo se realiza de puertas para adentro: un padre cuyo cumplimiento depende de su hijo; cuya realización se delega en el hijo, que ya tiene bastante con la suya.

¿Cómo hacer compatibles horarios y costumbres diferentes? Yo, por ejemplo, como muy deprisa; comer no me interesa. El que me ha tocado más cerca de entre vosotros come despacio, mastica mucho, tarda. «Es más sano, papá.» Ha hecho no sé qué curso zen, que lo aleja de mí. Yo trato de hacerlo a mi vez para entenderlo y comentar y reírnos juntos. Pero adivino que le desagrada, y es necesario que me quede solo en la orilla contemplando huir su agua... El otro día un coetáneo me dijo que, a vuestra edad, no habló apenas porque no le dejaba su padre, y que ahora apenas habla porque sus hijos no le dejan. Quienes no los tenemos juzgamos siempre que nos impondríamos. Igual que el prior de un convento, que marca las horas de los oficios, del trabajo, de la charla en común, del dormitorio. Un convento a cuyas celdas no se permite entrar novios ni novias, amistades extrañas, las deslumbrantes novedades generacionales que son lo que os define... Y la cuerda se rompería por lo más delgado; es decir, por la parte de los padres. No porque el hijo se largase, sino porque se quedara imponiendo su santa voluntad.

Se afirma que hoy todos los padres aspiran a que sus hijos salgan de su casa. Por el bien de ambos: de los mayores, que han de hacer una vida más serena; de los menores, porque es ley que abandonen el nido y el cubil, vuelen y se alimenten por sí mismos. Yo no estoy seguro, a pesar de ello, de desear que mi hijo me dejase. Pero acaso hacerlo adicto a mí, como si fuera yo una droga o un último recurso salvador, lo empequeñecería. Opinando así, habría de ofrecerle cuanto en él me gastara dentro de casa, y algo más, para que se ausentase. ¿Y si, en contra hasta de mi pena, no se fuese? ¿Me plantearía si se trataba de una prueba de afecto o de una prueba de egoísmo? Qué difícil la relación humana, mucho más cuanto más íntima. Y qué fácil, por el contrario, generalizar. Cada padre es único; cada hijo, también; y el oleaje del frío mar de los años que hay entre ellos se mueve en cada ocasión de desigual manera... Si quienes sabéis de mí me respetáis en general, es porque no soy padre vuestro; de serlo, puede que no lo hicieseis. La progresión muscular del hijo ha de lograrse fortaleciéndose frente al padre, frente al contrincante previo a los otros que es el padre. No sé si matándolo, pero sí dejándolo bastante malherido o muy maltrecho.

De ahí que ahora me pregunte —y os pregunte—: ¿soy yo un carca? ¿Seré un irremediable carrozón? Quizá no fuese un padre enteramente guay, pero sí uno legal. Y me digo que la paternidad no se improvisa: es un largo quehacer de adaptación diaria. Lo mismo que el amor: cuando aparece exige una nueva tarea, cambios, mudanzas, entregas anchas o menudas, regateos. Por las dos partes. O por las tres, porque la madre cuenta...

Y me digo asimismo que vosotros tenéis un inigualable encanto: no sólo el general de la juventud, sino el sobreañadido de *ésta* concretamente: la sinceridad, la indiferencia ante cuestiones que amargaron la mía, la tolerante comprensión, la inseguridad que —como un cachorro— busca el apoyo aun sin reconocerlo, el desdén por los remilgos, poner la osadía sobre la tradición y muchos otros valores sobre el respeto, la soterrada capacidad de admiración, el deseo —a veces invisible— de aprender...

No sé, será por esa causa por la que lo último que se me ocurre es que a lo mejor no nos habría ido tan mal a cualquiera de vosotros, como hija o hijo míos, y a mí, obrando de padre. Yo habría acabado por abrir el puño; vosotros, por abrir el corazón. En nombre de la posibilidad —de la posibilidad sólo—, muchas gracias.

LOS PREDECESORES

Porque a simple vista no os parecéis a vuestros padres más próximos dicen que sois espurios. Pocas generaciones habrá habido más claramente hijas de su tiempo. Quien os tacha de *generación espontánea* es que no sabe Historia. Voy a contaros una, o mejor, voy a contaros la Historia: vuestra y de todos quienes estamos más o menos vivos.

Un padre de la patria USA, John Adams, escribió que su generación fue obligada por las circunstancias a dedicar su vida a la guerra y a la política para que sus descendientes pudieran dedicar la suya al estudio y a la filosofía. No fue así: la inercia del dinero es demasiado impulsiva; la del poder, también. Sus descendientes aspiraron en esencia a la libertad personal; a que el gobierno satisficiera sus necesidades, se redujese a controlar los gastos y a no elevar los impuestos, y los dejara en paz. Quienes crearon la sociedad burguesa no predijeron que la cultura iba a no ser burguesa.

¿Qué es esa sociedad? ¿Cuáles son sus *valores*? Ella entiende por valores las virtudes que la sostienen: la voluntad de trabajo que mejorará la situación de cada uno; el acatamiento a las leyes; el respeto a las religiones tradicionales; el mérito de aplazar las satisfacciones a través de toda clase de ahorros; el interés por la familia y la comunidad, y unas cuantas premisas semejantes. La sociedad burguesa se apoya en la clase media, y ambas, legitimadas, legitiman la economía de mercado, que a su vez legitima nuestro mundo. Pero nuestro mundo ha dejado de ser nuestro. O no es ya el vuestro, por lo menos. De Adam Smith habréis oído hablar. Fue un genio económico; sin embargo, estaba convencido de que las actitudes y opiniones culturales —también las religiosas— formaban parte del gusto personal, y nadie discutiría sobre ellas apasionadamente, porque, en el fondo, para nada servían. También se equivocó. Hace doscientos años que son visibles las consecuencias de su error.

La sociedad burguesa se orientó hacia las ambiciones de hombres y mujeres ordinarios, domésticos y aun domesticados: a los que les preocupa en exclusiva su posición económica familiar, mudarse de su barrio a otro mejor, tener una segunda residencia, y brindar a sus hijos la posibilidad de ascenso. Son gente que se apoya en el porvenir y en la permanencia de las identidades. Pero existe otra gente a la que aburre tal orden, en que nunca ha creído, y a la que le parece insuficiente la visión optimista y corta de ese mundo que ya no considera como propio. Antes, a gente así se la llamaba *intelectual* o *artista*. Era un sector *bohemio* que, en el siglo pasado, eligió una forma contestataria de vida más que una carrera productiva de arte; que usaba ropa de obrero (como luego los *jeans*), tenía cierta promiscuidad sexual, consumía drogas y hasta se suicidaba, ante el desconcierto y la decepción de sus mayores... ¿Es que no os suena a vosotros esta clase de gente y sus desprecios?

A ellos los movía un instintivo afán de contradecir: desde epatar a los burgueses, que compraban sus obras para prestigiarse y que admiraban boquiabiertos su coraje, hasta desdeñar su sociedad mirando hacia un mundo más justo y más perfecto. Fueron los *modernos*, los autores y creadores de todos los *ismos* habidos y por haber. Fueron los cercanos antepasados del movimiento en que se engarza el *rock and roll*, que acaba con el viejo atractivo de la canción erótico-romántica. Los padres, que educan a sus hijos en la templanza, los ven luego marchar a festivales dionisíacos y masivos. Los jóvenes crean, producen, graban, consumen y cierran en sí mismos el ciclo de su música. Se

15

trata de una revolución cultural que estuvo a punto de transformarse en política por los años sesenta. Unos años a los que sigue el posmodernismo, esa especie de irracionalidad académica que abole la diferencia entre la cultura intelectual y lo que se había llamado *subcultura*. Ya no sólo se hacen tesis sobre la alta plástica, sino sobre el cómic más pedestre. Ya ni siquiera se es antiburgués, porque se ha renunciado a todas las tradiciones, incluso la de la antiburguesía. Ya son artes aquellas manifestaciones más o menos cotidianas que nunca se habrían llamado así y que son en realidad un estilo de vida. La sociedad burguesa dio a luz a sus propios devoradores. Los confortables ritos de la religión se han sustituido por otras auras más al alcance de la mano: el apeado arte pluriforme es tan sagrado como ella, y la razón, un instrumento casero capaz de resolver los problemas de tejas para abajo. Ella configurará, con la imaginación, cualquier guía moral. En la Segunda Guerra Mundial se venció a Hitler, pero no a la filosofía alemana de dos filos: el deber es una ilusión alimentada por la «moral de esclavos» judeo-cristiana.

¿Sois ajenos vosotros al problema? ¿Qué haréis ante él? Se asegura que encogeros de hombros. Nadie que os observe con atención bastante podrá afirmarlo. La pelota está hoy en vuestro campo. Y vuestra palabra, la que os definirá frente a nosotros que ya estamos pasados, no la habéis dicho aún. Pero lo que es padres, al menos, sí tenéis. Padres que os aman y os esperan.

ADIÓS Y BIENVENIDA

No estoy seguro de que os importe el tiempo. Hacéis bien, porque es un concepto relativo. Quien lo mira desde la meta final —¿cuál será?— ve que todas las horas hieren y que la última mata: el tiempo es lo que nos deshace. Quien lo mira desde el punto de partida —cada cual sabe el suyo— lo ve como una bolsa en la que se acumulan experiencias, recuerdos, el enrevesado capital de la vida: el tiempo es lo que nos enriquece. Pero «el tiempo huye», se dice. No lo sé. Quizá se queda con nosotros desde el principio. Es *nuestro* tiempo: un aliado que muere con nosotros (que somos él), aunque persista vivo el tiempo ajeno... Lo que parece cierto es que, si huye, acaba por volver. Acaso lo tenemos demasiado cerca, demasiado encima, para percibir que no es rectilíneo, sino circular. Tendríamos que alejarnos, salirnos de él, que nos gasta y nos pule como un agua; pero salirnos de él es ya morir. ¿En él sólo está lo vivido —la edad—? ¿Y lo anhelado, lo imaginado, lo previsto? También está, en el rincón más remoto de su arca de caudales. Vosotros sois una generación que ha adivinado tal verdad, que la trajo en la masa de la sangre.

Por eso no os importa el tiempo. Contáis con él; os lo dais por supuesto. Y además os habéis acostumbrado a decir adiós. Sois la generación de los adioses. Por fuera y por dentro, crecisteis y os formasteis a fuerza de despedidas. Os distanciasteis, por fuerza, del cuero negro, de los clavos, de los aretes, de las flores, de las melenas largas y de las largas faldas. ¿Cuál es hoy vuestra imagen? La indiferencia. ¿Y vuestra estética? La de la indiferencia. Basta una ropa ensuciada y gastada, a ser posible no por vosotros mismos. Vuestra manera de protestar es el silencio: sólo estar, sólo presentaros al margen de la menospreciada corrección. Esta sociedad no merece siquiera la atención de oponérsele, ni mucho menos la de airarse. Habéis dicho adiós a la parafernalia externa de los que os antecedieron en el frágil y huidizo palacio juvenil...

¿Y por dentro? ¿De qué nacisteis ya despedidos? De la instalación económica, porque os correspondió una época malograda por los que de la anterior se beneficiaron; de la estabilidad cordial, porque vuestros padres, separados o no, ya no os ofrecen la serena certeza del hogar (que ellos mismos perdieron); de las glorias del sexo, porque a ninguna generación se le habló tanto de él, pero a la vuestra como de una amenaza —«Póntelo, pónselo»—, como de una vía de muerte tanto como de vida; de la solidaridad que cualquier compromiso, por arduo que sea, proporciona: político o vital o religioso; de la tranquilidad autosatisfecha que da el dinero a los consumistas, y la ambición lograda a los competitivos...

Sin pronunciarlos, sois la generación de los adioses. Sois la generación de las repulsas tácitas. Habéis vuelto la espalda a los libros, a los periódicos, a la radio, a la televisión, a las ropas de marca, a las etiquetas, a las fútiles jerarquías, a la vida social entendida de un modo conveniente, a los amasijos de la política (que para vosotros consiste en una deleznable lucha de partidos), a las crisis que sufrís sin provocarlas, a cuanto originó las malas circunstancias en que os desenvolvéis... Vosotros sois los herederos clandestinos. El tiempo no os importa; ya sonará vuestra hora; no vale la pena anticiparla.

Visteis llegar a su meta —allí donde el tiempo nos deshace— a quienes delante de vosotros trepaban con uñas y con dientes: los de la buena facha, los cuidados, los del gimnasio y la lucha antitabaco, los envanecidos que atisbaban rivales por todas las esquinas. Vosotros no sois ejecutivos agresivos; os contentáis, en vuestra mayoría, con difusos trabajos auxiliares, sin fijeza ninguna, precarios, provisionales (¿qué importa el tiempo?), despreciables a veces. Os presentáis en ellos con una extraña elegancia de ropavejeros, con vuestro mal cortado pelo —sois una generación de despeinados— y vuestros ojos puntiagudos que miran tan de frente, pisándoos un pie con otro cuando os hacen esperar... Y esperáis porque el tiempo os da igual. Estudiéis o no; compongáis o no melancólicas músicas para vosotros mismos; entretengáis o no la paciencia con los rutilantes gestos del amor; compartáis o no la difícil alegría... No os urge nada. Habéis dicho ya adiós a demasiadas cosas.

Sois, por lo tanto, sabios de una forma sutil. Críticos silenciosos —no como mi generación, que se desgañitaba—, volvéis los ojos a la Naturaleza más que a la Humanidad, que os decepciona; pero no sois utópicos como lo fue la generación mía, que se mordió la cola. Sois pacíficos; no tenéis prisa alguna. Sabéis que el tiempo vuelve; que se va y vuelve; que el vuestro verdadero aún no ha llegado. Después de tanto adiós, estáis muy bien dispuestos, herederos universales, para darle la bienvenida a vuestra hora. La hora que está llegando.

FIN DE MILENIO

Se ha escrito que todos los fines de siglo se asemejan. Hay en ellos como una vacilación, el impreciso deseo de detenerse, de hacer un prolongado examen con la cabeza vuelta hacia atrás, a riesgo de convertirse en estatuas de sal. Hay como una pérdida del equilibrio al comprobar que todo acaba, hasta esa cosa extensa y fría e irreal que es un siglo; que todo acaba, igual que un pajarillo que se cae de su nido, en nuestras manos. En el último fin de siglo Europa estuvo inquieta. Inquieta en el arte y en la vida. (No creo que sea el arte susceptible de inquietarse solo.) Se respiraba una angustia que seguía a una lucha anterior y precedía a otra más sangrienta. Cuando salió de la segunda, Europa se despendoló en la *belle époque*, y se apresuró —quien pudo— a vivir, a danzar, a enloquecer, a burbujear. Primero, en venganza y recuperación de lo perdido; segundo, porque se presentía que el golpe más destructor y más amargo era el que quedaba por recibir aún.

En el siglo xx se han inquietado la vida y el arte, pero también la técnica. Ella ha hecho avanzar a la Humanidad más que en todos los siglos anteriores juntos. Entre vosotros y los hombres un poco mayores que vosotros hay más diferencia que entre ellos y sus abuelos. Habéis nacido con la mente programada para las nuevas tecnologías, los artificios nuevos, las sorprendentes oleadas de ordenadores y de holografías, de artes insólitos y de insólitas formas de comunicarse y de transmitirse. Si os sentís, a pesar de todo, solos, es otra historia. Si tantos inventos no os dan la felicidad, es otra historia. Si no os sugieren su verdadero fin, es otra historia. Si el hombre no ha cambiado en esencia, y muere, y sigue estando triste, no es otra, sino la misma historia... Pero hay dos cosas ciertas: que este siglo acaba como un sol majestuoso que muere llevándose la luz, y deja el mundo a oscuras resistiéndose entre mares de sangre (no en vano *occidente* significa el que mata), y que, con este siglo, se termina el segundo milenio de la era.

¿Se asemejan asimismo los fines de milenio? Hasta ahora sólo hubo uno. Uno sólo y cuajado de terrores. Todo fue peste y aniquilamiento; todo, profecías que clausuraban los tiempos; todo, voces de desgracias. En aquel caos, como a través de un áspero y resistente tronco brota la delicadeza de un retoño, se alzó la flor del alma. Aquí en España, Almanzor, *el Victorioso*, el azote de Dios, galopaba en verano por las altas geografías llevándose a Córdoba desde las princesas hijas de los Bermudos y de los Ordoños y de los Alfonsos a las campanas de las catedrales para fundirlas y hacer puertas de mezquitas. Un estremecimiento recorrió el norte de la Piel de Toro, que se amparó en la fe; en una fe que hubo de ser muy grande puesto que tenía que remover montañas.

Con este milenio acabaremos unos, y otros comenzarán con el siguiente; pero vosotros maduraréis en el tránsito: sólo vosotros inauguraréis de verdad el tercer milenio, que se os ofrece ya como herencia yacente. Quizá por eso no estéis tan acongojados como nosotros, que hemos pasado del pavor atómico a la desastrosa comprobación de que nada es remediable y de que la Humanidad, torpe y malvada, se desangra en nacionalismos, integrismos, fundamentalismos, y lo convierte todo en arma contra sí: las religiones, los dioses, las razas, el dinero, las Historias... ¿Cómo conseguir la flor del alma y la gran fe del primer milenio, que condujeron a la *oscura* Edad Media hacia la luz? Porque para creer necesitamos comprender, y para comprender necesitamos amar, y para amar necesitamos conocer.

¿Nos ayudaréis vosotros, que tan escasas cuestiones metafísicas os planteáis? ¿Encenderéis la lámpara en esta alcoba que va invadiendo la penumbra? ¿Prenderéis la hoguera de nuestras vanidades, de la que irradie el calor que nos impida morir? El mundo exige más que hombres y mujeres sensatos para sobrevivir y para progresar. Exige un significado que lo aúpe y lo proyecte por encima de sí mismo; que dé sentido a la experiencia humana, tan trabada y tan torpe casi siempre. ¿Concluirá el segundo milenio con el convencimiento de que ni nuestro mundo ni nuestras vidas son útiles a nadie, de que nuestras voces no alcanzan eco en el infinito universo, de que la noche acecha como un león hambriento? Estamos en un mundo y en un tiempo prósperos y mendigos a la vez. Los avances materiales son inimaginables para quienes antes lo habitaron, pero el empobrecimiento de los espíritus se acentúa día a día. Es la guerra contra esa indigencia la que debéis reñir, la única guerra justa: la que dirija a la belleza los ojos de todos, a la serenidad cordial, a la paz interior, a la gozosa fraternidad y a la alegre riqueza compartida. La victoria en tal guerra abolirá los terrores del milenio y amanecerá otro de oro. Pero las armas para lograrla habrán de estar en vuestras manos.

ANTE UNAS ELECCIONES

Hay algo que tenemos en común, aunque no sé si de la misma manera y en el mismo concepto. Para mí fue un punto de llegada; para vosotros, de partida. Para mí, una conquista; para vosotros, un sobreentendido. Me refiero a la democracia. Vosotros abristeis los ojos, ya en ella, a lo que llamamos edad de la razón, y visteis teñido por ella —más o menos— vuestro mundo. Algunos no estaréis conformes con la que se os dispuso; otros, con la democracia en general. Eso le pasó a Heráclito. Él se preguntaba por qué no se ahorcó a los ciudadanos de Éfeso, donde nació la idea, cuando proclamaron: «Entre nosotros no habrá ninguno que sea el primero.» Según él, se situó a la envidia a la cabecera de aquella cuna, y se la erigió en una de sus más graves amenazas. De ahí que, hace casi setenta años, escribiera Ortega que quien se irrita al ver tratados desigualmente a los iguales, pero no al ver tratados igualmente a los desiguales, no es demócrata, sino plebeyo. Muchos de vosotros pensaréis: «Ante la ley todos somos iguales —iguales los derechos a la vida, a la felicidad, a la libertad, a no ser dominado por otro—; pero, si aparte de esto, todos fuésemos idénticos, todos seríamos peores.» Resulta atroz que quien se ve desprovisto de ciertas aptitudes elija, para consolarse, el camino más corto: despreciarlas y negar su excelencia. El resentimiento será siempre una zancadilla en el camino de la democracia. Porque ninguna forma de gobierno —y ella, menos— es el genio de la lámpara de Aladino. ¿Mejora acaso al hombre? Toda mejora es interior; la política es sólo una ayuda indecisa. Para lo que sirve una mesa es para poner algo sobre ella; que lo puesto sea hermoso o feo no es cuestión de la mesa, ni elegirlo entra dentro de sus atribuciones.

El interior de la democracia se rige, afortunadamente, por la prerrogativa de la autorregeneración; su exterior, en apariencia, por las encuestas y las estadísticas. Éstas aseguran que vais a votar en mayoría a la derecha. ¿Me sorprende? No lo sé. Antes prefiero preguntarme qué es la izquierda. La ética, la solidaridad —esa palabra tan malgastada—, la igualdad, es decir, los viejos ideales humanos, de cuya utopía tratan de convencernos para tranquilizarnos. Es lo contrario del egoísmo del pequeño burgués y del gran capitalista. Pertenecemos a una sociedad que se preocupa sobre todo —lo he visto en otra encuesta— del paro y de la crisis económica, y deja en el noveno y décimo lugar a la pobreza, la inmigración y las libertades. ¿Cómo va a sorprenderme vuestro voto? Nacisteis a la vida política con un partido socialista aguado y estáis hartos de él; queréis cambiar; los mejores de vosotros aspiran a una moral más exigente. Y además desconocéis lo que ha sido aquí la derecha histórica, y no os importa; ni la teméis, porque deseáis también modificarla y confiáis en vuestras fuerzas para hacerlo. Anheláis la renovación, que es un poco vuestra oportunidad, y os atrae la alternancia, tan lógica en los regímenes demócratas. Detestáis cualquier inmovilidad (el joven no anda, salta; no dice, canta), porque coarta la potencia de los sectores más dinámicos y la reduce a trabajo de trinchera... Bien está lo que hagáis. Tenéis la facultad —y la obligación— de hacerlo.

Aquí la democracia es menor que vosotros. Sois quizá quienes más la habéis de cuidar y fortalecer. De vosotros dependerá su confirmación. La abstención de votar es —me parece— un derecho que no deberíais ejercer. Hay que participar en un sentido u otro. No os desinteréseis de nuestra democracia. Es vuestra, como vuestra vida y vuestro amor. Depende de todos, de cada uno —estrictamente de cada uno— de nosotros. No la deis ya por hecha: igual que la vida y el amor, no termina de hacerse. Os atañe tanto como el futuro. Será el ámbito en el que tracéis vuestros proyectos y el que los desenvuelva. Porque es previa hasta a lo personal, así el aire que hemos de respirar y mantener ileso.

Os recuerdo una verdad que aquí suele olvidarse: lo común no es que no sea de nadie, sino que es de todos de uno en uno. Y entre los bienes comunes más altos está —a mis ojos, al menos— la democracia. Que no es una panacea, sino una costosa posibilidad; no un hallazgo, sino un propósito continuado; no un regalo, sino un aprendizaje; no una imposición, sino algo que crece de abajo arriba y de dentro a fuera; no un bien que se defiende con armas, sino con el convencimiento y la generosidad; no una improvisación, sino el final de un camino de dudas; no un objeto que se adquiere con dinero, sino con la formación y la constancia. Por eso, en un país como el nuestro —que todos deseamos libre y flameante y gozoso—, la mediocridad, el rencor y la mentira —o sea, la fealdad— han de resignarse a recibir el pago que merecen, en lugar de ser condecorados como lo han sido antes de que vosotros llegarais. Y aun bastante después.

AMERICANIZACIÓN

Más de dos tercios de las entradas que se venden en los cines europeos son para ver películas USA. Las canciones grabadas en Nueva York o en Nashville, capital del *country*, son himnos para todos los jóvenes del mundo. De las 125 000 horas de transmisión de las estaciones de TV de Europa, sólo 20 000 son europeas. Las tres cuartas partes de los programas de ordenadores de todo el mundo obedecen instrucciones en inglés... Sea eso *cultura popular* (así llama alguien a la que va de McDonald's a la Universidad de Harvard) o *subcultura*, es una vía de penetración y colonización —¿por qué no decir sometimiento?— impresionante. Sobre ella se construye —o ya se ha construido— un nuevo orden social, mucho más convincente que el *nuevo orden internacional* que Bush encabezara. Y se construye con la inmunidad con la que actúan los mitos: los franceses hacen mejores perfumes; los suizos, mejores relojes; los británicos, mejor música; los japoneses, mejor tecnología; los europeos son más conscientes de sí mismos y de su herencia estética; pero en canciones y en imágenes, USA triunfa sobre todos los demás e inunda los mercados, con todas sus terribles consecuencias.

Cuando me pregunto el porqué, la respuesta es múltiple. USA puede vender más barato que otros proveedores. Su cultura, semidigerida —*reader's digest*— y asequible, fue previamente influida por otras, a las que ilusiona reconocerse en ella. La impulsa el solo propósito de divertir (en apariencia al menos), lejos de cualquier pretensión o fin didáctico. Se emite ya probada por el público heterogéneo que compone la propia *olla podrida*. Y tiene el marbete made in USA: «optimismo, esperanza, fe en el progreso, falta de formalismos y convicción en la igualdad humana» (aunque USA se considere siempre superior).

24

Alguien dirá que el *rock and roll* —una de sus mayores exportaciones— es un mestizo del sentimiento europeo de la melodía y la armonía con el ritmo africano. Alguien dirá que los músicos de las otras naciones crean su propio *rock* y lo adaptan, y que los sonidos indígenas predominarán sobre los estrictamente americanos. Alguien dirá que es la cultura pop la que mueve hoy el mundo, y que USA hace la más perfecta. Alguien dirá que, cuanto más amordazada una cultura, más urgente es su anhelo de aquello que identifica a USA: la libertad, la riqueza y la modernidad. Alguien dirá que los japoneses u otros se visten a la americana y ven cine americano, pero son inalienablemente japoneses u otros, y que ningún país europeo va a renunciar a miles de años de Historia porque aparezca Madonna medio en cueros. Alguien dirá que las culturas del resto del mundo llegan a USA con idénticas rapidez y posibilidad de influencia que la de USA al resto del mundo...

Yo mismo me he dicho en ocasiones si no será una cultura juvenil internacional, ya amalgamada, la que vosotros habéis recibido, y evolucionáis, cultiváis y vivís. A lo largo de la Historia siempre hubo manifestaciones oficiales y no oficiales de la cultura. La vuestra es hoy abierta, libre, carente de estructuras y no oficial sin duda, por mucho que los municipios y otros órganos oficiales, para halagaros, la acaricien. Quizá sea así. Sin embargo, el inicio fue norteamericano. Después de la Segunda Guerra Mundial, todos los estamentos USA —¿qué hace un país ya en paz y rico?— decidieron brindar a sus jóvenes varios años de ocio. Ése ha sido desde entonces el sueño —la libertad irresponsable— de los jóvenes de las demás naciones. USA fue la casa solariega de tal revolución, que luego se ha cuidado con mimo de esgrimir en favor suyo por doquiera.

Teóricamente, los valores definitivos de USA son la elección personal, las segundas oportunidades, la democracia libre, el progreso basado en el mérito, la ausencia de rangos, la identidad moral dentro de la sociedad y una fuerte responsabilidad sobre los actos.

Estos valores son exactamente los que están en ascenso en todo el mundo. Y son los que fueron pasados por las narices de los países del Este, donde los *jeans*, el *rock* y sus entornos tuvieron un efecto desestabilizador. Quizá ahora, muerta la guerra fría, la atracción del capitalismo comience a disiparse, y la unificada Europa, junto a las potencias del Extremo Oriente dejen atrás —o pongan en su sitio— al poderío USA. Ojalá. Por descontado, éste no se resignará, e intentará seguir utilizando su baja cultura no sólo como fórmula uniformadora, sino para acabar con su déficit comercial al transmitir el virus del individualismo, del consumismo y del narcisismo a las sociedades asiáticas más productivas y disciplinadas. No fue tan sólo un fenómeno de la guerra fría la emisión y difusión de modelos e iconos. Cuando USA logre que los japoneses, como los europeos, se asemejen más aún a sus ciudadanos, habrá ganado no una batalla, sino todas las guerras, en este campo incruentas e invisibles. Que cada pueblo siga perteneciendo a su Historia, a sus hondas tradiciones, a sus artes y a su cultura (que nos tiene a nosotros, no nosotros a ella) es seguramente tarea de vosotros, jóvenes herederos.

LA ÚLTIMA PALABRA

Pensamos, con demasiada insistencia, que éstos no son buenos tiempos para el amor. Los integristas y los fanáticos llenan de desolación y desesperanza países que no nos son ajenos. El racismo, la xenofobia y los nacionalismos —su contrafigura— viven dentro de nuestra propia casa. El dinero se ha entronizado y endiosado no ya alrededor nuestro, sino en nuestro interior. La Tierra se desmorona y pocas voces se alzan honestamente en su socorro. Las ciudades, que habían de servirnos de defensa y apoyo (el hombre es *zoon politicon*, animal ciudadano), se tornan contrarias e inseguras. La sociedad, que preconiza el individualismo, el consumo, el hedonismo, la tolerancia y la vida privada, en la realidad ofrece sólo paro, indiferencia, desdén por los perdedores y marginación de las minorías, que afectan a la mayoría de vosotros. El cambio que cada época siempre se propone ha caído en tierra al mismo tiempo que los valores humanos de la modernidad, y os ha cogido bajo su ruina, expulsados de cualquier participación de la vida colectiva, salvo escasas excepciones, y sin un futuro alegre y claro. El desamor, como una ola de frío, tiñe actitudes, profesiones, aspiraciones, el aire entero que respiramos. Y vosotros, en fin, desterrados y doloridos, sin poder ejercer una rebeldía total contra una sociedad en apariencia —sólo en apariencia— transigente, os limitáis a defender vuestras pequeñas parcelas de crecimiento, vuestras necesidades de saber y de trabajo, vuestros modos de ocio. Y eso hace que se os tache de pragmáticos y de egoístas, en oposición a aquellos jóvenes de los sesenta que aún teníamos el frágil consuelo de luchar por ideales sociales y políticos, y que en tal lucha nos realizamos (o, al menos, lo creíamos así).

En tales circunstancias, ¿se afirmará con razón que nuestro tiempo —el vuestro y todavía el mío— es malo para amar? Ante la hostilidad externa, como acostumbra el ser humano, os reducís a vuestras moradas interiores, a las habitaciones de atrás de una casa cuya fachada ha dejado de interesaros. Os agrupáis y os sentís solos a la vez. En muchas ocasiones no tenéis en común sino los enemigos solapados que por temor mimaron a otras juventudes anteriores. Os ensimismáis y os refugiáis en vuestra propia intimidad. Y, en ese aislamiento, ¿qué ayuda más alta encontraréis, qué otro hallazgo, qué mejor alianza que los del amor? Un amor más entendido que el de las juventudes precedentes, porque la igualdad entre los sexos, que es una de vuestras máximas virtudes, permite hoy como nunca la amistad y el compañerismo de los amantes, lo cual constituye el más recto camino hacia la perfección del sentimiento. Cuando el amor se transforma en una amistad con momentos eróticos se acrisola, se depura y se hace más feraz y duradero. Ni la mujer ni el hombre pueden estar siempre en el rapto; no son dueños de permanecer en el éxtasis; han de apearse de él. Encontrar el suelo leal de la amistad los reconforta. La amistad presta a fondo perdido y sin intereses (no como el amor) y no exige una estricta exclusiva (como exige el amor). La amistad organiza limpias complicidades, y cura con una mano la herida amorosa que inflige con la otra.

Vosotros distinguís entre sexo y amor. Sabéis que el sexo sin amor es como bailar sin música. La música os lleva, y acentúa la gracia y el gozo de los gestos, y los sazona y enardece. Se os acusa de *corporales*. Yo tengo la certeza de que precisáis, para llegar al cuerpo a cuerpo, un mínimo romance por lo menos, un cariñoso acercamiento, el puente de un previo cortejo. Sin embargo, lo mismo que no os satisface el sexo sin amor, tampoco el amor sin sexo, que aquí es la lógica conclusión de un diálogo en el que ya decaen las palabras, y pierden su poder, y han de ser sustituidas por la caricia y por el beso... Y sabéis distinguir el amor de la aventura. No por la cantidad, sino por la calidad; no por su prolongación, sino por la manera de aproximarse. El amor obra como si fuese a ser eterno —*sub specie aeternitatis*— y lo es mientras dura; la aventura no se hace tal propuesta por largo que sea su reinado. El amor es generoso; la aventura codiciosa y sedienta. En el primero, alguien se juega en su totalidad; en la segunda, sin jugarse, alguien gana...

De amor sabéis más que supimos nosotros. En general, no provocáis el deseo; no anticipáis la hora. Tenéis la intuición de que no ha de prejuzgarse; de que se ha de sentir sin presentir el fin; de que el amor es una fiesta y también un trabajo y una dedicación. Por eso, sea bueno o malo el tiempo para amar, os recomiendo que gritéis a voz en cuello las tres grandes y menudas palabras del idioma. *Yo*, como afirmación de vuestra individualidad, que será la que os salve. (Hasta para decir «Yo te amo» se ha de decir primero yo.) *No*, frente a las invasiones que nos uniforman y nos estandarizan mientras se nos conduce al matadero. Y *amor*, con redondez y cumplimiento de cada uno. *Amor*, que es la última palabra de una sociedad que ha olvidado cuantas atañían a las más hondas entretelas de nuestro corazón.

PROGRESAR

Cuando escucháis la palabra progreso, ponéis cara de asombro y sonreís. Al veros, yo sonrío también. Hubo un tiempo en que la Humanidad (si no es mucho decir), cuando aún creía en sí misma, creyó en el progreso. Fue un anhelo hacia el bienestar y hacia la dicha; el dogma principal del racionalismo, moderno entonces, convertido en el mayor estímulo y la mayor expectativa de los reformadores y los pensadores liberales. Se confiaba en él como motor imparable del mundo. Pero ¿era ineludible tal avance? Los altibajos de la Historia lo contradecían. Indios y chinos, cuando en Occidente aún éramos salvajes, habían disfrutado de una civilización extraordinaria, y luego decayeron. Estaba demostrado que los pueblos se elevan, se estancan y descienden. Desde las ciudades griegas, donde la independencia y la razón triunfaron, la Humanidad ha tropezado demasiadas veces... Parece que el verdadero progreso social tiene como condición previa el de los individuos. Quizá porque lo adivináis sonreís ahora. El adelanto de la técnica, hoy, es el mayor de la Historia; pero el ser humano no ha progresado con idéntico ritmo; no ha sido ni su estandarte ni su protagonista. Hay pueblos infrahumanos, y millones de seres han de contentarse con sobrevivir a duras penas. Si parte de la Humanidad se halla en el *primun vivere* sin rozar el *philosophare*, ¿qué progreso es el nuestro? Tenéis razón sonriendo con desdén. Todo avance debe ser, ante todo, moral; ofrecerse al servicio del ser humano (que es quien florecerá de dentro a fuera), y no al contrario. El progreso material es una simple consecuencia del otro. Si no, se habrá de regresar de ese progreso y recomenzar desde el punto de partida.

Vosotros, fuera ya de la inercia, intuís que la noción de progreso sólo es válida cuando se entiende bien. Porque el camino de la inteligencia no está ni a medias recorrido. El mundo que habitamos, dijo Tennyson, es un niño al que todavía llevan en su cochecito; necesita fortificarse, apearse de él y ejercitar sus miembros. Ni el mundo ni el hombre han sido siempre como hoy son; mañana no serán tampoco así. Podrán empeorar o mejorar, ¿y de quién dependerá sino de vosotros? Entre el pasado y el futuro, vosotros sois el fiel de la balanza. Tendréis que oponeros, con uñas y con dientes, a cuanto entorpezca vuestro progreso interior, que reflejará después el mundo. Lo escribió Unamuno: «Sólo se comprende, el progreso cuando, libertando de su riqueza al rico, al pobre de su pobreza y de la animalidad a todos, nos permite levantar la frente al cielo y, aliviándonos de las necesidades temporales, nos descubre las eternas.»

Tendréis que rechazar lo definitivamente caducado, y echar en el saco de los desperdicios cuanto os estorbe para caminar con libertad, con ilusión y con dominio. Si no os gusta la decoración de la casa que os vamos a dejar, empezad a tirar ya cuadros por las ventanas. Para multiplicarse y fructificar ha de pudrirse el grano. El misterio de las renovaciones, que en el reino vegetal y en el animal se produce de manera espontánea, ha de ser en el nuestro provocado y conquistado. La Humanidad tiende a volver los ojos a su cuna, como cada individuo al paraíso un poco inventado de su infancia. Hay que escapar de ahí. Hay que incorporarse y andar y cantar avanzando. Dejar la leche pueril, fortalecer el estómago y alimentarse de verdades. La realidad es distinta según los jugos gástricos de quienes la digieren. Los que os precedimos teníamos un mundo y una forma de vida; es imprescindible que vosotros tengáis los vuestros, pero también es imprescindible que os los merezcáis.

La utopía de ayer —no sólo en la técnica— se materializará mañana. (No la quimera, pero sí la utopía.) Para ello la poesía vivificante ha de ponerse, más aún que en el sueño, en la realidad. Porque no sólo cuanto se toca o se siente es real, sino cuanto se imagina. («La imaginación al poder», se gritó en vano un día.) Todo lo que puede ser será antes o después, y lo viviréis a solas o reunidos. Que el mundo os sea propicio es algo que estará, en gran medida, en vuestras manos. No os resignéis a lo que os dé; mucho se ha dicho de la resignación, pero nada bueno de los resignados. Por la indocilidad se reconoce al hombre. No sé si la sabiduría está en la experiencia o en la activa esperanza; donde no está es en la resignación. Si alguien os demostrara que sí, renunciad a tal sabiduría. Engradeced y embelleced el mundo a través de vuestro desarrollo y vuestro embellecimiento. Yo no os estoy aconsejando: ni recibo ni doy consejos no solicitados. Estoy sencillamente esperando en vosotros. Pienso que lo está el mundo entero; no lo defraudéis como lo defraudaron vuestros antepasados. Tenéis los medios para progresar, y, si no los tenéis, arrebatadlos. Lo que os falta es poner a esos medios un fin: el más alto y el más común de todos. Tal es vuestra alegre responsabilidad. ¡Adelante!

A CADA INSTANTE

Hoy quiero hablar contigo a solas. Lo que te tengo que decir debe ser dicho de uno en uno y en voz bastante baja. He de repetirte lo que a mí me advirtieron; lo que me advirtió un escritor en el que confiaba. Y quiero que me atiendas lo mejor posible. Aunque sólo sea porque este momento de esta hora precisa en que me lees, ni tú ni yo lo volveremos a vivir jamás; como yo no volveré a escribir para ti lo que ahora escribo, en este minuto de una primavera casi agotada, en medio de una luz que se deja caer... *Carpe diem*, ordenaba el delicado Horacio. Aprovecha el día. Disfruta de la hora. Luego, más pronto siempre de lo deseable, anochecerá. El aire mueve —lo veo a través de unos cristales— el dardo de un ciprés. Es como quien niega algo: la perduración de cualquier cosa, de cualquier ser, de cualquier sentimiento. La tarde va vencida hacia su derrota habitual. *Carpe diem*...

Puede que el tiempo no exista de veras, y sea una especie de red, por nosotros inventada, en la que nos dejamos atrapar y nos morimos. Sea como sea, nos desangra y sorbe el corazón a la toronja que nos dan al nacer. «Aprovechar el tiempo», para los mayores tiene un sentido de urgencia y amenaza: hay que estar siempre haciendo algo productivo. No es eso de lo que hablo. Yo te hablo de lo que se va y no vuelve; de los pecados de omisión, que son sin duda los peores, porque ni siquiera les dimos existencia. Aquello que no hicimos será lo que más nos atormente; aquello que no vivimos, nuestro mayor reproche. Tú eres todavía joven; unos años más lo continuarás siendo. El ser humano posee su juventud —o viceversa— durante un plazo que, ido, fue demasiado corto. El resto de su vida le quedará para añorarlo... Pero la juventud —óyeme bien— no depende de la edad, sino de la disposición: de la intrepidez, de la fruición, del gusto por el riesgo, de encarar con majeza el permanente reto de la vida...

Por eso yo te digo: no esperes, toma. Por esperar el momento oportuno y dejar escaparse vacíos tantos otros, se pierde la frescura del primer impulso. No te detengas: bebe en los arroyos; come las frutas sin aguardar que te las sirvan. Alza la mano al árbol y tómalas; ninguna sabe mejor que la devorada por una boca ansiosa: el hambre le da el gusto a la comida. Y comparte con quienes te acompañen. Antes de comer tú, comparte: ver saciar al otro su apetito es la mejor sazón de un alimento... Pero levántate nada más terminar. No te refugies donde te invadan la inacción o el desánimo. La serenidad vendrá a su hora. No te sientes; sentado, no pretendas ni conocerte a ti mismo. No pierdas tiempo en buscarte; ya te reconocerás en la acción y en la batalla. Y cuando te encuentres, sé lo que eres. Ten el valor de serlo. Sal voluntariamente al encuentro de tu destino; abrázalo y fúndete con él. De momento —*carpe diem*— lo tuyo es la tensión. Agarra cada instante y elige cuanto te ofrezca, porque después te arrepentirás de lo que dejes, y has de sentir como si hubieses rechazado lo que ahora no elijas.

Vive el presente con la mayor intensidad de la que seas capaz. El pasado es un camino, no siempre recto, para alcanzar el hoy; el mañana, si es que te llega, será una consecuencia que ha de traer entre las manos su propio afán. El presente es tembloroso y casi nada: este instante en que me estás leyendo. (Léeme con pasión.) Se prolonga y estira hora tras hora, y todas hieren, menos la última, que mata. Resárcete de esa dura ley. No sientas remordimientos del pasado; no sientas temor por el futuro. Siente no más el gozo del presente —carnal y lúcido, inevitable e inmediato—, o el dolor del presente, enriquecedor y válido también...

Y antes de cualquier otra norma, ten ésta en cuenta: no te separes de la vida. No dejes de abrazarte a ella con fuerza: ni por cobardía, ni por pereza, ni por sensatez. (Tienes derecho a ser insensato todavía.) Abandónate a la vida, sin que la manche ninguna pasajera tristeza, ningún pesimismo, ninguna sombra tuya. Y pregúntate de vez en cuando para qué estás aquí: quizá estés sólo para averiguarlo. Si puedes, cuando puedas, sé feliz. Pero, aunque no lo seas, no lo olvides: el tesoro del niño está aún próximo a ti; lo tocarás si alargas bien la mano; no lo disminuyas a tu costa... Te lo repito: no te separes nunca de la vida; por nada de este mundo te separes. Cuando alguien te lo aconseje por prudencia, desóyelo y aléjate de él. La vehemencia es enemiga de la circunspección. Y recuérdalo a cada instante: la obligación más exigible de un ser vivo —la primera— es vivir: vivir por encima de todo lo demás.

JOVEN CON PERRO

Cuando empezaba a escribiros, han entrado aquí mis tres perrillos. Venían a darme las gracias por su almuerzo y a contarme lo que habían comido. Lo hacen a diario. Escucho el castañeteo de sus uñas en los peldaños de madera, y aparecen uno detrás de otro; la hembra, la última. Luego se acomodan en sus lugares de costumbre: en el asiento a mi derecha, Zegrí; en mi regazo, Zahíra; sobre mis pies, Zagal. «Vais a acabar por dejarme paralítico», les he dicho hoy mientras lanzaban su triple suspiro, tan equivalente al *Nunc dimittis* del viejo Simeón, o sea, «ya he llegado, ya puedo morir tranquilo». Al notar que escribía no han tardado ni cuatro segundos en dormirse. No conozco a nadie que respete como ellos mi trabajo, o a quien le aburra tanto. Cuando termine de escribiros será la hora de que almuerce yo. Los despertará el leve ruido de cerrar el rotulador, y bajaremos las escaleras los cuatro juntos. Su postre es participar en mi comida, instalados también cada uno en su puesto: a mi derecha, el viejecito Zegrí, con sus cataratas azuleándole los ojos y su creciente sordera; a mi izquierda, la esbelta Zahíra, cada día más tragona, y su sobrino, el moreno y chulo Zagal. Pero, de momento, me han alejado del tema que tenía previsto. ¿Qué hacer ahora sino escribir sobre ellos (y bajo ellos, a la vez)? Zahíra se está lamentando en sueños. Diana cazadora como es, seguro que sueña con mirlos o con gatos.

«¿Ésta es toda su compañía?», os preguntaréis. Sí, y la presencia de quienes están al otro lado de este rotulador. Es decir, vosotros. Os intuyo a través del folio que insensiblemente ha comenzado a llenarse de mi caligrafía ordenada y minúscula. Recibo vuestras cartas, firmadas o no, en las que os adherís a lo que os cuento, o me lleváis la contraria, y me señaláis un poco los caminos vuestros en que a veces me pierdo. Cuánto me gustaría tomar una copa con vosotros, miraros a los ojos, adivinaros, sentiros próximos, y más próximos en cada contacto. Cuánto me gustaría sentarme a vuestro lado al atardecer, con el buen tiempo, y oíros hablar de vuestras cosas, en lugar de persistir en este extraño diálogo de papel a papel. Si entrarais ahora aquí dos o tres de vosotros, os presentaría a los perrillos cuando dejaran de ladraros; no tardarían en entrometerse por nuestra conversación. Ésa es la diferencia de un ser vivo con otro que no lo sea. La «conversación con los difuntos» de Quevedo es sólo una metáfora, se trate de muertos o de libros o de flores o de cuadros o de cacharros. Con los perros, por ejemplo, es otra cosa.

Nietzsche escribió que si, en medio de la Naturaleza pura, nos sentimos tan a gusto es porque no tiene opinión sobre nosotros. (El tema es discutible: estoy convencido de que la tenemos más que harta y el día menos pensado nos lo demostrará.) Pero con los seres vivientes, racionales o no, no sucede lo mismo: los sabios, con mayor o menor frecuencia, se equivocan. Pascal dijo que, para tratar con Dios, «il faut s'abêtir». La frase la recoge Ortega porque, según él, también es preciso embrutecerse para convivir con animales. Admiro a los dos sabios; sin embargo, su opinión me parece una solemne tontería: tanto para relacionarse, por arriba, con Dios, como, por abajo, con criaturas (si es que lo son), el hombre ha de humanizarse lo más posible. De mí puedo aseguraros que hablo con estos perros como charlaba con Troylo, que era un perro socrático; que discuto con ellos; que me convencen con facilidad, y que me domestican. (Quizá por ello se llamen animales domésticos.) ¿No es menos peligroso dirigirse a un desconocido con perro que sin él? Cualquier señora es capaz de reñirle a un amo cuyo perro se alivia en una acera; pero no lo es de reprender a un gamberro que está destrozando una cabina. ¿Por qué? Porque el primero está domesticado, y no le impone ningún pavor. En este tema sucede como en el de la compañía: ¿quién se la da a quién? ¿El amo al perro, o viceversa? Lo prudente quizá sea el justo medio: el modo de ofrecer compañía que tiene un animal es pedirla de continuo y hacer que el hombre se sienta imprescindible.

Conozco una niña de siete años que llama tía a una labrador negra, que es de una hermana de su padre: tía Ángela y tía Nica. Las discriminaciones comienzan con las razas animales; aquí el calificativo de especie superior hay que ganarlo a pulso. No se llamaría compañero a un perro si no se nos asemejase. Si compañero de Tobías fue un arcángel, ¿por qué no lo seremos nosotros de un perrillo? ¿O es que hay más diferencia en este caso que en el otro entre los miembros de la compañía? Qué vanidoso el ser humano. No lo seáis vosotros. Y menos actualmente, cuando se investiga la función social de los animales en los países desarrollados, y su función terapéutica sobre el estrés, y el autismo, y la tensión, y el pulso cardíaco, y la higiene mental de nuestros semejantes. Yo os veo —os deseo ver hoy— esbeltos y elásticos, con un perro a la vera, paseando o corriendo. Y alzo la mano para saludaros. Porque sé que no estáis solos, que sois capaces de compañía y generosidad; que sois susceptibles de proteger y ser protegidos. Y por lo mismo os quiero más aún.

NUESTRA CASA

Muchas veces lo he dicho, pero no aún a vosotros, que sois quienes debéis tenerlo más claro. La verdadera reina de nuestra casa es la cultura. No la que adquirimos, ni siquiera la que poseemos, sino la que a nosotros nos posee y es lo que somos. Porque ella significa un proceso del que formamos parte y que nos forma: una manera de haber sido, una manera de ir siendo, una manera de llegar a ser, nunca concluida del todo (lo mismo que la vida, que prosigue aunque nosotros fenezcamos; lo mismo que el amor, que no se termina de hacer nunca). Esa dueña tenía dos sirvientas que la ayudaban a mantener la casa y se ocupaban de quehaceres accesorios: la economía y la política. Sin embargo, las dos sirvientas hoy se han sublevado e instalaron sus armas y bagajes en la casa común. Su terrible hipertrofia desterró a la cultura, que yace en sus umbrales mendiga, abandonada y olvidada. Nadie habla de ella aquí; nadie ya la procura. Una espantosa subversión de valores ha puesto patas arriba y boca abajo a nuestra sociedad, y casi ninguna voz la advierte. La elefantiasis de la economía y de la política —*ancillae dominae* que entronizan el dinero y el poder en el lugar del consentimiento y la razón— ha trastornado la realidad, y nos extravía de nuestro único camino certero: el que conduce hasta nosotros mismos.

La autoridad mal entendida hace que los políticos impidan la subsistencia de una sociedad —¿por qué llamarla civil?— organizada, fuerte, más libre y culta y poderosa. Sin ella, o a sus espaldas, no hay avance posible, porque los medios se transforman en fines. ¿Qué será de la eficiencia económica sin una auténtica sociedad a la que sirva? Una sociedad en la que intervengan, sí, los políticos y los empresarios, pero antes y más los maestros, los trabajadores, los creadores de toda clase: pensadores, científicos, filósofos y artistas. Ningún proyecto válido podrá hacerse sin ellos, que son la sal de esta tierra y la luz de este mundo. Los principios que una sociedad considere constitutivos de su momento histórico (no otra cosa es la cultura) han de administrarse por las manos comunes, fuera de los políticos y los economistas. Es la desjerarquización contraria la que os ha empujado, por fin, a olfatear la putrefacción a vosotros, incoadores de la esperanza.

De ahí que, por intuición, separéis lo político de lo público, pensando que el papel más enriquecedor y activo ha de desenvolverlo la sociedad que formáis ya y más cada día; una sociedad cuyos sectores más fervorosos y palpitantes, más florecientes y definitivos se hallan en un intencionado desamparo, que impide su natural y lógica y vivificante influencia. De ahí que, por intuición, separéis el Gobierno de lo que es el Estado, y desconfiéis más cada vez del primero, y comprendáis que al segundo sólo han de encomendarse las tareas ajenas a la acción individual, sin que a la sociedad le sea permitido abdicar en el Estado no ya de sus derechos, sino de sus obligaciones, que son la propia permanencia y el desarrollo propio. De ahí que, por intuición y experiencia, vais exigiendo, tácitamente o no, la separación entre el poder y los partidos políticos que, ensimismados, a nadie más que a sí mismos representan, y se alzarán, de no impedírselo, con el santo y con la limosna. O los partidos vuelven a ser sociales —lo que jamás debieron dejar de ser—, o se transformarán en enemigos de la democracia, que no es sólo una forma de gobierno, sino un estilo de vida, en cuya base han de confluir, participando e insuflando su energía, las instituciones no partidistas: colegios profesionales, sindicatos, asociaciones de vecinos o de cualquier actividad, agrupaciones culturales, organizaciones no gubernamentales con su admirable variedad, todo cuanto encarne el pluralismo social más diverso, que es quien dibuja y ostenta y multiplica nuestra vida.

Ha llegado la hora de que vosotros empecéis a desenmascarar a quienes se han erigido en administradores exclusivos de nuestra sociedad con la misma tenebrosa y falsa omnipotencia de quienes ayer se erigieron en administradores exclusivos de la verdad espiritual. (La verdad está hecha de retazos, y el que cada uno ostenta es siempre imprescindible para que se la vea entera.) Ha llegado la hora de que os convenzáis y proclaméis que no es posible hacer todo para el pueblo sin contar con el pueblo, que somos todos juntos. Ha llegado la hora de poner a cada cual en su sitio, y de que los políticos nos dejen ocuparnos de las cosas más serias. Entre la democracia directa de los griegos y ésta nuestra, desangelada, delegada, fría y sin nervio, hay demasiada diferencia. Votar no es nunca todo. Hay que participar y compartir. Exigiéndolo por las más duras vías si es preciso. Creo que no ha de pasar ni un momento más sin intentarlo. La mayoría que constituimos —más que silenciosa, silenciada— ha de comenzar a imponer sus criterios. Y la cultura —o sea, nosotros— tornará a ser así el ama de esta casa, crecedera y común.

COMUNICACIÓN

Hay una palabra que resume buena parte de cuanto amo y cuanto necesito. Es el verbo comunicar. Significa hacer a otro partícipe de lo que se sabe o se tiene; manifestar o descubrir alguna cosa; conversar de palabra o por escrito; transmitir y contagiar sentimientos; consultar con otro un asunto tomando su parecer... «No es bueno que el hombre esté solo», dice el Jahvé del Antiguo Testamento en trance de crear el mundo. Y le da al hombre todos los animales para que los nombre y los posea al nombrarlos. Sin embargo, no encuentra Adán en ellos una ayuda adecuada. Es Eva, la varona —«hueso de mis huesos y carne de mi carne»—, la que lo acompañará. Porque con ella sí podrá comentar su intimidad. Y junto a ella acometerá la rebeldía de declararse libre y comer del fruto —racional— del Árbol del Conocimiento. Razón, libertad y sociabilidad son la esencia del ser humano. Cuando está solo —el incomunicado, el incomunicable— no es del todo hombre. Pero ni Robinson Crusoe se halla, en su isla, solo. Se halla con su esperanza (la esperanza de la huella de un pie ajeno en la arena); o con Viernes, con quien se comunicará de dentro a fuera, y a quien enseñará a mejor comunicarse; o con el presentimiento de Viernes; o con la ilusión de contar a otros su aventura; o con sueño de que, pasado el tiempo y muerto, alguien cuentre su diario.

La comunicación más alta posee la gracia de pertar en otro lo que es y de contribuir a que se nozca. De ahí que se asemeje tanto al amor: un que contribuye a que otro se realice y que rea vez a quien lo hace. Es tal reciprocidad, tal f vaivén lo único que me mueve a escribiros. entendido así. Para que la comunicación br cesarias personas diferentes; personas, n comprensibles. Y, al menos, el asomo a un idioma común. Un idioma que consiste en mucho más que un vocabulario: la calidad espiritual de los comunicantes me parece tan sustancial como su palabra. Si vosotros no estáis ahí —y de la forma en que yo os imagino—, no puedo hablaros: no estoy yo aquí tampoco; no hay vibración del aire que me lleve, entero y verdadero, a vuestras manos. Cuando yo tuve vuestra edad se nos enseñaba a dominar la efectividad y la emoción y la imaginación: ser educado era poco más que ese control. Hoy, en nuestro lenguaje, hay una renacida autenticidad, una espontánea ligereza, y la emoción y la imaginación y el sentimiento surgen inevitables. Lo sé por vuestras cartas, que me queman las manos.

El secreto de la comunicación no es otro que la fidelidad a uno mismo. Si somos fieles al misterio que anida en nosotros, nos comunicaremos aun a nuestro pesar. Por eso es para mí escribiros una manera de oración, una manera de despojamiento y de entrega. Nadie ha de confundirse: si yo os escribo es por amor. Nada más. Por amor a vosotros, a quienes veo más desamorados todavía de lo que yo lo estuve, y tan injustamente tratados como yo lo fui. No busco yo adeptos a mi causa: no tengo causa yo; a mí no me interesan los que participan, con gestos exteriores, en religión ninguna. Y sé que escuchar es lo más importante: más que hablar, más que dar, más que hacer. Yo os escribo para escucharos, sobre todo; para sumergirme y cooperar en vuestra vida; para quedarme, de cierto enigmático modo, dentro de ella cuando a mí me dé de lado y me desahucie.

Según una encuesta del Centro de Investigaciones de la Realidad Social, nuestra sociedad española os considera alegres, tolerantes, solidarios, sinceros, sin prejuicios, contestatarios, independientes e inmaduros. No sé cómo se puede ser todo lo anterior y a la vez inmaduro. Se opina que no os interesáis por la política, que os guiáis por las modas, que os interesa pasároslo bien y que se os exige demasiado. ¿Qué inmadurez es ésta? No sé por qué se confunde la inmadurez con el acomodamiento. Ellos, los instalados, los confunden. Vosotros no lo hagáis; tardad en instalaros y en sentaros lo más posible; permaneced cuanto podáis en pie. Lo peligroso no es vuestra inmadurez, sino la de la sociedad de los adultos. Vuestro agraz es mucho más dulce para mí que la insipidez suya.

Lo que tenéis que hacer para alcanzar la plenitud es escuchar vuestra voz interior. Ésta es mi voz: dentro del corazón del hombre habita la verdad. Si nosotros no sólo la oímos sino que la vivimos, será fácil que nos comuniquemos los unos con los otros. Y sin intermediarios, y sin palabras casi. Habremos conseguido unirnos con una unión más honda que la de la familia. Seremos la familia elegida: una *comunidad comunicada*, con idénticos intereses, idénticos ideales e idéntica sensibilidad. Ésa es la célula de la sociedad nueva, no de la que hoy os reprocha inoportunamente vuestra inmadurez. La célula creciente de una familia en la que no se nace, sino que se hace; en la que cada cual se encuentra reflejado; en la que se confía porque nos enriquece, y cuyas puertas la soledad no pasa.

LAS MIGRACIONES

Los humanos tienden a pensar que la época en que les ha tocado vivir es siempre crítica, porque la ven más cerca y sufren las consecuencias en su carne. Las crisis se producen, según Gramsci, cuando lo viejo no acaba de morir y lo nuevo no acaba de nacer, que es nuestro caso. Una inercia se opone al avance, y son esas contrafuerzas las que provocan el desconcierto que ocasiona la crisis. Muy graves conflictos atribulan nuestra época, pero hay uno que, más que los otros, la diferencia y la caracteriza como crítica. El dos por ciento de la población mundial —cien millones de personas— se han visto obligadas a emigrar para subsistir. Tal migración y las causas que la producen son el mayor problema de nuestra era. Se podrá distinguir entre refugiados políticos y económicos, pero acaso sólo en teoría: el subdesarrollo ideológico va acompañado del técnico, de la miseria y la escasez.

Una migración tan inmensa, sólo comparable a otras históricas o prehistóricas promovidas por las grandes catástrofes o las desertizaciones o las hambrunas, va a continuar desde los países pobres a los ricos y de las zonas rurales a las urbanas. (Lo cual amenazará la supervivencia en las grandes ciudades, se encuentren donde se encuentren: Tokio o México, Los Ángeles o El Cairo.) Y su oleaje será creciente: por las mayores interconexiones que representan el comercio, las comunicaciones, los viajes y la cultura, pero también —y mucho más— por el foso cada día mayor que separa unos mundos de otros, por el galope de las demografías y por el progresivo deterioro del medio ambiente. (En los dos últimos años, por ejemplo, la mitad del aumento de la población europea se debió a la inmigración; en Alemania, las tres cuartas partes.) Basta recordar que el veinte por ciento de los habitantes de la Tierra es hoy, pese a las recesiones económicas, ciento cincuenta veces más rico que el ochenta por ciento restante. Basta recordar que en el Sur viven las tres quintas partes de la Humanidad, y que cuarenta mil niños mueren por indigencia diariamente. El atractivo del Norte perdurará mientras persistan las terribles desventuras del Sur. He ahí la cuestión que las generaciones anteriores a la vuestra no han sabido —ni querido— resolver.

¿Qué solución cabría? No una sola. Junto al control de las demografías, hay que procurar un desarrollo estable de los países pobres de acuerdo con sus propios recursos naturales, no abocándolos, como última salida desesperada, al cultivo de drogas. Y los países ricos han de promover políticas a largo plazo de empleo de emigrantes. Sin embargo, ¿será recibir las cuotas adecuadas la mejor respuesta al problema? ¿No se privará así a los países tercermundistas de sus miembros más osados y emprendedores, más útiles por tanto? ¿No se proporcionará una fuente de ingresos a regímenes dictatoriales y esclavistas? Hay que pensar en los seres humanos que huyen de sus pueblos, pero también en los que quedan. Sólo la mejoría económica del Sur puede detener la sangría humana que sufre y lo asesina. Pero esa mejoría jamás se conseguirá con la actitud del Norte, que lo agobia con una deuda externa —y eterna— superior al cuarenta por ciento de su Producto Interior Bruto, y para cuya financiación ha de pagar el Sur más de lo que recibe, en inversión o ayuda, de los países industrializados. Ante esos desgarradores hechos, la búsqueda de divisas obliga a los sureños a agotar sus recursos naturales, empobreciendo con ello su medio ambiente y degradando más sus condiciones de vida y de salud. Al Norte no le queda otra postura humana que condonar las deudas presupuestarias del Tercer Mundo, no sin antes pedirle perdón por las deudas morales contraídas con él. (Cientos de miles de toneladas de hortalizas y frutas, por las que la Comunidad Europea paga un precio, se arrojan por vertederos españoles para no provocar excedentes o para proteger productos de distintos orígenes, mientras cientos de miles de seres mueren de hambre en países abandonados por el capitalismo que antes los esquilmó.)

Hemos de tener la evidencia de que la Humanidad es una, y el mundo, uno; de que las xenofobias poseen causas económicas más que raciales: los ricos son bien recibidos en todas partes, los pobres, en ninguna, sea cual sea su piel. En España, en lucha o no, durante siglos se enriquecieron recíprocamente tres culturas y muy variadas razas. Hasta que, con pretextos religiosos bien visibles y otros económicos solapados, los Reyes Católicos interrumpieron el mestizaje que nos multiplicaba. Vuestra misión es la contraria hoy: ver claro y actuar claro contra el racismo latente o exhibido; obrar con generosidad y solidaridad contra las discriminaciones, vengan de donde vengan. No estéis de acuerdo con vosotros mismos mientras no consigáis vivir en una sociedad pluralista que respete a cada ser humano, cualesquiera que sea su color, su raza, su orientación sexual, su religión y su nacionalidad. Para tan ardua empresa se requiere un esfuerzo abierto, limpio y joven. Sed mejores que nosotros, y que nazca lo nuevo de una vez. Porque ese esfuerzo inaugurará de nuevo el mundo. Y valdrá, pues, la pena.

BEBER

Creo que la droga, desde la manzana para acá, es la más vieja compañera del hombre. La ha usado para evitar la mirada fija de una realidad demasiado dura, o para adentrarse en la percepción de una realidad huidiza; la ha usado para vincularse a otros hombres y emprender junto a ellos caminos más fértiles, o para separarse del rebaño y aislarse entre profundas y oscuras avenidas que llevan a la muerte. Todos tendemos a llamar drogas a cuanto usan los demás para lograr una satisfacción a que nosotros no aspiramos; a lo que usamos nosotros le solemos dar nombres más benévolos. ¿Cómo llamarán drogas vuestros padres a las que tomáis para dormir menos y aprender más en los últimos días del curso? ¿Cómo llamarán drogas vuestras madres a las píldoras que toman al final de la tarde para levantar su ánimo después de una jornada agotadora? Los organismos gubernativos y la propia sociedad que ellos representan (de un modo, por cierto, bastante confuso) están ahora alarmados porque los jóvenes bebéis alcohol en exceso; y porque os gastáis el noventa por ciento de vuestra *paga* casera semanal en la *marcha* de cada fin de semana. (Un gasto que totaliza al año seis mil millones de pesetas que alguien, interesado, se embolsa.) «Antes —dicen— los muchachos aprendían a beber lentamente en casa. Ahora lo hacen en las aceras, con una litrona en una mano y un pitillo en la otra, con menos edad y con el único fin de beber.» No; no es ése el único fin. Nunca lo es. Quizá otro es olvidar que no estáis bien en casa.

La misma sociedad que nos calificó de antisociales a nosotros, porque éramos revolucionarios y exaltados, y luchábamos por lo que todavía tenía arreglo, os califica de antisociales a vosotros que, decepcionados, o no lucháis por nada colectivo o delinquís para obtener dinero. De lo que se trata es de fomentar los vicios y luego perseguirlos. A los antisociales no los hace la droga, sino la sociedad que, en condiciones feroces, nos impulsa a apartarnos de ella y de sus normas inhumanas, de sus descuidos, de su indiferencia para quienes, como vosotros, acaban de llegar y ven sólo abandono, zancadillas, competitividad rabiosa, prostitución, promesas incumplidas, ciegas explotaciones. ¿Cómo no beber, o lo que sea, para que la cruel presencia de tanto daño se haga menos dañina? ¿Cómo no defender la libertad de vuestro fin de semana, de vuestro horario, de vuestra turbamulta —que es lo que os han dejado— frente a gobernantes lejanísimos, pusilánimes e incomprensivos?

Bebéis en grupos, en las calles, bajo el calor o el frío. Más que por gusto, por sostener vuestra relación tribal, con el anhelo de haceros espaldas los unos a los otros frente a lo más común que tenéis: el enemigo. Bebéis como en un reto —«A ver quién bebe más»—, porque es la rivalidad para ser el mejor o el más fuerte lo que os han enseñado. El límite lo impone vuestro aguante, y nunca vuestra decisión, como debiera. Y vais de un bar a otro en la alta noche, con vuestros autos no siempre debidamente conducidos. Os viene grande el ocio, y el silencio, también. Necesitáis del rito, algo que compartir, un lenguaje específico, el alcohol como una moda que unifique las otras más externas. Necesitáis sentiros libres, aéreos, poderosos, desinhibidos. Si luego sobrevienen accidentes mortales, o embarazos no queridos, o qué sé yo qué graves consecuencias, no se lo atribuís al alcohol, sino a lógicos resultados de la vida. Para vosotros el alcohol se justifica por sí mismo; no es complemento de otra actividad que aún no tenéis, porque lo vuestro, más que ocio, es predesempleo o triste paro ya.

Y vuestros padres piden leyes que os pongan freno; o piden que las leyes existentes se cumplan por vosotros y por quienes negocian con vosotros; o prefieren ignorar que bebéis, porque no saben qué hacer sino descansar en otros como un mando mayor. Vuestros padres están desconcertados. No osan prohibiros beber ante la casi segura posibilidad de que se vea lesionada su autoridad y desobedecida. Les espanta que los tratéis de intolerantes, igual que ellos tacharon a sus padres en una época que ven cada vez más remota y más difusa. Y son ellos, sin embargo, los que tendrían que hablaros del alcohol; los que tendrían que brindar con vosotros; los que tendrían que deciros que siempre hubo borrachos, y que el vino no es que tuviera un dios, sino que él fue un dios —Dyonisos—, como el amor —Eros— fue otro. Tendrían que deciros que el alcohol es una droga beneficiosa hasta que brota la adicción, que es lo que hay que evitar. Tendrían que deciros que no se sabe si es mejor la sobriedad que la ebriedad, o la serenidad que la embriaguez; que lo apolíneo y lo dionisíaco son las dos grandes vías por donde ha transcurrido toda la Humanidad; que no necesitar el alcohol es un signo de autodominio, pero que nunca una cultura abstemia fue grande ni mereció la pena; que lo que puede ser un problema social se ha de resolver personalmente. Tendrían que deciros que el alcoholismo no es más que el turbio eco de una voz que no nos deja oír los claros latidos de nuestro corazón. Y que esa voz es siempre, siempre, ajena, y casi siempre, hostil. Tendrían que deciros...

OBJETORES E INSUMISOS

Una de las primeras veces que escribí sobre el tema fue al comenzar el año 74; muchos de los objetores e insumisos de hoy no habrían nacido aún. Me alcé contra un obispo que, «dejándose llevar por la doctrina de la Iglesia», negaba la posibilidad de la objeción. El magisterio —decía— «está a todas luces a favor de la perfecta compatibilidad de la milicia con la vida cristiana y, por consiguiente, en favor de la obediencia de las leyes justas en materia militar». A nadie podía sorprender que un obispo español pensara así. Aquí las guerras se han bautizado con el nombre de cruzadas, y las Órdenes militares estaban más cerca de la espada que de la cruz. Cuando la sangre de los matamoros nos llegaba a los ojos, acabada la Reconquista, nos entró tal comezón por seguir matando en nombre del Señor, que inventamos la Contrarreforma, con la Compañía de Jesús —denominación muy castrense— por un lado; los teólogos del Barroco y sus presupuestos para la «guerra justa», por otro; los tercios degollando protestantes, por el tercero; y el cuarto lado fue la Inquisición.

El reciente *Catecismo* de la Iglesia católica aprueba la pena de muerte con la misma soltura que hasta hace no mucho toleró la esclavitud. ¿Quién hace caso al Cristo de los evangelios? Las más radicales y definitivas de sus enseñanzas se escamotean —o se malinterpretan, que es peor— por quienes las aceptan como frasecitas edificantes o piadosas parábolas; por los mediocres, que atemperan el vino fuerte con el agua de lo *humanamente posible*; por los beatos cicateros que se contentan, so color de misticismo, con despreciar los valores del hombre, una criatura en que Dios, si es que lo hay, se complace. El cristianismo o es caridad o no existe: eso lo sé hasta yo, que creo no ser cristiano. Según él, el hombre jamás será justo si no aspira a algo más alto que la misma justicia; jamás será pacífico si no aspira a algo más hondo que la paz; jamás será manso si no aspira a algo más trascendente que lo contrario de la violencia.

Quizá, sin embargo, alguien se está moviendo aquí. Otro obispo acaba de salir en defensa de «todos los jóvenes que, queriendo ser fieles a su conciencia», son «considerados como delincuentes, juzgados por los tribunales y condenados a un tiempo de cárcel». Porque, aparte de otras objeciones secundarias contra el servicio militar obligatorio, hay muchos de vosotros que sois opuestos a las ideas que promueve el ejército: la gratuita jerarquización, la violencia, el machismo trasnochado, la obediencia a ciegas, la ley del más fuerte, el autoritarismo sin base visible de superioridad moral, la despersonalización... Los ejércitos implantan en la sociedad unas relaciones peligrosísimas de dominación de los estamentos sociales, de deterioros del medio ambiente y de la resolución de conflictos por vías no civiles. ¿Cómo no va a pensarse que un mundo sin ejércitos es un mundo en paz, y que quien la anhela no ha de prepararse para la guerra, y que la insumisión y la objeción, como instrumentos pacíficos, son la única alternativa a unas leyes establecidas torpemente contra el loable deseo de los más afectados? ¿Qué democracia será ésta?

También numerosos jueces están tomando partido en favor de aquellos de vosotros que no se someten, o que se sienten defraudados por el servicio sustitutorio. ¿Quién no lo estaría si, como a un amigo mío, lo pusiesen varias horas diarias a alimentar cernícalos a fuerza de matar ratones y codornices enjaulados? La dignidad de las personas debe estar —han afirmado algunos tribunales— por encima de las leyes, y los principios antimilitaristas, por encima de la defensa nacional, cuya finalidad más evidente ha de ser la paz, justamente lo que los insumisos y los objetores pretenden. La libertad de toda conciencia se ve apoyada y reforzada por los principios de la Constitución. Si un fiscal general del Estado no sostiene la misma opinión, habrá que convencerlo. Yo os invito a formar parte del ejército blanco de quienes se le oponen. Que nadie olvide que, si nuestra esperanzada y esperanzadora postura no obtiene todo el eco social que se merece, es porque aún pervive la vieja mitología, inventada por la revolución francesa —«allons, enfants de la patrie»—, de que el ejército es la nación en armas. Con ese insensato fantasma hay que acabar. El ejército no es más que, como la política, una profesión voluntaria en la que la nación, para descansar, delega ciertas responsabilidades. Para descansar y para que quienes la componen se dediquen a sus propias tareas de formación y de realización y de crecimiento, que no han de verse interrumpidas por un rígido servicio a no se sabe qué, que para nada sirve.

TARDE DE VERANO

Una vez más, va retirando el día su mano tan caliente. Entre los dedos pasa una brisa que orea el paisaje. Bajo la creciente sombra del atardecer se difuminan las sombras de las cosas. Salgo a pasear seguido de los perros que ladran bulliciosos después de su siesta en la penumbra. Las golondrinas chirrían al amainar el vuelo para beber en la alberca. Desde ella veo los nidos de las oropéndolas mecerse levemente, y escucho el incansable arrullo de las tórtolas. La que todas las tardes se posa sobre la antena de la televisión ya está allí; debe de tener su pareja en una de las próximas tipuanas, cuyas flores de color mostaza alfombran la entrada de la cochera. También los jacarandás se desprenderán pronto de sus ramos morados que, como un lujo muerto, adornarán, bajo ellos, las mesas de arrayán...

Esta mañana, en la alberca, vi un gurriatillo ahogado. Quizá el viento de la noche lo abatió de su nido. Una pellita apenas de carne casi blanca, medio cubierta por unas cuantas plumas. Me fijé en sus boqueras amarillas. ¿Se malogra la vida? Ni siquiera habría empezado a ensayar el vuelo; aún era una pura hambre, una pura esperanza. A nadie parece afectarle que haya dejado de existir. ¿A nadie? No sabemos. Quizá su madre lo haya echado de menos. Pero la vida nunca mira atrás, ni se detiene. Los mirlos están alborotando estos hondos cielos azules de la tarde. Todo, impasible, cumple la ley. Me pregunto si yo también la cumplo...

Veo la placidez de la sierra frondosa y más cercana. Veo los añiles de las otras sierras que ciñen la hoya verde, moteada de casas. Todos los árboles que hay en este nivel los planté yo: los arrogantes cipreses, los gráciles falsos pimenteros, los mioporos, los serenos laureles, la araucaria geométrica y el palo borracho y los morales. Los árboles de los bancales que bajan hasta el río otra mano los plantó hace cincuenta, hace setenta años. Son benignos frutales que pasan, con docilidad, de la flor a los frutos: naranjos, limoneros, caquis, ciruelos, membrillos, perales, melocotoneros, higueras y granados. Todos estaban aquí cuando aparecí yo: me precedieron. En ocasiones me cuestiono si ya se habrán acostumbrado a mí. Las flores son distintas; para una rosa, su jardinero es siempre eterno. Para las ipomeas, que se arrastran hasta la paciente espírea y en ella se sostienen y se enredan; para las lantanas amarillas y el plumbago azul y los hibiscos majestuosos; para los alisos y los geranios y los pelargonios y los agapantos; para las buganvillas multicolores y las abundantes glicinias, yo soy el perdurable. Cada año los espero desde antes de nacer... Sin embargo, los árboles son criaturas más solemnes y más observadoras.

Subo carril arriba. Los perrillos se adelantan o se retrasan: juegan. Sé que un día alguien me sustituirá en este paseo. Otros perros seguirán a otro dueño, que hoy tendrá vuestra edad. Acaso él piense, en una tarde de pleno verano, lo que hoy yo pienso... Acaricio, al pasar, las agallas de los cipreses. Arranco una. Se la tiro a Zegrí, que corre —corre aún, a pesar de sus doce años largos— en busca suya. No estoy triste. Opino que sí he cumplido la ley. Planté estos árboles de adorno y estos numerosos almendros, que ya gallean, como buenos muchachos, envueltos en su hermoso verde claro. Para quien viniera los planté; para que la tierra se sintiese útil y fértil los planté. No; no estoy triste. Ni tampoco alegre. Estoy en medio de este valle que aún flamea, generoso y paciente; en medio de este día que ha sido caluroso...

Muy pronto el sol se esconderá tras de las altas lomas, al otro lado del río. Apenas hay una somera nube. Se dorará la tierra; amarilleará y verdeará el cielo; quizá enrojezca al caer la noche. Pero la noche llegará pacífica, adormeciendo el mundo. Los vegetales todos —cualquiera sea su edad y la mano que los puso—, los revoltosos pájaros, los insectos, mis perros, aceptarán sumisos la hora de la tregua. El olor del jazmín es más espeso ya que una presencia; la dama de noche y la datura no tardarán en unírsele y adensarán el aire... La vida recomenzará mañana con bríos nuevos; no, con los mismos bríos. Supongo que todavía estaré aquí. Sé, sin embargo, que otra mañana —ignoro si pronto (o quizá siempre pronto)— mirará a su alrededor sin encontrarme. La vida, entonces, no me echará de menos, como la gorriona a su guacharro ahogado en el estanque. Cada ser tiene su larga o su breve obligación. Os recuerdo a vosotros, herederos, en este anochecer. Uno de vosotros me sustituirá sobre esta tierra que, desde hace siglos, repite su tarea fructífera. Ojalá aprenda a amarla como yo. No estoy triste hoy, ni alegre... Miro al sol ya cayendo, ya aceptando morir. Lo mismo que él, yo estoy libre y dispuesto.

UN LIBRO EN LAS MANOS

Sé lo que publican las encuestas: que, desde los dieciocho años en adelante, apenas dedicáis un cuarto de hora diario a la lectura y más de dos horas a la televisión; que un cuarenta por ciento de vosotros no lee nunca o casi nunca un libro. Sé que os hemos ido apartando del teatro (no escrito por vosotros, ni interpretado por vosotros, ni dirigido a vosotros) y del cine y de la literatura. Sé que primero se os arrebató el latín y el griego, porque eran lenguas muertas, y que ahora se os está arrebatando nuestro propio idioma, desde su gramática hasta las obras que produjo y produce. Sé que hay quienes afirman que, aunque pudieseis comprar un libro, no sabríais usarlo, porque no es sólo que hayáis perdido la costumbre, sino que nunca la tuvisteis. Sé que se repite sin cesar que una imagen vale más que mil palabras, como si no fuesen éstas las que suscitan a la imagen, y la imagen, sin palabras, un fogonazo que se diluye pronto en lo oscuro. Sé que, en numerosas y muy hondas ocasiones, no precisáis el *flatus vocis* —ese soplo de aire al que se reduce con frecuencia la palabra—: en vuestros ardientes conciertos, en el cálido cuerpo a cuerpo en que una relación culmina, en el chisporroteo de sensaciones similares que os provoca un videoclip, en el suave o brusco empujón de ciertas drogas... Lo sé muy bien; pero soy enemigo de generalizar. Y, por si fuera poco, la palabra es mi única aliada, mi arma mejor, mi puente levadizo, la pasarela que me une con mis semejantes. Por eso es por lo que escribo para todos vosotros: porque nunca me creo todo lo que dicen de todos.

Si fantaseo, me gusta suponeros con un libro en las manos. Quizá en ese mínimo cuarto de hora que conceden las encuestas... Habéis dejado, de pronto, de leer. Abandonáis el dedo índice —el que señala— entre las páginas del libro ahora cerrado. Levantáis los ojos pensando en lo que habéis leído. Vuestra mirada se pierde, no sé si lejos de vosotros o dentro de vosotros mismos. Estáis imaginando. Vosotros que, en efecto, nacisteis en la era de la imagen, imagináis por lo que habéis leído. Sobre unas líneas levantáis un mundo: no ya visto, sino inventado por vosotros a través del frágil entramado de unos vocablos. Lo sacáis de vosotros, y sentís el último placer de la recreación... No hacéis caso de lo que los mayores os decimos (tenéis razón en eso: cada uno ha de aprender a equivocarse solo), pero también sé que, cuando uno escucha una música o lo emocionan unas frases deslumbradoras, se ve impulsado a buscar a alguien con quien compartir el hallazgo. El hombre es, en definitiva, en cualquier caso, un animal sociable. Y rara vez se os presentará una ocasión más honda y más directa de identificaros con otro como la que os proporcione la lectura. Como la que os proporcione comentar, con un compañero o una compañera, un libro que ambos leisteis y os sugirió una duda, o el atisbo de una luz, o la concreción de una salida o de una meta que intuíais ya y adivinabais. Como en el caso de Francesca y Paolo, un libro es a menudo, por ejemplo, un tercero en amor.

Se afirma que no hay tiempo para leer: lo sé. Se afirma que la vida va más deprisa que nosotros; que la literatura es morosa y pesada; que el sentimiento de urgencia es el que más presiona. Se afirma, y no es verdad. Todo lo que importa, lo que enaltece, lo que nos hace florecer, requiere un ritmo y no vale apresurarlo. Ni el amor, ni la amistad, ni el arte, ni la reflexión, ni la inquietud que la belleza nos despierta en el alma, ni el alma misma, son susceptibles de ser tratados atropelladamente. El tiempo es una dimensión elástica: hay segundos interminables y días velocísimos. Y vosotros sois además los que tenéis más tiempo. El tiempo es vuestro lujo, el amplio almacén donde almacenaréis vuestras más duraderas experiencias: esas que os servirán el resto de la vida. Con noventa años, una duquesa muy antiguo régimen me dijo: «No podré ya leer tu última novela: no me daría tiempo. Ya sólo leo opúsculos.» Pero vosotros casi tenéis la cuarta parte de su edad; podéis leer y alimentaros sin la menor prisa.

Alguien propuso, hace ya un siglo, que el servicio militar obligatorio se sustituyera por un servicio obligatorio de lectura. Suponeos qué habitables países se construirían, y cómo se harían innecesarias otras armas que las de la inteligencia y el diálogo... Sin embargo, quizá no fuese yo partidario ni de esa obligatoriedad. La literatura, de ser forzosa, dejaría de ser benefactora y subyugante y mágica. Descreo de los libros de exigible lectura: logran hacer antipáticos todos los demás. Leer no es ir a guerra alguna. En la misma página que un libro se os vuelva duro, árido o ingrato, dejadlo: no es el vuestro. El libro ha de ser cómplice, sugeridor y susurrante. Ha de llevaros, como de la mano, el paisaje en que os encontréis —más luminosos y más fértiles, si cabe— con la mejor imagen que habéis soñado de vosotros mismos. Con la mejor imagen de cuanto aspiráis a estar rodeados; de cuanto aspiráis a ser o a conseguir.

EL FUTURO IMPERFECTO

Durante unos años coincidimos. En habitaciones separadas, pero habitamos el mismo mundo: confuso, tanteador, subvertido, sangriento; sin embargo, también portentoso, feraz e inagotable. En los pasillos de esta casa mundial, nos entrecruzamos, vamos o venimos, nos detenemos unos perplejos instantes, dialogamos. Yo estoy gozoso de escribiros, de que respiremos idéntico aire, de convivir con vosotros mis años más serenos, aunque los vuestros sean en general, por el contrario, de descorazonamiento o de irresolución. Coincidimos, sí; pero vosotros me sucederéis.

Con frecuencia me han dicho: «Su tiempo no era éste, agitado e incómodo, irreflexivo y urgente. Su tiempo era más bien el de la Grecia clásica, cuando el ser humano descubrió el placer de pensar y de razonar, o el del Renacimiento, esa abortada aventura maravillosa en que el individuo se enfrentó cara a cara con el universo...» Y yo no sé qué responder. Depende de qué hubiera sido en Grecia (no un ilota, no un aburrido espartano, por favor), o lo que hubiera sido en el Renacimiento (no un mediocre comerciante, no un labrador asustadizo). ¿Estoy bien donde estoy? Desistiendo del pasado, ¿no me habría complacido llegar más allá de donde llegaré? A los inimaginables viajes astrales, a la depuración de la tecnología, a la electromagnética y la octoelectrónica que abren una memoria audiovisual, a no sé qué nueva ola de ordenadores, a no sé qué artes recién nacidas: esculturas sonoras, músicas sintéticas, hologramas, televisiones y novelas interactivas, grafismos digitales, fotografías computadorizadas... ¿Me habría gustado alcanzar hasta donde vosotros alcanzaréis?

Creo que no. Me parece que estoy bien donde estoy y dentro de mis límites. He vivido momentos que la

Historia de la Humanidad, aunque fuese infinita, recogería siquiera en una nota a pie de página. Por otra parte, a través de los intersticios de la puerta, no sólida ni del todo impenetrable, que nos separa del futuro, atisbo un poco lo que está por venir. Me emociona, pero sé que no es lo mío; o quizá, por saber que no es lo mío, no lo siento con la intensidad de quien aguarda lo que le pertenece... No percibo para vosotros un futuro placentero. Tendréis que hacer tanto esfuerzo para seguir siendo vosotros; para que no os anonaden; para no descarriaros en esa selva de extrañezas y avances accesorios con que os bombardearán más cada día... (Claro, que os lo dice quien ya dio el salto más grande que podía en el campo de los descubrimientos —quien pasó de escribir con pluma estilográfica a escribiros con rotulador—, y está extenuado.)

No; no es que me parezca el vuestro un futuro imperfecto —quizá, además, de subjuntivo— por las plagas y desgracias con que se anega el mundo: el exceso de población, el hambre, el defecto de ozono, las mutaciones genealógicas, las enfermedades que invierten los términos usuales (como el sida, que transmite la muerte en los jugos transmisores de la vida: la sangre y el esperma). No; no es que sea siquiera pesimista, ni que me den miedo los adelantos ininteligibles. Yo sólo os hablo de los seres humanos; aquello que los rodee me importa menos... ¿Cómo seréis vosotros? ¿Cómo acabaréis siendo? ¿Qué temblor último coexistirá —o no— con este de ahora, que yo todavía soy capaz de entender y aun de provocar?

Acaso pensáis que seréis más felices dentro de veinte años; que vuestra vida se habrá *normalizado*, y tendréis cónyuges, hijos, trabajo, vida satisfactoria; que os reuniréis con amigos que opinarán lo mismo que vosotros, que recordarán lo que recordéis, que sonreirán igual que sonriáis. Pensáis acaso que la vida y vosotros seréis más pacíficos, más entrañables, más sensibles, más espontáneos: es decir, más humanos. Por descontado lo pensáis, y es bueno que así sea. Sin duda viviréis más años; pero ¿los viviréis mejor y más intensamente? La vida es siempre corta; la única habilidad loable es hacerla más ancha. Y no se la hace siendo, a ciegas, más crédulo; aceptando lo que gobernantes y dirigentes nos impongan, lo que las estúpidas antenas y la publicidad ordenen. Hay que estar decididos a dar la batalla costosa y cotidiana de la excentricidad y de la extravagancia, en el estricto y noble sentido, independiente, soberano; no descansar en los conductores del rebaño; no obedecer consignas; no resignarse a formar esa mayoría de ratas en la trampa, agradecidas de que las alimenten. Hay que rebelarse contra las conspiraciones que tiendan a igualarnos... Y si hoy es ya difícil, mañana será casi imposible. Mañana correréis el riesgo de pasar de la creencia en dogmas políticos o religiosos a la creencia en magos, en gurus, en sectas, en milagrerías, en visiones, en monstruos malos y en benéficas hadas. La vida camina, pero nunca se está seguro de en qué sentido avanza. El ser humano necesita creer. Y si no cree en sí mismo y en su mundo, necesita inventarse sustitutos. Amigos míos, tened cuidado con los que inventéis.

LA JOVEN EUROPA

Desde el Atlántico a los Urales, ¿qué os ofrece ahora mismo Europa? Indecisiones y carencias en la reanudada Rusia; guerras fratricidas en el Cáucaso y en los Balcanes; una Italia atribulada en busca de un nuevo Maquiavelo; prostituciones y corrupción política por doquiera que se mira; una Alemania ensimismada y exhausta con su unificación; un paro destructor que alcanza cifras imprevisibles, y crecientes no obstante; una Comunidad Económica en guerra comercial con USA; el espectro de un totalitarismo resucitado y amenazador; el espantajo del neonazismo que hace brotar de la tierra común flores de sangre y fuego... La ideología en esta Europa importa poco; es la economía la que reina, y no la economía totalizadora, sino las nacionales. Maastricht es una cortina de humo por el aire; el ecu —ante las monedas que salen del sistema—, el sueño de una benigna noche de verano. Por otra parte, los europeos se niegan a convencerse de que caminamos hacia un mundo interracial, y que la hibridez es la vía más lógica del enriquecimiento de la cultura, y de que, sin cultura, nada quedaría de Europa. Sin embargo, para lo único que hay acuerdo es para que las inmigraciones se detengan, y para decidir que queda mucho trabajo por hacer, pero no hay puestos de trabajo. A Europa nunca la hicieron sus políticos; más bien la deshicieron. Es decir, si sigue por el camino que va, continuará siendo un vulgar supermercado... ¿Quién tendrá, pues, que querer lo contrario y dar un serio golpe de timón? Simplemente vosotros.

Se habla de la Europa de las naciones, de las patrias, de las regiones, de los pueblos. Yo no quiero más Europa que la Europa de los jóvenes. De los jóvenes que olviden o respeten las diversidades y las contradicciones; las diferencias religiosas, que tanta sangre y dolor derramaron; las ambiciones de países que se sobrepusieron y pisotearon a otros; el surgimiento y la caída de imperios sucesivos, cuyas heridas aún no se han restañado. La Europa de los jóvenes que recojan la lección de que aquí todo lo sostuvo una idea en marcha: la idea dinámica, rectilínea y fecunda de una cultura que sobrevivió a los más aciagos avatares. La Europa de los jóvenes que han visitado los demás países, y en ellos y de ellos se han enamorado. Cualquier futuro común se edificará sobre el conocimiento y el amor. Más: ambos conceptos constituyen un cimiento solo, porque no se puede amar a la perfección sino lo que se conoce y no se puede conocer a la perfección sino lo que se ama.

Europa fue, para la gente de mi edad, una lejana tierra prometida, un sueño, un mito, un ideal movilizador. Ahora es algo al alcance de vuestra mano: concreto, tangible, recorrido y asimilado. No os cogen de sorpresa sus bosques y sus praderas, sus campos de flores y sus ruinas, sus altas torres y sus techumbres de pizarra, sus canales y sus sembrados. Cruzasteis sus ríos sobre esbeltos puentes; habéis entrelazado o estrechado vuestras manos con las de sus habitantes... Porque viajar no es sólo moverse; es, sobre todo, abrirse: no conozco otro gesto más libre y amistoso. Es una disposición a recibir lo nuevo y a aprenderlo; a meditar sobre el porqué y el cómo de lo que siempre creímos sin razonarlo, sólo porque era nuestro; una disposición a respetar la forma de ser y de estar y de opinar de los otros; a poner nuestra curiosidad como un espejo delante de las cosas. Viajar es sentir el influjo de otra cultura nunca enteramente distinta de la nuestra, pero no la nuestra, y apreciar sus matices a través de la vida y el trabajo en común. Viajar por Europa es sentirla como espacio vital compartido envuelto en la tolerancia y en la comprensión. Quizá ha perdido el encanto de lo inalcanzable que para nosotros tuvo, pero ha ganado para vosotros el calor de lo que integra y de lo que conforma.

Vosotros, por fortuna, os habéis olvidado un poco de esa cosa tan pesadita que se ha llamado *señas de identidad*. Cuando la identidad se presupone no preocupa su pérdida. Por descontado que no seremos nunca daneses ni alemanes; seremos nosotros mismos, más cuanto mejor compongamos un mosaico con cada uno de los otros. Un mosaico que a todos nos hará más perspicaces y más extensos y más condescendientes. A menudo lo he escrito: si todos fuésemos iguales, todos seríamos peores. Es la diversidad lo que nos engrandece. Estoy seguro de que lo sabéis. Por eso depende de vosotros que haya pronto una Europa más demócrata y más próxima a los ciudadanos, arrebatándosela a los fríos gestores de los números para instalarla en las cercanías del corazón. Porque vosotros, como sucedía cuando este continente fue una familia mejor o peor avenida, habéis reaprendido, viviéndolas, las culturas distintas. Las que, sobre la mesa de lo europeo, ofrecen la apasionante multiplicidad de las diversas Europas. Y, por eso mismo, todas serán vuestras. No aspiro a otra mejor.

EL EROTISMO

«Se desea lo que a uno le falta y todavía no tiene», se lee en *El banquete* de Platón. Esa ansia insatisfecha es Eros, el dios que personifica la vehemencia, el cuerpo en movimiento hacia otro cuerpo, la viva fuerza que da la medida de la necesidad, el estímulo que enajena y concentra a la vez, el impulso que arrebata el espíritu hasta la dicha intuida. Tal instinto fue siempre tan bello y misterioso que las religiones lo acapararon con la fruición con que acaparan cuanto no tenga una inmediata explicación de tejas para abajo. Eros fue un dios, cuyas manifestaciones aparecen desde los sustentáculos de los templos indios hasta *El cantar de los cantares*. Pero la evolución de lo cristiano, con su estricta normatividad de las conductas privadas, desvió esa noción universal: al concebir el amor sin erotismo hizo posible el erotismo sin amor. Fueron por tanto los moralistas que antecedieron a los que hoy lo condenan quienes inventaron el erotismo a palo seco.

Un invento que nutrió y aderezó el capitalismo. Él necesita seres que consuman más cada día, y cuyos gustos, igualados, puedan modificarse y ser previstos. Pero, contra lo presumible, nada conduce a la soledad tan rápidamente como la uniformidad. Para consolarla, los mercachifles previnieron el erotismo. Se hizo de él cosa de compraventa, flor de deseo mecánico; se le abrieron *sex-shops*, como quien le pone una *boutique* a una querida; se le usó para aumentar las ventas de tabaco, de coches, de alcohol, de seguros, de cualquier mercancía. El mayor sacrilegio contra lo más sagrado de los seres humanos fue, de este modo, cometido.

Y la hipócrita reacción puritana no se hizo esperar. La sociedad represiva transformó el imperioso anhelo en sufrimiento, y la tentación no cumplida, en opresión. Los criterios dogmáticos cambiaron la ética por una moral falsa y en estado de sitio. Las naturales tendencias del cuerpo y del espíritu fueron estranguladas, olvidando que, si a la Naturaleza se la echa a empujones por la puerta, regresará por la ventana. (El puritanismo y el desmadre son hermanos siameses unidos por la espalda.) De ahí que en esa época, tan próxima a la vuestra, acaso los deseos, por contradichos, fueron más profundos, más intensos, más largos; la vida y sus promesas aplazadas, una impura tensión. La verdadera educación de entonces consistió en aprender a evitar la coacción doméstica que se denominaba verdadera educación.

Vosotros os habéis encontrado con una sociedad muy permisiva ya. En apariencia, al menos. Satisfacéis vuestro apetito; apaciguáis su comezón; el objeto ansiado lo consumís con rapidez y gozo; no son precisos vínculos más rotundos. Pero quizá agotéis en aventuras sucesivas un caudal que debería entregarse del todo cada vez. Y eso os conduce a la misma soledad aquella que la estandarización de la sociedad de consumo provocaba. La libre satisfacción erótica produce una paradójica insatisfacción íntima y un creciente aislamiento. La carencia de amor mueve a apoderarse de los cuerpos ante la imposibilidad de poseer las almas. Se escapa así el espíritu del objeto sexual y el del sujeto no encuentra ni asidero ni reposo...

¿Qué ha sucedido, pues? Vosotros, creyendo usar el erotismo como una bomba contra la moral falsa con la que os tropezasteis al llegar, no percibís que a esa bomba le falta la espoleta, y que es la sociedad misma la que os la vende ya trucada y quien se beneficia de la venta. (Los padres y los hijos sólo se diferencian por la cantidad de sigilo y precaución que emplean.) Algo ha de ser puesto en evidencia: el conflicto entre sociedad y sexo es esencial. La sexualidad pierde su calidad erótica si no consiste en un momento de liberación de lo social. Hasta ahora existió una libertad muy reprimida; ahora —y no es mejor— la libertad está muy controlada: se alimenta de estimulantes comerciales; se organiza hacia la productividad y el rendimiento. ¿Cuáles son los eslóganes con que se publicita el erotismo? Es *más rápido, menos comprometedor, no complicado, higiénico, eficaz, comunitario, impersonal y divertido.* O sea, exactamente lo contrario que el amor. El sexo normalizado y no transgresor se convierte en una especie de gimnasia aséptica a medio camino entre el yudo y el baile agarrado. No os dejéis engañar: nada que se anuncie, que se negocie, que admita regateos, puede constituir una fuente de placeres auténticos y no superficiales. El sexo ha de ser antigregario. Si no, deja de ser patrimonio del yo; se pasa al enemigo, y pierde su función liberadora. Una vez más, los moralistas rígidos —siempre tan inmorales— le hacen el caldo gordo al auténtico peligro: el peligro de que os quedéis, por dar pan a perro ajeno, sin perro y sin pan. Es decir, sin Amor y sin Eros. Os lo repito: no os dejéis engañar.

LA LUZ Y LA CANCIÓN

Hace veinticinco años vuestros padres tenían, más o menos, la edad que tenéis ahora vosotros. Hasta entonces, la palabra juventud sólo significaba el «divino tesoro» de cada vida, los años en flor que cada uno podía disfrutar o extraviar. Desde entonces pasó a significar algo muy semejante a una clase social: un *colectivo*, como se dice hoy, que debería ser tenido en cuenta y al que era imprescindible consultar. Fue una conquista enorme, que no sé si vosotros valoráis. Porque vivís como si hubiesen vuelto las circunstancias anteriores a esos veinticinco años. Y, en consecuencia, tenéis que hacer de nuevo la guerra —nunca mejor dicho— cada uno por su cuenta. Sois francotiradores del destino.

Qué trabajo figurarse a vuestros padres jóvenes, ¿verdad? Delgados, entusiastas, joviales, sonrientes, atolondrados, soñadores. Anoche mismo habéis cenado junto a ellos. Anoche mismo han hecho alguna —ya cansina— referencia a sus años de oro. Han repetido nombres que estuvieron cerca de los suyos en valerosas expediciones, políticas o no; en orgullosos proyectos, aventureros o científicos. Vosotros los habéis oído —«Otra vez»— como quien oye llover. Habéis observado sus sotabarbas, sus estómagos, sus manos con las manchas oscuras de la vejez primera, sus párpados espesos, el desánimo de sus pobladas cejas, sus gestos de frágil autosuficiencia. Os habéis preguntado por qué escarban en las cenizas para ponerse delante de los ojos brasas que ni brillan ya, ni queman. Si es cierto que se estremecieron al oír las canciones de protesta de que hablan; si es cierto que desafiaron los poderes de una remota dictadura, ¿dónde fueron esa pujanza y esa delicadeza? ¿Quién oye ahora esa canción, y quién la canta? ¿Qué consiguió aquella lucha denodada y para quién se hizo? Ningún beneficio obtuvisteis. Igual que un fuego de artificio se desvaneció todo.

Para vosotros nada representan —o no representan novedad alguna— los vaqueros, las barbas, las melenas, las camisas de flores, los collares de cuero. ¿Qué reto son? Vosotros, lo que trajeron vuestros padres, lo dais ya por supuesto: a vuestro alrededor palpita una democracia rutinaria; la libertad emana un olor que apenas, por habitual, si se percibe. Por el contrario, habéis vivido la decandencia de aquellos ideales: la alta y limpia política convertida en negocio y en escala de trepadores; la vocación truncada o malvendida. Aquellos amigos de vuestros padres son gruesos empresarios, periodistas venales, torpes funcionarios complacientes sólo con quien los compra; o trabajadores resentidos porque nadie les dio aquello a que aspiraban, o ilusos aún puros que miran en su entorno con una irrebatible esperanza nunca recompensada... Pero todos vuelven su cabeza hacia atrás; porque atrás se quedó lo mejor de su vida, lo temerario y lo incontaminado. Y luego, los años han traído acaso el éxito, la frustración acaso; pero siempre, con las canas y las arrugas y los kilos, la moderación, la tolerancia, la débil indulgencia, el pragmatismo, el encogimiento de hombros, la indiferencia triste. A la fortaleza y al coraje han seguido la habilidad y el brujuleo; a la revolución, la reforma condescendiente; la adaptación, a la ruptura...

Y, no obstante, vuestros padres opinan que vosotros sois pragmáticos y poco idealistas; que sois transigentes, en exceso sumisos y egoístas. O sea, vuestros padres opinan que sois como ellos son ahora, una vez que han renunciado y que han sido vencidos. A su desilusión sólo le queda la ilusión que ponen sobre los hombros vuestros, y de la que queréis siempre zafaros. ¿Por qué? Porque es otra vuestra vida; vuestro tiempo, otro; vuestra canción, ya otra. «Todos los sueños rotos, todos los castillos por tierra. ¿Qué se hizo de los diecisiete años?», decía su canción. Fue la suya una juventud que se exigió a sí misma, y se añoraba y se espoleaba. Vuestros padres desconocen la letra de la vuestra: de vuestra canción y de vuestra juventud. (A veces me pregunto si no será la misma.) Se han transformado en unos seres herméticos a vuestros ojos; lejanos, por mucho que traten de acercarse; taciturnos, por mucho que platiquen. Mientras, frente a ellos, vosotros os habéis ahorrado su descenso desde la cumbre gallarda y encendida; vosotros, los desilusionados de antemano. Los desilusionados no sólo de la vida que tenéis, sino —lo que es más duro— también de la de ellos. Ellos, de lo único que están orgullosos, aparte de vosotros, es de su juventud, y de haberla dedicado a lo que la dedicaron, y de su magnanimidad y de su lucha y de su esplendidez. Pero vosotros, hoy, no veis la razón de tal orgullo. Y es ese abismo lo que os separa de ellos.

Vuestros padres salieron de una oscuridad y de un silencio largos. Aportaron su antorcha y su canción. Llenaron su mundo —quizá pequeño, pero suyo— de luces y de cánticos. Después de un plazo que, a medida que pasa el tiempo, ven más breve, retornaron la oscuridad y la mudez. Por eso, entre plato y plato, durante la cena, os miran y están pendientes de vosotros. Porque sois la única luz y la única canción que ya les quedan.

EL GRAN POEMA

Si yo tuviera la suerte de ser músico, percibiría el mundo como una dilatada sinfonía en la que cada ser, de acuerdo con su intensidad, constituyese una nota o el fragmento de una melodía. Quizá así lo que ahora, por estar inmersos en él, percibimos como un chirrido o una discordancia habría de parecer, a oídos más sutiles o más acostumbrados, una armonía orquestada. (O acaso el silencio que da mayor realce a la frase musical que lo precede o lo sucede; ya que el silencio, tanto como el sonido o más, ha de tener lugar privilegiado en una partitura. De ahí que jamás haya de confundirse con el vacío o con la inexistencia.) Sin embargo, soy escritor e imagino el mundo y la historia del mundo, tan desconocida para nosotros en su principio y en su fin, como si fuese un gran poema. No siempre lírico, no siempre elevado, sino descalzo a veces de coturnos, resaltado con prosaísmos que subrayen por contraste las casi aéreas expresiones de amor o de felicidad. Porque, ¿quién calibrará el valor de un sentimiento? ¿Quién osará valorar a uno por encima de otro? Cualquier sinceridad es válida: son los valles los que hacen las montañas.

En ese gran poema, la Naturaleza entera —con nosotros, los humanos, a la cabeza, si es que de veras estamos a la cabeza— ha de poner los versos, las estrofas, las rimas. Aunque mañana mismo pudiera cerrarse el plazo que se nos concede, ninguna página, ningún renglón ha de quedarse en blanco. Ningún segundo, en la infinita extensión de la eternidad, ha de permanecer sin la intervención que le estaba asignada. En tal tarea no rigen las despreciables normas de una sociedad entontecida: sólo las que cada ser vivo adivine dentro de sí. Por eso hemos de encontrar con urgencia —pero sin alterarnos, o sea, sin dejar que la prisa nos transforme en otros— el tono de nuestra auténtica voz y el personal recado que decir. Vosotros me interesáis —me apasionáis— precisamente por no haber dicho aún vuestra última palabra, por no haber escrito del todo vuestra página.

Me gustaría convenceros de que no habéis de escribir sino la página que quisieseis leer, o que fuera leída cuando ya os hayáis ido. No os falseéis jamás. No descanséis en lo que llamamos experiencia. De la experiencia se tiene una buena opinión; desconfiad por sistema, sin embargo, de ella. Posee alguna ventaja, pero siempre representa algo desagradable, contrapuesto al encanto y la inocencia de las ilusiones; algo que suele venir a demostrar lo contrario de lo que se esperaba. Y, si os prefiero, es por vuestra no contaminada esperanza. Lo único que vale es lo vivido, no lo pensado; lo congénito, no lo que se hereda; lo asimilado, no lo poseído; lo esencial, no lo sobrevenido; lo que se es y no lo que se tiene.

No cambiéis vuestra primogenitura por un plato de lentejas jamás. Nadie, por ocupar un peldaño superior, tiene derecho a dominar vuestra voluntad ni vuestros sentimientos. Es mejor rebelarse y correr cualquier riesgo que dejarse arrastrar por la monótona noria que os iguala y marca a sangre y fuego su camino, no el vuestro. No ya un puesto de trabajo, ni siquiera el amor puede estar autorizado a cambiar vuestra personalidad, o a amargaros la alegría, o a induciros a disfrazar lo que sois. No os vendáis a bajo precio, o mejor, no os vendáis a ningún precio. No os deshumanicéis por nada ni por nadie. Pegadle un puntapié a cuanto no os eleve. ¿Por qué no confiar en que llegará un día —de vosotros depende— en que todos compartiréis los bienes que de todos son para que cada cual realice aquello por lo que fue creado y por lo que se siente atraído: el poeta y el músico, sí, pero también el maestro y cuantos colaboren, desde su estatura, a construir un mundo nuevo, más hermoso y más fuerte? ¿Es la experiencia la que nos dice que tal cosa jamás sucederá? Pues mandemos la experiencia a hacer gárgaras. Los valores aquí están trastocados; a vosotros os toca volver a dar su sitio a cada uno. No permitáis que os confundan con lo que siempre ha sido, porque con dolorosa frecuencia ha sido malo. Alejad de vosotros las costumbres nefastas; inaugurad otras más generosas, más abiertas y limpias.

No me cansaré de repetíroslo: si un hombre o una mujer, mirando un fin, ponen a contribución todas sus facultades, acabarán por conseguir lo que pretenden: la voluntad y el espíritu tienen más fuerza de lo que pensamos. Y vuestro fin más alto tiene que ser buscar vuestra palabra —vuestro verso intransferible— y decirla. Justo será romper cuanto se oponga a ello; porque es lo que más merece vuestra dedicación y pleno empleo. Sólo así alcanzaréis lo que la voz secreta os impulsa a perseguir: la voz que, por solos que os sintáis, jamás os abandona; la voz que quien la amordaza deja de ser quien es. Porque, para lo trascendental, no existen ni el azar ni la suerte; no más que el firme propósito, el anhelo, el afán y la necesidad bien ejercidos y con una constancia sin desánimo... Ojalá el gran poema no cojee por ninguno de nosotros.

LA TOMA DEL PODER

Me gustaría que esta página no la leyeran los mayores. En ella debo deciros que no os encuentro, en general, lo bastante rebeldes precisamente contra cuanto ellos significan. No siento —esas cosas, más que verse, se sienten— vuestra rebeldía contra las estremecedoras injusticias de alrededor, sino más bien contra lo que os resulta incómodo y perjudicial. Y eso no me hace gracia.

Muchas maneras hay de ejercitar la rebeldía. La más inmediata, porque tenemos más próximo el objeto, se ejercita contra uno mismo. Es aconsejable y muy útil para perfeccionarnos. No nos podemos permitir quedar bien a nuestros ojos sólo con decir *qué pena de esto* o *qué pena de lo otro.* Hay que reaccionar plantando árboles, dando la cara contra el sursum corda, defendiendo insumisos o defendiendo negros... Os veo demasiado dóciles ante la subversión de los valores que caracteriza nuestra lamentable sociedad. Las muertes en la India o en Somalia importan menos que los resultados de fútbol; la boda de una pobre tontaina, más que el asesinato o la prostitución de los niños de la calle. Hay que oponerse y romper la cuadrícula impuesta por el ambiente, por la educación que habéis recibido, por los anestesiantes, por el aire que respiráis. Si uno tiene que romperse la crisma contra el aire, se la rompe y ya está.

La pregunta inicial, que hemos de plantearnos de uno en uno, es *¿qué hago yo?* Qué hago por el mundo, por la paz, por la solidaridad, por mi propia vida también, por mi progreso y el de los demás, por la ecología, por tantos y tantos ideales. No podéis tolerar que de vosotros se diga que tenéis un eslogan: «Primero, yo; segundo, yo; y, si hay un tercero, también yo.» Si los jóvenes no creéis en el amor y su firmeza y su dominio, en la pacificación de la Tierra y en la fraternidad, ¿quién va a creer? ¿Quién le ha cortado las alas a vuestros ideales? ¿No os duraron más que una docena de años? Qué pena. Porque los ideales vuestros no han de salir de los mayores, sino de vuestro corazón: de conoceros unos a otros más de lo que os conocéis, de amaros más de lo que os amáis. Yo sé que, más que racismo, hay ignorancia entre vosotros; más que odios, desconocimiento. Y un deseo triste y congénito de riquezas que os hace detestar todo lo pobre.

De ahí que, rebelados ya contra vosotros, os invite a rebelaros contra el resto. Os invite a la toma del poder. No caigáis en la trampa de deciros: «Esto no me gusta; cuando sea adulto lo cambiaré.» Porque son los años los que nos equivocan; son los años los que nos empobrecen; son los años los que nos acostumbran a lo malo. No habéis de mejorar el mundo para vuestros hijos, sino para vosotros (es decir, desde hoy). Nadie va a componeros lo que no funciona si no lo hacéis vosotros. Los mayores están encantados con vuestra pasividad. «Pocas juventudes —comentan— tan conformistas como ésta.» Reaccionad. Demostradles que no, u os inutilizarán definitivamente. La corona británica, igual que había hecho nobles a los piratas, hizo nobles a los Beatles, y por la misma razón: desactivar su bomba y embolsarse el dinero. Sois, sí, la generación del futuro; pero ¿de qué futuro? No de otro sino del que vosotros mismos os labréis. Que no manden en la vuestra los que se equivocaron en su vida. La civilización de hoy no sirve para nada. Ha fracasado. Todo es anacrónico: las leyes, las éticas, las religiones... Arrasadlo de una vez. Inventad algo que satisfaga vuestras auténticas necesidades. Echaros a la calle y liberadla del temor. Ése es vuestro trabajo más hermoso: liberaros primero vosotros del temor, y liberar luego al mundo. O sea, la confianza y la alegría.

No sé si la nuestra es una época especialmente brillante o especialmente crítica; lo que sí me parece que es la más insensata de todas. Ojalá no la siga otra que lo sea más aún. Aristóteles dijo que la sociedad —su *polis*— nació para defender la vida, y subsistió para hacerla mejor. Quizá esa *vida mejor* sea el resumen de la gran aventura del hombre y el último argumento de su historia. Otro día hablaremos de lo que es tal vida, a la que aspiramos con torpeza mejorando la economía, no mejorando al hombre que es quien de verdad vive la vida. Cada vez son más tecnólogos y menos humanistas los que nos rigen y tienen el poder. Así hemos llegado a inventar un sistema que consiste en la idiotez siguiente: «Cuanto más produce, consume y tira el individuo, tanto más feliz es.» Qué disparate: la producción continua exige —en el mejor de los casos— una ocupación continua que proporcione un sueldo con el que comprar bienes, que mañana se encontrarán con los de ayer en la basura. Hacedme el favor de prender fuego a semejante paraíso. Pero ahora mismo: ¡ya!

UNA VIDA MEJOR

Conseguir una vida mejor quizá sea la respuesta a la cuestión —previa a las otras— que nos plantea la existencia; quizá sea el primer *para qué* de todos. Sin embargo, los hombres no siempre se han puesto de acuerdo en qué sea mejorar la propia vida en vez de su envoltura. A tal fin conducen caminos que hemos abandonado, y nuestra época de manera especial. ¿Qué caminos? Enriquecer el conocimiento esencial del ser humano y de cuanto lo fortalezca individual y socialmente, es decir, de cuanto lo *humanice*; alcanzar la idea más exacta posible sobre la vida (un juego al que jugamos sin entender sus reglas y sentido), lo que exige huir de cualquier ortopedia dogmática, de cualquier prejuicio religioso o científico (o seudorreligioso y seudocientífico), venga de donde venga; establecer las normas y estructuras adecuadas para facilitar, no para complicar la vida; y crear belleza que conmueva los corazones miles de años después (Keats dijo que un objeto hermoso es un gozo eterno). En esta dirección, ¿qué progreso habremos obtenido en nuestra época?

Todo el daño proviene de un error capital: confundir los valores de lo principal y lo secundario; dar más importancia al parecer que al ser, al aparato de la existencia más que a su verdadero espíritu. La vida, por ejemplo, en Grecia —y qué pocas cosas han mejorado desde entonces en nuestra intimidad— no tenía aparato. Allí se prefería la vida buena a la buena vida. Frente a la actual prepotencia del Estado, el poder no era allí ni tan fuerte ni tan largo. Frente a nuestro desatado consumismo, la indumentaria consistía en una camisa sin mangas y una manta. Los griegos consideraban a los licios gente «dada al lujo y blanda de pies» porque utilizaban calzado. No tuvieron carreteras como los persas, ni alcantarillado como el de los romanos, ni el esplendor de las civilizaciones fluviales de Egipto o Mesopotamia. Sus pequeños estados no fueron regidos por un gran rey divino, ni dejaron inscripciones megalomaníacas sobre la gloria de nadie. En estos aspectos, cabe afirmar que el griego era un pueblo casi salvaje.

Y es que su grandeza apuntaba a otra mira. Cuando hoy se pretende resolver cualquier cosa, siempre se acaba hablando de construir más viviendas, abrir nuevos mercados, manipular los precios, agilizar los transportes o reducir los costos. A nadie se le ocurre otra clase de respuestas, porque el problema en sí es ya económico. Los otros, los sustanciales, ni siquiera se plantean. No caemos en la cuenta de que vivimos dentro de un problema tan grande que ni lo percibimos, al carecer de perspectiva. Nuestras generaciones se apoyan sobre arenas movedizas: toda evidencia, toda moral, toda salvación han desaparecido, o se perciben confusas, como los objetos que miramos a excesiva distancia o con excesiva proximidad. Encontrar un espejo alto y bello en que se refleje nuestra alma —en una época tan mediocre, tan torpemente envanecida, tan contraria a cualquier espiritualidad— nos costaría hoy sangre, y nos reflejaríamos solos en él. Hemos extraviado las grandes certidumbres y subvertido las elementales jerarquías. ¿A quién, pongo por caso, va a resolverle la vida, o a mejorársela, el invento de la televisión tridimensional? Todos los lavavajillas del mundo no nos conducirán a una concepción luminosa y precisa de él. Todos los microondas juntos no nos proporcionarán una visión de la realidad en la que cada instante tenga un color distinto. Todos los vídeos y todos los tomavistas no lograrán que contemplemos el sol o las estrellas con placentera calma. Todas las cadenas de alta fidelidad no harán que cada uno de nuestros cinco sentidos reciba su debido mensaje y lo asimile... El que está satisfecho con su propia existencia en este tiempo no tendrá para nadie ni el menor interés, porque quien desee alboroto en lugar de música, y placer en lugar de alegría, y dinero en lugar de trabajo, y jugueteo en lugar de pasión honda será el único que merezca echar raíces en un mundo como éste.

Los signos de nuestro tiempo son la estéril mecanización de la vida y su empobrecimiento, la decadencia de la moral, el abandono de los ideales que mueven a individuos o a grupos, la falta de autenticidad del arte, en manos con frecuencia de aficionados ambiciosos... No podrá edificarse algo importante sin derribar primero tanto malo construido. Sólo nos queda descansar en la ilusión de que vendrá un tiempo distinto: más alto, más hondo, más rico. De ahí que os escriba a vosotros, porque ese tiempo tendrá que venir de vuestras manos y, aunque no lo disfrute yo, es su esperanza lo que me mantiene. No obstante, una condición ha de quedar perfectamente clara: si vosotros no sois diferentes de los hombres y las mujeres de hoy —diferentes y aun opuestos— mañana seréis iguales que ellos. Porque el mayor de sus pecados es precisamente no haberse opuesto con alma y vida a los de ayer.

LA POLÍTICA DESPRESTIGIADA

En menos de veinte años se ha pasado de decir *Aquí está todo por hacer*, a decir *Aquí no hay nada que hacer*. Antes, cuando presenciábamos una injusticia, nos repetíamos: «Hay que acabar con ella.» Ahora la gente escurre el bulto para no tropezársela; se ha resignado a vivir entre injusticias; se ha hecho cómplice de la situación. El mundo a que se aspira no es ya el ideal, sino uno tolerable dentro de lo posible. Si he de seros sincero —y no pienso en otra cosa— tengo que confesaros que nuestras democracias han soportado muy bien las negociaciones de la democracia y han prosperado con ellas. Reducir esa noble forma de gobierno a un voto cuatrienal, que delega en alguien para que nos saque las castañas del fuego sin la certeza de que podremos obligarle a ello, es una estupidez. Tal es la causa de que la política esté desacreditada entre vosotros, y de que, a falta de una adhesión política, reivindiquéis vuestras más estrictas pertenencias y vuestras asociaciones, desde lo deportivo a lo étnico, desde lo personal a lo comunitario (que no siempre son buenas). El inconveniente es que vuestro pluralismo se transforma así en diferencialismo y, alejados de la unión, sois más fáciles de conquistar y de vencer.

Pero no es que vosotros rechacéis lo que os transmiten: es que los mayores no tienen nada que transmitiros. De ahí que no mantengáis una actitud política, en el más alto de los sentidos, que consiste en asumir la responsabilidad del mundo. Porque estáis hartos. Lo están hasta quienes, miembros de una organización o de un partido, se niegan a ser los que pegan gratis sus carteles. Y os aplaudo de todo corazón. ¿Qué es lo que la política os propone? Antes, en tiempos de Hobbes, su función era asegurar la concordia entre los ciudadanos. En ese sentido ha fracasado. Lo que ahora proporciona horizontes a la vida y la amplía es el arte creador, o la filosofía explicadora del mundo, o incluso las religiones que reflexionan sobre lo espiritual y su última esperanza. ¿Son utopías éstas? No; son realidades que no cumplió nunca la política y que nos aproximan a una sociedad en que la libertad y la paz sean dos reinas convergentes. Hoy las entregas personales decisivas se hacen más allá y al margen de cualquier política: yo lo sé, y vosotros lo estáis sabiendo ahora. A ella y a la economía se las ha venerado con una devoción ciega —o cegada—; vosotros las estáis poniendo en su lugar. Por eso no me extraña que, cuando se os ofrece la felicidad —relativa— de esta democracia adulterada, contestéis: «No; no aspiro a ser feliz. Quiero ser rico y quiero divertirme.» Es vuestra manera instintiva de rechazar la falacia con que se os pretende embaucar.

La política consiste en una pura —e impura— gestión. Las ideologías son un sobredorado. Sigue, como una pedigüeña, a la realidad sin transformarla. ¿Qué os va a enseñar esta generación? Lo único que heredaréis —herederos forzosos— es un gravísimo problema: el de reinventar la democracia y darle un contenido. Algo que será tan insólito y nuevo como lo fue hace años el sufragio universal. ¿Os aseguran que asistimos al triunfo de *esta* democracia? No os lo creáis: asistimos al fin de sus mentiras y sus éxitos. Sólo la vuestra —si la emprendéis—, renovada y juvenil, sobrevivirá. A la ineficacia de los políticos gestores, tan poco ilusionantes, se agrega su escasa validez, aun en lo económico, en lo científico y en lo técnico. Me temo que hayáis de inventaros casi todo. Y para ello tenéis que empezar ya, ya, ya.

Por eso, no desdeñéis las utopías. Ellas no han fracasado, sino sus realizaciones torpemente emprendidas. Ellas están ante vuestros ojos, intactas y todavía deslumbradoras. Desdeñad, sí, los sistemas concretos que las hicieron decaer e incumplirse. Cuestionaos el vano engreimiento del capitalismo y su falsa promesa de libre mercado; que la caída de los comunismos fallidos no lo deifique. Romped todos los moldes: no tenéis por qué elegir entre el comunismo y sus horrores y el capitalismo y sus salvajes degeneraciones; ni entre la dura realidad de uno y el vago ensueño del otro. Elegid una tercera vía. Alejaos de la práctica y de las caducas experiencias; aprended de los reveses de quienes os precedieron en el intento, como un alpinista aprende, de quienes no llegaron, a llegar más arriba. Levantad vuestro corazón hasta las cumbres, desde donde contemplaréis perspectivas más abiertas e inéditas. Construid vuestra casa por encima de la política, por encima del comunismo y del capitalismo, para que tenga las ventajas de los dos. Pero no arraiguéis aún; ya habrá tiempo. Sed todavía nómadas. Nómadas entusiastas en un paisaje propio.

UNO DE VOSOTROS

Suponeos que recibo una carta de alguno de vosotros en los siguientes términos: «He tardado bastante tiempo en decidirme a llamar a tu puerta. Me faltaban las palabras. No me resignaba a aparecer ante ti con el frío que el desamor y las decepciones me producen; no me resignaba a ofrecerte, como principio de nuestra relación, lo contrario de entusiasmo o de la esperanza que tú pareces emanar. Sin embargo, así es. Te escribo a tientas, ignorando cómo terminará esta carta, ni si terminará, ni si será echada a un buzón de correos.

»Lo estoy pasando algo peor que regular. Vivo en una casa pequeña y muy bonita; gano un dinero más que suficiente cada mes, aunque no mucho más; trabajo demasiado y con miles de frustraciones. Se trata de una tarea que antes me gustaba; hoy no lo sé, porque la forma en que debo prestarla me desagrada tanto... Comparado con lo que hay a mi alrededor, con la gente de mi edad con la que me tropiezo, tendría que considerarme un hombre feliz. ¿Qué es, pues, lo que me ocurre? Por si fuera poco, he ascendido un escalón en mi carrera; han depositado sobre mí más responsabilidades; pero no logro, por mucho que me esfuerzo, sentirme orgulloso, ni siquiera tranquilo. ¿Por qué? Es como si me hubiese despertado de una somnolencia que duró tres o cuatro años. Me está costando sangre ajustarme a mi nuevo papel: mayor, más organizado, más estable, sin vuelta atrás posible. Me asaltan dudas incesantes; me decepciona mi propia inseguridad y mi incapacidad para adaptarme de una vez a un puesto que, al principio, encontré salvador y hasta grato. ¿Es que hoy exijo más? ¿Es que caigo ahora en la cuenta de que la realidad, esta concreta, nada tiene que ver con la que yo soñaba?

»Me revuelvo como gato panza arriba contra las convenciones, contra la creciente pérdida de libertad, contra cuanto me domestica. Dentro de mí no he cumplido años, y no quiero cumplirlos. Me queda aún todo por aprender, Dios mío, mil lugares adonde viajar, montones de libros que querría beberme y de personas con las que compartir ideas. Necesito ganar el Premio Nobel de Literatura, por ejemplo, y el de la Paz. Incluso a veces se me ocurre que, con un poco de esfuerzo y de constancia, podría estudiar física y ganar también ese otro Premio Nobel. Me repugna dar mi vida por cerrada, tú me entiendes... Pero ahí están mis obligaciones tan modestas y tan insaciables, una hora marcada para levantarme, otra hora para acostarme, un deber marcado e inamovible hasta el fin de mis días. Y eso me destroza. Bullo permanentemente en el caldo de una ansiedad. Me niego —y yo mismo me hago daño al negarme— a convertirme en un ser unidireccional: un buen vecino, honesto y limpio, cuidadoso con el dinero y parsimonioso en el amor. Sé que así es, más o menos, la mejor gente. Sé que a quienes ayer tomé como ejemplos admirables —gente de bien, con la mirada también limpia y honesta, refugiada en sus quehaceres y en la reserva de sencillos afectos—, sé que a ellos les pasará lo mismo que a mí. O peor: lo habrán extraviado todo —hasta su insatisfacción— en Dios sabe qué misterioso naufragio.

»No sé. No sé. Y este no saber forma parte de mi naturaleza, y se ha agrandado en los dos años últimos. Es ahora cuando descubro el tiempo perdido, la energía desperdiciada en esta continua resistencia, en esta lucha conmigo mismo, a puñetazo limpio contra la memoria de lo que quise ser y con la avidez de un futuro que no está aquí, que no me sirve para nada ya como no sea para inquietarme. Me propongo, casi en cada atardecer, cambiar de trabajo, de país, de expectativas. Me propongo meditar largamente; aprender alemán e informática, o qué sé yo; descubrir el amor que anhelaba, y llevarnos a él y a mí de paseo... Pero el mundo es complicado y la vida también. Más que antes, cuando aspiraba y soñaba y perseguía una luz. Una luz que se me ha apagado no sé cómo... De ahí que no me consienta ser feliz a rachas, ni aceptar un momento de bienestar para el que yo no estaba destinado y que es un premio con el que se me soborna. Cada vez que te leo o te escucho lo veo muy claro, y me invade un súbito e impreciso calor y una gran fuerza, que más tarde poco a poco decae. Te daría por ello las gracias, si no hubiese leído lo que opinas: no es el sentimiento de gratitud el que define aquello que nos une...»

¿Es esta carta la de alguien que empieza a adocenarse, o la de alguien que está definitivamente cansado, o la de alguien que se defiende con uñas y con dientes? Hay entre vosotros seres tan prodigiosos que me duele, con un dolor inexpresable, que se pierdan. Porque con ellos nos perdemos todos. Arriba, arriba: la vida verdadera es esa lucha; el verdadero enriquecimiento consiste en ella; la verdadera realización sólo al final se cumple. ¡Arriba! Y sonrientes.

LA PROFESIÓN HUMANA

A menudo se dice que no aceptáis una razón de la existencia; que no os movéis hacia un objeto claro; que navegáis entre dos aguas indecisos. Es por eso por lo que ahora os escribo. El auténtico oficio de cada hombre y de cada mujer, el que ha de colmar su vida entera, al que sus dolores y alegrías deben contribuir, es llegar a sí mismo. De manera luminosa y hasta contundente en unas ocasiones, de manera recóndita en otras, el yo de cada uno espera ser atendido y cumplido. Las profesiones que aparecen en las tarjetas de visita (yo no tuve jamás) o en los carnés de identidad no son más que caminos no siempre rectos hacia el fin verdadero, formas no decisivas de aproximación. Para un despierto —no para un somnoliento— la obligación más seria y la vocación más irresistible consisten en ser quien es: no poeta, no pintor, no músico, no médico o notario, no ejecutivo, ni sabio economista, ni político. La profesión humana es descubrir el propio e íntimo manantial de la vida. Cada cual es un impulso que debe consumarse; cualquier traba que le pongamos irá contra nosotros mismos: será un suicidio sutil.

Hoy no se habla tanto como ayer de lo burgués, quizá porque en nuestra área cultural todo es ya burgués o quiere serlo. Todo se vuelve tratar de conseguir un compromiso, una cómoda planicie en que nada deslumbre, un confortable y equilibrado término medio entre extremos opuestos. Vosotros nacisteis en un mundo lleno de componendas que no habéis inventado. Un mundo que no se abandona ni a la embriaguez ni al ascetismo; ni a lo dionisíaco ni a lo apolíneo. Un mundo cuyo ideal no es la entrega a un proyecto común y personal, sino la conservación de una pequeña parcela con un chalé adosado. Un mundo que no soporta lo absoluto ni lo incondicional; que no es ardiente o frío, sino tibio tan sólo, como lo que el fiero Yahvé del Antiguo Testamento vomita de su boca. ¿A costa de qué consigue este mundo la subsistencia, la instalación y la seguridad que son sus valores más preciados? A costa de la pasión, de la intensidad, de la esplendidez en la vida y en los sentimientos. Se conforma con una tranquilizada e inconsciente conciencia en lugar del vendaval de Dios. Se conforma con una mediocre satisfacción en lugar del entusiasmo. Se conforma con un desentendido bienestar en lugar de la libertad soliviantada. Se conforma con el provecho en lugar del riesgo; con agregarse a la mayoría silenciosa en vez de levantar la voz hasta los cielos.

De tal actitud, llámese o no burguesa, habéis de huir más aún que de la peste. Y entonces sé que os encontraréis desconcertados e inseguros. Bendito desconcierto. Porque lo que ese mundo despreciable desea sobre todo es una regla inamovible, más o menos fácil, más o menos comprensible y salvadora: en ella quiere descansar a través de cualquier filosofía imitada, de cualquier religión, de cualquier arte. Una regla que ordene el caos devorador, o sea, la vida. Un razonamiento, aunque haya que hacer un esfuerzo de sumisión, de cuyo sentido no se puede dudar (más, que esté prohibido dudar) y en el que se repose como sobre una almohada. Pero tal doctrina infalible no la hay: las cosas se contradicen, son inquietas e inciertas, caben sobre ellas muy opuestas interpretaciones. Camino de la verdad, no adquiráis ninguna doctrina perfecta que vengan a ofreceros; aspirad sólo a la perfección de vosotros mismos. La verdad se vive, no se enseña; es el resultado de incalculables luchas y de infinitas vacilaciones. Lo divino se halla dentro de cada uno, no en los conceptos, ni en los altares, ni en los libros. El peligro más grave está en los premios de consolación con que nos contentamos. El más grave albur es querer cobijarse a cualquier precio en lugar de vivir a la intemperie: los techos bajo los que nos protegemos suelen caérsenos encima y aplastarnos. No hay fórmulas redentoras, ni normas incontestables. Por encima de todo reina la vida: desordenada, injusta en apariencia, caduca e inmortal al mismo tiempo.

El sueño de esta sociedad es hacer estático y no dinámico el interior del hombre; anestesiarlo mediante una total identificación con los demás; que la dependencia triunfe sobre la autonomía, la opresión sobre la libertad, la diversión prevista sobre el placer intransferible; que el individuo sustituya el ideal de sí mismo por el que a la sociedad le parezca de más fácil manejo. Y, a pesar de tal comportamiento, lamenta que se desencadenen olas de violencia y de agresividad. Ella, la sociedad igualadora, es quien, con su ortopedia rígida y falsa, escupe al cielo, y se queja después de que su salivazo le salpique la cara... Me consuela pensar que el hombre no ha sido aún vencido; que esta sociedad nuestra lleva en sí el germen de su muerte; porque ella fue hecha para el ser humano y no al revés como parece creerse; que el hombre luchará, mientras viva, en favor de su vida y de su plenitud; que se desvelará en la consecución de cuanto necesite, de arriba o de abajo, para cumplirse altivamente de uno en uno.

ESPERANZA Y RECUERDO

Cuanto se resigna a sobrevivir me entristece. Lo que importa es vivir a cualquier precio. Pero vivir no es sólo seguir vivo, sino participar del misterio dadivoso de la vida, de sus enigmáticos vaivenes, de sus desalmadas siembras y sus recolecciones; más aún que engendrar la vida, enriquecerla y crearla alrededor. En nuestro tiempo, tan oferente como un escaparate, qué cantidad de cosas se desean como si nos fuese la vida en ellas. Y no es cierto: para vivir de veras se necesitan pocas. A vuestra edad, los humanos lo esperan todo de la vida; todo y cuanto antes. Sentados a la puerta, miran el final de la calle con la borrosa certeza de que el milagro asomará. Los alocados muchachos están —estáis— en el derecho de esperarlo todo; aunque no quizá sentados, sino saliendo al encuentro de lo que va a venir... Sin embargo, lo que venga no tendrá en ocasiones mucho que ver con lo que se esperaba; lo que se anhela no tiene mucho que ver con lo que se realiza. ¿Y se ha de volver, por eso, triste la vida? Seríamos necios si lo consintiéramos. En ella caben más sorpresas de lo que nos es dado imaginar; ella toca siempre en la ventana del corazón con fuerzas nuevas y nuevas alegrías.

Conviene que, de vez en cuando, recapacitéis sobre algo que ya dais por sabido: no siempre seréis jóvenes. Un día tendréis la responsabilidad de otros jóvenes y también la de aquel ser humano —imprevisible hoy— en que os convertiréis. Personalmente yo no estimo más a los viejos por viejos que a los jóvenes por jóvenes. La veneración gratuita de una edad es una tontería. Existen viejos imbéciles (en menor número que jóvenes imbéciles, claro, por la simple razón de que la gente no llega siempre a vieja), y ésos lo son en grado insuperable, porque se han ido perfeccionando con el uso: supongo que de jóvenes también fueron imbéciles. No sé quién me resulta más desagradable: el adulto que se enfrenta al tiempo, y se niega a rendirse, y actúa y viste como un joven; el viejo que se niega a comprender que el tiempo fluye, y se aferra a su mundo caducado, que el de hoy desdeña y al que aburre; o el joven que permanece fijo en su propia juventud y la utiliza como una sinecura. Los mayores que quieren a la fuerza ser jóvenes son comparables a los jóvenes que se resisten a dejar de serlo y no quieren crecer. Un sociólogo aseguraba el otro día que, quienes entre vosotros se comportan así, lo hacen para asegurar su irresponsabilidad, y de ahí procede su inclinación al alcohol y a otras drogas, que prolongan la sensación de libertad sin trabas. Yo, si lo pienso bien, no me lo creo. «Los tiempos han cambiado», se dice con frecuencia;

los tiempos, sí, pero no la condición humana. Y en ella está que cada hora posea un especial y glorioso contenido, y que todas, igual que un río cuyo caudal engrosan sus afluentes, desemboquen en la última. Ni un niño se improvisa. La vejez lleva dentro todas las edades anteriores. Si el viejo no fue un tonto que se ha ido quedando, por tonto, poco a poco solo, lo acompañarán la capacidad de sorpresa y de curiosidad y de admiración que configuran la infancia; el distanciamiento del exterior; que conduce a un cierto exilio íntimo tan de la adolescencia; el entusiasmo, la generosidad y el ímpetu que constituyen la mejor juventud; la reflexión, la ponderación y la serenidad —que no es de ningún modo indiferencia—, amasadoras de la madurez.

En esto consiste mi único consejo: que os construyáis con cuidado y con lujo a vosotros mismos, para que ninguno se llame a engaño cuando ya sea demasiado tarde. Las arrugas del corazón son las más difíciles de planchar... Por lo demás, la vida es siempre hoy. No es prudente mirar atrás con excesiva insistencia; todo lo anterior fue sólo una manera, más o menos buena, de llegar hasta ahora y hasta aquí: el camino no puede estropearnos la posada. Pero tenéis que fabricar, mientras los subís, los peldaños de cada día para que la escalera se complete, al final, sin peligros ni saltos. Y vuestros oficios más significativos han de ser el de juzgar sin prejuzgar y el de sentir sin presentir. Avanzad desnudos de experiencias ajenas, con la naturalidad de vuestros yos auténticos, sin usar un escudo como arma, sin defenderos de quien no os ataque, sin el amargor previo de una opinión desencantada ni de un sentimiento defraudado, sin aceptar en herencia nada que estiméis malo o que os sepa a desilusión o a rendición... Abiertos a los otros; junto a los otros o frente a los otros, pero formando cuerpo firme con ellos. Y, si avanzáis así, pasados los años, oiréis que dentro, en lo más hondo, algo os susurrará: «Aunque ya nada pueda devolver la hora / del esplendor en la hierba, de la gloria en las flores, / no os apenéis, porque siempre / perdurará la belleza en el recuerdo.» La vida, en efecto, transcurre desde la esperanza hasta el recuerdo; pero después, si se ha vivido bien, regresa de él a ella.

REVOLUCIÓN

A veces me tiendo sobre tiempos que van siendo ya viejos como sobre una hamaca, y converso conmigo largamente. Con la misma sinceridad que conmigo, converso con vosotros. Agradezco vuestros miles de cartas; sin embargo, hay un par de ellas, de acíbar, a las que querría responder. No por justificarme: no lo necesito: he vivido la razón de mis opiniones. Pero, para seros más útil, debe quedar clara mi buena voluntad. Yo no miro mi vida como el taco de un almanaque del que cada día arranca una hoja y deja menos; la miro como un conjunto creciente de hojas en que va acumulándose cuanto siento o he sentido, cuanto escribo o he escrito. Quiero decir que no tengo nostalgia de la juventud; que no os envidio, vamos. En lugar de vuestras posibilidades, yo cuento con mis realidades, mejores o peores: mi trabajo en marcha todavía, mis amores —acaso un solo amor— que me invistieron de plenitud, los sufrimientos que me moldearon como nada en este mundo...

Si me acerco a vosotros, es para incitaros a emprender la misma revolución que yo emprendí y, en cierta forma, hice. Quizá si, antes de opinar sobre mí, leyerais mis libros, no sería necesario: en ellos hay constancia. Por eso sé que, cuando una revolución no se hace bien, se parece a un billete de ida y vuelta, y se transforma, por tanto, en re-vuelta (y también en revuelta), o sea, en poca cosa. La Historia ha disfrutado bastantes revoluciones; por desgracia, todas nos han conducido al estado presente. Hoy no se trata ya de cambiar los modos de producción, como intentó la revolución industrial; ni de cargarse a una clase dominante, como la francesa; ni de mudar aspectos sociales o intelectuales, como la cultural; ni de redistribuir las fuerzas y los medios de producción, como la comunista. Yo desconfío de toda revolución que me sea impuesta, qué le vamos a hacer. Y no hablo siquiera de cambios de gobierno o de regímenes políticos; hablo de otra cosa. Lo que sucede es que la palabra revolución no parece neutral porque no es escuchada por oídos neutrales; por tanto, se la teme. A partir de sus castos étimos (*revolvere*, giro de los astros o de la fortuna o de los motores), ha pasado a significar desde revólver a cualquier provocación de situaciones absolutamente nuevas, que contradigan a sus precedentes por caminos sangrientos a menudo... Pero yo hablo de·una revolución incruenta, que vaya de dentro a fuera y de abajo arriba. A la que os invito es a una revolución constante, emanada de una insomne evolución y un perfeccionamiento. Os invito a una limpieza de alma, de la que es responsable cada uno y solamente él, que limpie el mundo entero.

Os preguntáis cómo podréis «arreglar las cosas, arrasar y crear»; cuál será el arma; si existe alguna en vuestra posición de estudiantes, o de parados, o de novicios de una profesión, o de luchadores por vuestra propia vida personal, sin recursos económicos y sin medio alguno de comunicación. ¿Dónde encontrar tal arma? Y, encontrada, ¿quién habrá, en su utilización, junto a vosotros? Demasiadas cuestiones. Yo no tengo la fórmula; acaso, aunque la tuviera, no os la daría. Lo cual es muy distinto a que yo «me deshaga del problema por comodidad». (Más cómodo hubiera sido para mí no empezar esta carta.) Cada época tiene su revolución y sus procedimientos. Lo repito otra vez: sois vosotros, sin sugerencia ajena, los que debéis hacer las vuestras: vuestra revolución y vuestra época; no yo, ni nadie. ¿O queréis seguir siendo «manipulados como marionetas» por la sociedad de consumo o el gran capital, que os aconsejará la revolución que a ellos les convenga?

Sé que sois víctimas, no culpables. De ahí que no os reproche nunca la rebeldía, sino la pasividad. Renegad del poder los que creáis —como en alguna pintada— que *korrompe*; usad nuevas maneras de remediar vuestro mundo (éste no tiene remedio), acuñad nuevos términos; exponeos y confluid en nuevas convocatorias y en nuevos manifiestos; declaraos objetores o insumisos; usad nuevas formas, más radicales, de organización. Sé la falta de efecto de mis palabras; sé que vivís «aislados y en guaridas», y que, aunque os convulsionen unos minutos, luego las olvidáis: hacéis muy bien. Sé que una revolución no nace «de un pedestal, ni de una sabiduría, ni quizá de una reflexión lúcida». Nace del corazón; se la siente formarse en él, crecer y rebosar. Lo sé. Pero sé también que un impulso certero no se trunca: la Naturaleza es una administradora demasiado estricta; no da sino para exigir; no hay revolucionarios capaces que se dediquen a la sastrería, ni maravillosas escritoras que se reduzcan a ser buenas amas de casa. Y sé que ni la sociedad ni la política son tan poderosas como para ganarle un pulso a la esperanza, y aún menos a una fuerza fértil y razonada. Y sé, por fin, que lo posible acaba por cumplirse, y lo que se sueña acaba por hacerse realidad, si quienes lo desean lo desean con ardor, y con ardor ayudan a su sueño.

HACIA VOSOTROS MISMOS

La vida verdadera —aquella cuya intensidad es insoportable en algunos momentos— sólo se ha hecho para los valientes. Los valientes son quienes mantienen sus propias opiniones, adquiridas si es preciso a zarpazos, y las defienden de los otros. Son quienes emprenden el prodigioso viaje hacia sí mismos, la búsqueda de cuyas sendas es despiadada y es costosa. Son quienes no se amparan en grupos que los asuman en cómodos y esterilizantes anonimatos: grupos de creencias, de ideologías, de clases, de corporaciones. Son quienes ostentan al aire su cabeza y su corazón, sin tomar precauciones, olfateándose fraternalmente los unos a los otros, por encima de las razas, por encima de las fes y de las fronteras.

Es el valor lo primero que yo os pediría. El valor de la soledad y el valor del amor, porque ninguno sino el capaz de vivir solo es capaz de dar compañía, y ninguno sino el lleno de amor es susceptible de recibir amor. El valor de superar con alegría todos los miedos y todas las inseguridades. Oídme bien: si la vida en sí misma es inseguridad, ¿cómo se atreve nadie a empujaros hacia la somnolencia y hacia la instalación? ¿Quién que se refugie entre las cuatro paredes de un cuarto de estar percibirá el prodigio y el éxtasis? ¿Quién que no se lance en brazos de la aventura podrá decir, al final, que ha vivido? La vida no se sienta en las mesas camillas, ni echa raíces, ni cabe en una moderada oficina, ni paga el alquiler de un estudio doméstico. Consiste en un incesante movimiento, cuya salvaje armonía es imposible que capten los cobardes. Consiste en un paisaje siempre desconocido y opulento e inabarcable, que excede las intenciones de los pacatos y los tristes. No seáis perdedores de antemano; no empecéis por ceder antes de la batalla. Rebelaos. Estáis llamados a la *felicidad* más alta; no os conforméis con esa felicidad en calderilla que proporciona el atenerse a las humildes normas cotidianas, ellas sí complacientes y raídas...

¿Seguridad? Nada más inseguro que aquello que logra, de repente, hacer feliz el corazón humano. Gracias a la inseguridad progresa el hombre, descubre, inventa, explora, se mezcla con lo nuevo y se renueva él mismo. Lanzaos a la empresa más ardua: ser vosotros. ¿Qué meta os propondréis, en qué sentido vais a avanzar? Da igual: el mundo es infinito; la vida es infinita; cualquier seguridad es falsa y, de momento, no hay hogar. Todavía estáis en la hora de la peregrinación. Todavía estáis en esa hora en que el camino es mejor que la posada.

Por mucho que los améis, no repitáis el error de quienes os precedieron. Vuestros padres no os sirven de modelo. Hasta que no los apartéis de vuestra mira, ni siquiera sentiréis por ellos la compasión que lleva al justo juicio. Arrancaos sus cánones; desechad sus programas; no sigáis sus proyectos; vuestras decisiones no son susceptibles de escribirse sobre las pautas suyas. Desearon y desean vuestro bien, sí, pero a su manera. Y su manera no podéis permitir que sea la vuestra. Es la tarea más difícil, porque habéis de iniciar la andanza desde cero. Sin embargo, es la tarea previa a las demás. Llegad hasta donde vuestro padre no llegó; ilusionad los ojos de vuestra madre y asustadlos. Hasta para una familia, el rejuvenecimiento y el medro provienen desde luego de que los hijos sirvan a objetivos más amplios que los estrechos familiares. Tomad la pértiga y saltad. Tendréis que improvisarlo todo... ¿Seguridad? Apartaos de quien os diga semejante palabra. Si en la miseria de hoy cabe esperar alguna dicha, os aseguro que será sólo espiritual. Espiritual y bifronte, como el dios de la guerra: con una frente hacia atrás que salve la cultura —sólo la cultura— del pasado; con otra frente hacia adelante que cifre de manera incansable, con júbilo y con riesgo, el talante de vuestra época: una época que, sin los más valientes de vosotros, se hundiría en el materialismo más estúpido.

No hay otra dirección que la que os lleve hacia vosotros mismos. Ni más trabajo, ni más ansia. Entrad en la cadencia de la vida; concordad con sus exigencias. Para los débiles no se abre el paraíso; el paraíso no se comprime en jardincitos municipales de mimo y ordenanza. Hasta que no os halléis en el fondo de vuestra alma, no tocaréis el temblor y el iris de la vida (que —no lo olvidéis— no es vuestra, sino vosotros de ella: inseguros como ella, continuos y fugaces como ella). Y sólo a partir de ese esplendor, que cada cual ha de descubrirse dentro, os será dado ir hacia los demás, iluminar vuestro entorno, confrontar unos con otros el hallazgo, aproximaros al área de fuego del amor y abandonaros sencillamente a él con la certidumbre de que la primavera ha venido por fin. Y con la certidumbre de que han sido vuestras manos —implacables y al mismo tiempo misericordiosas— las que han traído la primavera a un mundo que no la merecía.

LA REINA DEL MUNDO

Las palabras están gastadas. Los números están gastados. Sólo sirven para atenuar los aspectos más trágicos de la realidad. Sólo sirven para alejar, a fuerza de repetirse, la aterradora injusticia, que es la reina del mundo del que sois herederos. Tres mil ochocientos millones de personas pasan hambre en él. El 20% de la población mundial es hoy, pese al mal trance de su economía, ciento cincuenta veces más rico que el 80% restante. Con lo que una pequeña parte de la Humanidad despilfarra o tira o come en demasía podría alimentarse toda entera. Cuarenta mil niños mueren al día como consecuencia de enfermedades de fácil o poco costosa prevención. Las gentes se ven forzadas a abandonar la tierra donde nacieron, y en que esperaban morir, para dirigirse al Norte donde, en lugar del remedio a sus miserias, sólo encuentran más injusticia y mayor opresión. Los conflictos y los odios étnicos arden por donde quiera: no sólo en lo que hemos dado en llamar, con maldita arrogancia, Tercer Mundo, sino en la misma Europa, y no ya frente a seres de otras razas, sino frente a otros de religión distinta. Por todas las latitudes de la Tierra brota una encarnizada y mortal enemistad... Mientras, continuas agresiones arriesgan la propia vida del Planeta, amenaza que —ella sí— equipara a amigos y a enemigos, a pobres y a ricos, al Tercer Mundo y al Primero, a musulmanes y a cristianos, a blancos y a negros.

«África es el continente del futuro», «Brasil es la nación del futuro», se dice, por ejemplo. ¿De qué futuro? Los países del futuro son los que están muriendo en el presente; los martirizados y troceados por otros que, cuando agoten sus recursos propios, recurrirán a explotar los de aquéllos, sin reparar entonces en los destrozos ecológicos que tan aficionados son a lamentar cuando otros los cometen. No comprendemos que los problemas del Tercer Mundo son también los nuestros; los miramos como una pesadilla confusa y ajena, que no nos quita el sueño, que no nos estremece ni nos afecta de verdad. El Norte es el dueño de su destino, pero también del de todos los desposeídos. Y es esa falsa omnipotencia la que nos lleva a decidir si les ayudaremos o no; si sus materias primas valen más o menos; si los aceptamos entre nosotros, o les obligamos a seguir padeciendo sus deterioros y desgarros, sin procurar que sean ellos mismos los protagonistas de su progreso y su resurrección. Peor aún: les obstaculizamos cualquier posibilidad en tal sentido, y los mantenemos bajo nuestro pie. A Centroamérica, por ejemplo, se le hundió el café y el algodón y el azúcar, y ahora el plátano con las nuevas direcciones del Mercado Común Europeo. La única salida que se le deja como producto rentable es la droga: extraordinariamente peligrosa para Europa y Estados Unidos, pero los hambrientos no pueden elegir; los desvalidos no pueden preocuparse de qué mueren los ricos. E igual que a Centroamérica les ocurre a muchas otras geografías. El Norte, antes de perdonar las deudas externas del Tercer Mundo, tendría que pedirle perdón por las deudas morales contraídas con él.

Quizá este momento de recesión y crisis económica no parezca el mejor para hablar de la desdicha, de las hambrunas, de las guerras, de la enfermedad y de la muerte en el mal llamado Tercer Mundo. A mí, sin embargo, se me antoja un momento ideal para reflexionar —teniéndolas bien cerca— sobre la insolidaridad y la injusticia. Nuestros problemas parten de un tolerable bienestar, tan extraño a otros seres humanos que clama al cielo. ¿Qué significan, pongo por caso, *la liberación de la mujer*, donde nadie lo está ni lo estará; *la cooperación*, donde las necesidades son lo único común; *la libertad*, donde sólo existe sumisión; *las dificultades de la enseñanza*, donde todo son dificultades; *la seguridad ciudadana*, donde hay policías en lugar de maestros, cárceles en lugar de hospitales, intemperie en lugar de viviendas; *la inviolabilidad de los domicilios*, donde no hay domicilios; *el paro*, donde no existe siquiera el trabajo, sino la explotación y el sufrimiento...?

Hay algo que no podemos permitirnos ni un día más: la pasividad provocada por el adormecedor consuelo de pensar que nada o muy poco podemos hacer, y es mejor no intentarlo. Se debe hacer todo; se puede hacer mucho. Las pequeñas generosidades individuales se multiplican y crecen conjuntadas: suman una aportación a otra, un grano de arena a otro, una mirada de fraternidad a miles de miradas. Aliémonos en grupos de presión que se asienten y florezcan cada cual en su campo; que impulsen a los gobernantes distraídos; que proclamen, con ocasión y sin ella, nuestro racional deber de seres humanos. Colaboremos con el voluntariado responsable, u ofrezcamos nuestro trabajo a las Organizaciones no Gubernamentales. Compartamos cuanto no necesitemos. Alertémonos y estimulémonos los unos a los otros. Y, antes que nada, meditemos con seriedad en que la vida es un bien común que ha de ser compartido. Como el Planeta Tierra y sus bienes nutricios. Como la justicia, que tendría que igualarnos a todos. Como el futuro del género humano, que en vuestras manos está esperanzar o desesperanzar.

LA NUEVA HUMANIDAD

Hablemos claro: con este milenio concluyen muchas cosas. Entre otras menos generales, la revolución industrial y el movimiento obrero que se inició hace un siglo; las ondas expansivas de la Revolución Francesa, que cumple dos; el dominio del libro y de la imprenta que duró cinco largos. Es decir, vuestra herencia, que no podéis aceptar a beneficio de inventario, no es ninguna bicoca: la quiebra de un recién nacido Estado de Bienestar, la ruptura de las esperanzas suscitadas por la caída del comunismo espurio y del muro de Berlín, la aparente omnipotencia —tan débil— de la imagen, la divinización del dinero, los integrismos religiosos y la resurrección de los racismos. En cambio, se os ofrece una oportunidad de meditarlo con hondura: lo que no fue posible conseguir en dos mil años no se conseguirá en los dos mil siguientes, salvo que el hombre no se asemeje en nada al que reinó hasta hoy. Porque si la civilización —por llamarla de un modo respetable— y la tecnología han cambiado, el hombre no. Y ni siquiera se ha detenido en serio a preguntarse por qué. En consecuencia, sus falsos valores y sus falsos ídolos tienen que ser lanzados fuera de sus falsos templos. Vosotros tendréis que abrir la puerta a la Humanidad nueva.

En torno a vuestra consciencia, como en una bisagra, girará el mundo. Sois el punto de apoyo del que habló el viejo Arquímedes. En el cuerpo traéis el templo auténtico, el vaso espiritual, el misterio que debe ser amado. El cuerpo, redimido de tanta enemistad, es la entrada del santuario en que se erige la consciencia. Uno y otra os urgen a crear: más belleza en la Tierra, más generosidad, más alegría. Un hombre que no experimentó en su interior la fruición y el embeleso de la vida vivió dos milenios en vano. No pudo dar de sí lo que se esperó de él: algo que no estuviese cuando llegó, una felicidad reconocible, más regocijo, un aire purificado y tibio, más luz, la risa esencial, el amor expansivo lo mismo que un perfume, los dones más indudables de la existencia... Hacedme caso: condenad todo lo que juzguéis inhumano, así tengáis que romper con los más próximos, y exaltad lo que juzguéis hermoso. La más alta significación del arte es dar a conocer a los humanos la grandeza que tienen y que ignoran. El arte es, sobre todo, como la ciencia, una alentadora complicidad con la vida. La vida siempre estuvo dispuesta a ofrecernos cada día, ahora y aquí, el edén.

No lo pospongáis más. No os dejéis engañar por las ominosas promesas de otra vida mejor. La vida es sólo una, y el cielo se modela en ella con las manos.

Desobedeced, os lo ruego. No más autoerigidos

sacerdotes; no más respetables acaudalados, ni poderosos, ni intereses ceñudos, ni tabúes. Desobedeced a toda esa caroca. Vivid no de acuerdo con los ideales recibidos, sino con vuestras aspiraciones, con vuestra intuición más vehemente. Basta ya de mañana; no hay mañana; cualquier mañana es hoy. El hombre nuevo, en el que yo me miro y me recreo, no es una mejora del hombre viejo: no es un afinamiento, ni una solapada continuidad. Es un ser preciso, limpio, nacido desde dentro, rebelde a los condicionamientos que martirizaron a sus antecesores: ni patrias, ni religiones, ni sexos, ni colores, ni puntos cardinales. El hombre nuevo tiene sus brazos ocupados por nuevas flores de libertad, de inocencia, de creatividad, de paz y de respeto. Es el amor el que ha ganado el difícil combate; quien ha transformado las energías en un río fluyente y compartido. El hombre que odiaba ni satisfizo a nadie ni se satisfizo él; la destrucción fue incompatible con la dicha: el progreso exterior no lo hizo digno ni feliz; la usurpación, la acumulación de bienes y el necio consumo fueron, al fin, maléficos. La paz sólo podía lograrse dando. Lo mismo que el amor. Porque el amor no era —cuánto costó aprenderlo— una relación, sino un estado, una forma de ser. El amoroso, hasta cuando está solo, está lleno de amor. Igual que quien odiaba también odiaba a solas. En la naturaleza del hombre se hallaba el amor, aun sofocado por tantas cortapisas, como en la de la rosa se halla el aroma, lo huela alguien o no... Y el sexo —cuánto costó aprenderlo— era una senda de fusión y elevación, una suave manera de entenderse. Y la religión, sólo una busca íntima y personal de la verdad, y del conocimiento, y de la perfección de la más pura luz.

La nueva Humanidad anhelará alcanzar más estatura, y encenderse y florecer lejos de la demencia que la retuvo y que la empobreció. Soñaba la vida y esperaba que el hombre subiese al peldaño más alto, porque ella es un itinerario ascendente y una constante posibilidad: de un cielo en otro cielo, de una cumbre a otra cumbre más eminente aún. Romped las rejas: que nada os discrimine ni os separe. Si el mono, perfeccionándose, se transformó en el hombre, el hombre, llevado a sus mejores consecuencias, se transformará en dios: un dios pacífico, tolerante y alegre. Quizá sea ésa la evolución que explique el fervor de la vida: la vida, en cuya escala vosotros estaréis más arriba que yo.

VISIÓN DEL MUNDO

En un estudio sobre vosotros he leído que dais más importancia a la belleza física que a la visión del mundo. Ignoro qué tiene que ver un extremo con otro, ni quién los ha vinculado o comparado, ni cómo pueden juzgarse incompatibles. En cualquier caso, sin la belleza, física o no, mi visión del mundo sería muy distinta. Voy a reflexionar un poco delante de vosotros.

Vuestro cuerpo es, sin duda, vuestro hogar más próximo y más íntimo. No me extraña que, de manera instintiva y con limpieza, se lo agradezcáis. Él os sostiene; más, él *es* vosotros. Cuanto mejor sea vuestro cuerpo, en todos los sentidos, más posibilidades acumularéis de que vuestra consciencia —y ella sois— crezca y se abra dentro de él, y se expanda y emane desde él. Con vuestro cuerpo danzáis y cantáis y celebráis la fiesta de la vida. A través de él percibiréis el mundo, y os llenará de gozo o de tristeza (da igual: son dos caras no del todo contrarias) esa visión del mundo, del que ya formáis parte. Vuestro cuerpo es la puerta y el puente levadizo desde el exterior hasta vosotros. Embellecedlo cuando esté en vuestra mano; no lo despreciéis nunca; no reneguéis de él. En el cuerpo sano habita la mente sana, y en el flexible, la mente flexible, y en el abierto, la mente abierta y comprensiva.

A la mujer, antes, sólo se le dejó el cuerpo como única fuente de poder, o casi única; muy pocas más tenían. Y era preciso que para defenderse así lo usara. Ahora los jóvenes quieren ser tan atractivos como ellas; incluso quizá ellas tienen menos interés en cuidarse. Estoy de acuerdo: eso significa que se ha ganado en igualdad; que los muchachos y las muchachas contendéis en los mismos campos; que no sois como en otro tiempo —por preceptos y tabúes idiotas, por un estúpido reparto de papeles—, dos especies casi distintas; que es muy difícil hoy hablar de *sexos opuestos*, siendo como son tan complementarios y, en el fondo, tan semejantes: unas curvas de más o de menos, algunos adminículos... Cuánto miedo a la desnudez. La constatación de ella siempre me ha parecido una inventada consecuencia del conocimiento. Detesto los versículos del *Génesis* en que Adán y Eva se turban al *sentirse* desnudos tras comer la fruta prohibida. Si de veras hubiesen distinguido el bien del mal, habrían actuado como antes, más que antes: cuando «estaban desnudos y no se avergonzaban». Ese sentimiento humillado es injustificable por abyecto y malévolo. Donde debería existir serenidad y éxtasis se pusieron pecado y repulsión. Eso es ir en contra de la más evidente voluntad de la vida.

¿Visión del mundo? Sí; pero la vida no es un problema ni una adivinanza. Hay que lanzarse a ella sin actitudes previas, sin prejuicios, sin enmarcarla en patrones —en *visiones*— aprendidos, sin condicionamientos heredados, inaugurando una vía personal, levantando las barreras que interponen quienes no saben abandonarse a sus propósitos. La vida es como un vino que hay que beber, una música que hay que escuchar con atención. No es preciso tanto considerarla como vivirla; abrazarla como el único tesoro, con las manos ávidas y el corazón de par en par. No es una felicidad ni una desgracia: es una posibilidad maravillosa. Y en llevarla a cumplimiento reside la responsabilidad de cada uno. Los tontos no saben qué hacer con su regalo; lo agitan antes de usarlo; piden un libro de instrucciones. No; la vida y el mundo y la visión del mundo no requieren prudencia, sino audacia. Lo aconsejable es permitirse todo. La vida es un permiso. Hay que ejercerla apasionadamente, intensamente. Si algo está prohibido ya vendrán a advertírnoslo. No os diría yo:

«Piensa antes de saltar», os diría: «Salta, ya tendrás tiempo para pensar después.» La vida hay que disfrutarla sin ninguna obsesión. La risa y el llanto son dos buenos caminos para adentrarse.

Envejecer —el gasto de la edad— lo hace cualquiera: basta sentarse; pero crecer es algo más costoso. Hay que hacerlo hacia abajo; hacia las raíces de la vida, que están dentro de nosotros, y fundirse con ella, con el principio de ella, donde nos acompañan ya los árboles, las flores, las montañas, los mares, las estrellas, el mundo entero con su alegría recién reconquistada y su misterio nuevo, y su compasión, y su misericordia, y la amistad de todo el universo. El ser que vive así es el más peligroso para esta sociedad nuestra de hoy: porque a él no se le puede comprar, ni obligar a hacer la guerra, ni a adorar falsos símbolos. Él no tiene más ambición que investirse de vida. Las otras pobres ambiciones a través de las que se domina a los demás, tratando con ellas de rellenar sus huecos, ese ser no las tiene. Sencillamente porque está lleno de vida y de sí mismo: no le queda hueco ninguno por rellenar, ni en su cuerpo, ni en su alma... Tal es la plenitud que yo os deseo.

LA SOLEDAD POBLADA

Los recuerdos, como los buenos amigos, se incoan y fortifican con el curso del tiempo; un día miramos alrededor y allí los descubrimos. Crearlos conscientemente no suele producir buenos resultados. Yo desconfío de esas parejas o de esas familias que pretenden amueblar sus viviendas para el día de mañana —o las viviendas de sus hijos— con recuerdos semejantes a los que amueblaron otras anteriores. Los recuerdos no pueden heredarse. Son flores esporádicas y silvestres que nacen donde menos se espera, incluso contra la voluntad del dueño de la tierra; su vigor se prueba mediante la resistencia al deseo de extirpar su simiente.

Los días de Navidad y de Año Nuevo propenden a ser mitificados. El calor del hogar y de la compañía, no siempre auténticos, tienden a enmascarar los más personales sentimientos: cierta soledad, que crece en medio de la bullanga y que se disfraza de nostalgia; cierto desamparo, cuya voz tratan de ensordecer el bullicio y la compartida superficialidad. De ahí que sean días en los que se impone la búsqueda de momentos en que encontrarse a solas para mirarse con valor en el espejo verdadero. No hay que derramar miel sobre las navidades de nuestra infancia; hay que hacer trizas el papel de plata que envuelve la posible insatisfacción o la amargura.

No quiero decir con esto que la soledad haya de ser provocada. Si fuese así, llegaría a transformarse en una condena. Al solitario que exagera, sin naturalidad, su postura todos lo respetan, pero nadie se atreve a compartir su vida; suscita admiraciones, pero nadie lo abraza. La soledad ha de ser interior sobre todo, y respetuosa con el exterior: aliada de las alegrías y los cantos, de las conmemoraciones y de las esperanzas. No obstante, por concesión a los demás nadie debe traicionarse a sí mismo. Hay una vocación de solitario, o mejor, un destino, porque la vocación puede ser contradicha. Al que lo tiene cualquier alienación —hasta la del amor— lo desequilibra; la concentración que supone el amor para los otros produce en él efectos dispersores: la impresión de un caudal que está malbaratándose. Al conocimiento de tal destino se llega con dificultad, y con más dificultad aún a su aceptación. Por eso se consuma siempre —o casi siempre— en la madurez; por eso, y porque requiere un enriquecimiento previo.

En castellano, la palabra soledad tiene dos acepciones que el inglés, por ejemplo, diversifica: *solitude* —aislamiento pleno y tranquilo: un gozo— y *loneliness* —emoción brotada de la pérdida de algo o de alguien: un pesar—. Yo, por supuesto, que me refiero a la primera. Y hay que dejar muy claro que tal soledad es la más rotunda negación del egoísmo. No es un fin en sí, ni una meta, ni se justifica sin la solidaridad, ni consiste en otra cosa que en una escala que asciende o que desciende. El solitario o es un ser que ha asumido responsablemente su parte en el universo, o es un memo que ha ido espantando a todos de su vera. Hay, por el contrario, seres a los que la soledad entristece y buscan con afán divertirse (es decir, distraerse, desviarse, apartarse de sí) con otros seres. Son los incapaces de permanecer tranquilos en una habitación vacía. Es explicable que descanse el espíritu y que se olvide a veces de los grandes interrogantes: la diversión es conveniente, aunque dentro de ella se incluyan no sólo los entretenimientos, sino cualquier signo superfluo —deseo de bienes, coleccionismo de cosas o de honores, el actual consumismo—. Pero la diversión, todavía menos que la soledad, no puede ser un fin en sí misma: es justamente lo que hace reposar de la pesadumbre del fin último. Su transformación de medio en fin sobrecoge. Porque la obligación de un frigorífico es conservar alimentos; la de un coche, trasladar con mayor rapidez; la de una televisión o de una bebida, ayudar a pasar el tiempo, pero nunca darnos la felicidad, que brota desde dentro. En realidad, el hombre *divertido* es como un niño que acaba asustándose del fantasma que él inventó para asustar a otro. Sin embargo, la solemne verdad de la muerte —pongo por caso— no se suprime con hacerse un seguro de vida.

De ahí que os invite, en fechas de diversión oficial y gran jolgorio, a la soledad reflexiva y voluntaria. Porque nadie que no se ame y se conozca será amado; nadie que no sea su propio amigo será acompañado; nadie que no confíe en sí mismo despertará la ajena confianza. Para llegar al lujo de la generosidad hay que haber acopiado antes un caudal. Hasta el amor, a pesar de la voluntad más acrisolada, fracasará si los enamorados son sólo un par de mendigos que se piden limosna el uno al otro. La consecuencia más visible de la soledad bien entendida —y, por tanto, fortalecedora— es hacer al solitario de elección más liberal, más comprensivo, más disponible y útil a los otros. Más fundamentalmente útil, desde luego, que aquel que los divierte.

OTRO JUEGO

Me decís a gritos: «Sólo querría avanzar, continuar mi camino; pero, sobre todo, colmar mi interior y salir del estancamiento que me pudre la vida. No tengo un enchufe para trabajar; *papá* no me ha pagado unos añitos de rata en Yanquilandia; ni *mamá* ni el *abuelo* me reservaron un sillón en un periódico, ni en un consejo de administración; los programas de las oposiciones no se hacen para imbéciles como yo, sino para otro tipo de imbéciles... Ya no me quedan ganas de moverme; a veces, ni de desvestirme para dormir: dormir se ha convertido en un lujo. Me gustaría meterme en la cama, cerrar los ojos, olvidarme de todo, no despertarme más... No ando: me arrastro. Estoy desorientada. A mi alrededor veo nulidad y vacío. No merece la pena esforzarse, porque nada se conseguirá. Y sigo gritando, pero nadie me escucha. Y no quiero que mi tristeza haga más daño a nadie... También se fue el amor. O también se estancó, quién sabe. No estamos para amores.» Yo, sin embargo, creo en el poder salutífero y milagroso del amor. Hay que acercarse a él con humildad, porque nadie está obligado a dárnoslo, y agradecerlo si se nos da, y darlo nosotros sin esperar el trueque. Nuestra soledad puede ser, para otros, muy buena compañía. Y viceversa.

Me decís: «Soy un heredero de la velocidad por la velocidad, de lo *light*, de la publicidad encubridora, del imperio del dinero, de la drogadicción, de la violencia física y moral, del paro, de la desigualdad más desgarradora, de la corrupción política y social, de la falta de vivienda, de la tortura y de los abusos policiales, del servicio militar obligatorio, de la desconfianza en los poderosos, de la xenofobia, del racismo, de los nacionalismos ciegos, de la insolidaridad y de la muerte... Yo renuncio a esa herencia, porque deseo la libertad, el amor, la solidaridad, y la verdad.» Benditos seáis los que penséis así. Es preciso tirar la torpe herencia por la borda; aligerarse de sus lastres para bogar más ágil y más rápido. Nadie os obligue a aceptar una herencia que odiáis y que no es la que anhelabais en vuestro corazón. Fuera, fuera, fuera. Mirad al horizonte y dejad que se hunda —o mejor, provocad su hundimiento— una sociedad que sólo por su engañoso peso se mantiene, como un elefante muerto, en pie.

Me decís: «Hemos vivido embaucados, creyendo que lo que vendría iba a ser mejor... Estamos recién salidos de la universidad, decepcionados sin remedio, pensando hacer un *master* en Londres para seguir jugando al juego que inventasteis. Nos habéis preparado para algo que no tiene ya sentido. ¿Se reducirá nuestro porvenir a formar parte de ese juego? No; llegó a su fin: ya sabemos lo estúpido y lo malo de los valores que nos inculcasteis. Pero no nos dejáis otro recurso que entrar en vuestro juego o *pasar* de él. *Pasar* es el resultado de nuestra enemistad contra vosotros. Somos apolíticos, apenas tomamos partido en las polémicas, y no nos apetece responsabilizarnos. Porque no nos gusta ya ese juego vuestro y nos negamos a participar en él.» Claro, por Dios. Empezad otro juego, hecho a la medida del mundo a que aspiráis: más ético, más limpio, en cuyas jugadas cooperen y disfruten y se arriesguen más jugadores y más igualados que los de hoy. Quizá no haya aún participantes suficientes; pero quedaos seguros y tranquilos: llegarán. Quienes os instruyeron mal os enseñaron algo muy útil: saber lo que no queréis y lo que no queréis de ninguna manera. Dad las gracias por ello. De los errores ajenos suele aprenderse mucho.

Me decís: «Tú, ¿desde dónde escribes?, ¿desde lejos, o desde cerca?, ¿desde tu ayer, o desde mi presente?, ¿desde mi barrio infestado, o desde una casa tranquila?, ¿desde tu serena aristocracia, o desde los fugaces y caros sueños del camello que tengo por vecino? Necesito saberlo. Sin el disfraz de las palabras ni el maquillaje de la tinta, sin la inaccesibilidad de tu sonrisa... El futuro nos clava las uñas en los ojos, nos ata la mente, nos quema las manos; y tú, ¿dónde estás? Necesito oírtelo decir.» Cerca de vosotros estoy. Dentro de vosotros estoy. No puedo —no debo— sugeriros cuál será vuestro juego. Aunque lo supiera, no lo haría. Pero sé que es mi mayor recompensa... Tantead puerta tras puerta, camino tras camino. En ellos os encontraréis unos jugadores a otros, y engrosaréis vuestros poderes, y recibiréis refuerzos nuevos. No trato de enseñaros, sino de que me enseñéis vosotros a mí: lo juro. Mi única intención es no dejaros dormir, inquietaros, embriagaros. No me acerco con soluciones, sino con enigmas. No os propongo puestos de trabajo, sino una organización en que el trabajo sea mejor entendido. No os traigo la esperanza, porque vosotros sois la esperanza. No os traigo la paz, sino la guerra contra quienes os la hacen a vosotros. Porque os quiero.

GENERACIONES Y DEGENERACIONES

Continuamente se os reprocha salir de noche hasta muy tarde y emplear la prolongación del día en beber demasiado y en conducir vuestros automóviles con excesiva velocidad. Al mismo tiempo se os reprocha eternizaros en casa de vuestros padres, es de sospechar que por falta de trabajo o de un trabajo suficiente. Me parece que ambas acusaciones se contradicen (una os supone bien provistos; la otra, desprovistos) y que son una forma tosca de generalizar. Pero no voy ahora por ahí. Si hablamos de generaciones —todos somos muy dados—, hay algunas que lo pasaron peor que vosotros. Sé que para verlo hay que saber mirar y tener buena vista, porque ya os cogen lejos; pero quizá algún miembro de ellas esté todavía cerca de vosotros. Me refiero a quienes sufrieron en su carne la guerra, y a quienes, después de la falsa paz, padecieron hambre y sed de justicia, o hambre y sed simplemente. Sin embargo, vosotros acostumbráis a mirar en otra dirección:

hacia la generación de los sesenta —la del año 68, tan emblemático—, y también generalizáis. La veis hoy como una generación plena y nimbada, que aprovechó sus méritos circunstanciales —importados en buena parte— para instalarse de un modo indefinido y excluyente. Una generación que se apresuró a impedir todo movimiento que condujera a su relevo. Por una parte, adelantó cuanto pudo la jubilación por cualquier vía de los mayores, haciéndose cargo de sus puestos, de sus destinos, de sus proyectos con un aire de desdeñosa superioridad; por otra parte, a cencerros tapados, se opone a que ninguno, o muy pocos, de vosotros, salvo que le hagáis el caldo gordo, entre al mercado laboral en igualdad de condiciones con ella. Ha abierto ambos codos y se ha fortificado, a vuestros ojos, en sus cómodas poltronas.

De ahí que detestéis que se os acose con una paradoja: los miembros de una generación que os anula en la práctica son los mismos que os exigen conseguir, de una vez, vuestros medios de vida. No me extraña que estéis hasta las narices. ¿Y qué hacer? Si os interesa ocupar los puestos que ellos detentan, temo que tengáis o que arrebatárselos por las bravas (de lo que no os disuado), o que esperar que los dejen vacantes por razones de edad. A vuestro alcance están medios idénticos a los que ellos usaron para desplazar y sustituir a sus predecesores. Lo que sucede es que, en el fondo, aparte de utilizar sus mismos medios, seréis utilizados por sus mismos ideales, pálidos ya y desvanecidos, lo cual es lo más triste que os podría ocurrir. Por descontado, sois muy dueños de intentar echarlos de sus poltronas, ya sean artísticas (aunque en el campo del arte se os ha aceptado casi más que a ellos), ya profesionales, ya políticas... De aquel que lo consiga entre vosotros se dirá que *ha llegado*. Yo me pregunto si es esta vuestra aspiración: *llegar*. Porque, ¿a qué se llega?, ¿qué meta os espera?, ¿quién está con la corona de laurel aguardando al que triunfe? *Llegar* es uno de los verbos más nefastos del idioma. Se acabaron con él los tanteos, las exploraciones, las novedades, los inventos. El que *llegó* se sienta y se pone a engordar; se halla seguro autosatisfecho... ¿A quién complacerá semejante programa? ¿Qué es *ser alguien*? Supongo que *ser otro*: otro más rico, más guapo, más atractivo, con más éxito; es decir, abandonar la búsqueda de quien de veras se es, abandonar la urgente averiguación de quién se es. El principio del mejor hallazgo es el personal descubrimiento; el principio de la peor perdición, el encubrimiento personal.

Si tenéis por necesidad que pensar en otras generaciones distintas de la vuestra, os ruego que penséis en las cifras siguientes. Alrededor de 600 000 personas habrán nacido, durante la última semana, en los países más pobres; dos de cada tres vivirán en la más absoluta miseria; no más de uno encontrará trabajo; de cada cinco, tres serán rigurosamente analfabetos; del medio millón largo, sólo 45 llegarán a médicos o ingenieros... Acaba de firmarse el Tratado de Librecomercio; ha venido a perjudicarlos y a marginarlos aún más. Los africanos descenderán, desde el Tercer Mundo, al Quinto, o sea, al infierno total. Sólo el servicio anual de su deuda externa le supone, por ejemplo, a Guinea, el 148% de cuanto produce; a Mozambique, más de tres veces y media. Los países menos desarrollados, únicamente por abono de patentes y transferencias de tecnología y pagos de deudas, tendrán que abonar 50 000 millones de dólares: un atroz imposible... Quizá acordaros de la gente de vuestra edad en tales geografías —a vosotros, que pertenecéis a uno de los países de la *tríada*: USA, Japón y la Comunidad Europea— os fuerce a reflexionar, y mude, aunque sea levemente, vuestras reclamaciones. Porque acaso tendríais que aspirar a un mundo muy distinto del que están consintiendo vuestros padres. A un mundo en que no se huya de la pobreza en dirección a la riqueza, que también es inicua, sino en dirección a la justicia: la única y auténtica meta común, luminosa y alta, trazada de antemano en lo más hondo de nuestra razón y nuestros corazones.

UTOPÍA

El diccionario de la Academia (libro que, a pesar de todo, os recomiendo tener a mano, porque lo primero para entenderse con otro es saber de qué se está hablando y qué se está diciendo) define la utopía como un proyecto o un sistema halagüeño pero irrealizable. Lo que no aclara ni el diccionario ni nadie es quién nos garantiza y cuándo nos garantiza que tal idea, o tal ideal, son irrealizables. La historia humana consiste en un permanente, aunque más serio, *Libro de los récords Guinness*. Lo que en un tiempo fue —o ni fue— un sueño, pasados los años y aun los días, se convierte en algo tangible, coloreado, palpitante. No digo en algo real, porque real es todo cuanto sea susceptible de ser imaginado o ensoñado: no sólo cuanto es susceptible de comprobarse, palparse o verse... ¿No es precisamente a la plusmarca y a la superación a lo que aspiran los más jóvenes, o sea, los verdaderos jóvenes? ¿No es el *citius, altius, fortius* lo que caracteriza y espolea a los olímpicos? ¿Sólo en el deporte el ser humano va a plantearse aparentes milagros? Si no se hubiese el hombre, en cualquier campo, acercado con ardor a lo imposible, ¿habría acaso alcanzado lo posible? ¿Habría extendido, hasta perderla de vista, la meta de su afán?

Hablamos hoy demasiado de la razón (qué náusea me produce el abuso de *lo razonable*) y de la praxis. Sólo lo práctico, lo pragmático, lo positivo, lo hacedero, lo viable, lo accesible cuentan; a todo buen consejero se le llena la boca de estas palabras. Yo sólo las acepto como peldaños por los que trepar. Quien no aspire a superarlos deprisa y sin mancharse que no tenga mucho predicamento entre vosotros. Y que conste que no os estoy empujando a ser quijotes; que no os estoy animando a ser ilusos. Para no perder el tiempo ni en tonterías ni con tontos, hay que distinguir los molinos de los gigantes y las ovejas de los enemigos. Nuestra mirada ha de ser clara; nuestra diana, también. Pero la edad de la razón, tan ponderada, no dio de sí cuanto nos prometía. Yo prefiero otra edad en que reine el sentimiento, y en que se avance con la fuerza que los tirones del anhelo nos ponga en los pies. Una edad en la que se crezca desde dentro: porque hemos de tener la conciencia de que, en nuestro interior —llámese como se llame—, hay un amigo nuestro (el mejor amigo: el auténtico yo) capaz de saberlo todo y hacerlo todo y comprenderlo todo mejor que nosotros mismos. Un amigo que olvidamos cada día más y con mayor frecuencia: un amigo al que, con desconfianza, damos de lado; el único apto para mostrarnos la grandeza que no cabe en el alma, cosa que, por desgracia, a menudo ignoramos.

Vivimos y nos movemos en un mundo rabiosamente atado a las certidumbres. Despreciamos toda sugerencia, todo tanteo, todo riesgo, todo experimento. Nuestras mentes científicas no terminan de serlo: uno de los más excelsos sabios vivos ha escrito que, a medida que el universo evoluciona, las circunstancias crean nuevas leyes: leyes que, todavía ayer (preguntádselo a vuestros padres), formaban parte del zaherido y desdeñado reino de la utopía. Hace dos generaciones —o una sola— había proyectos halagüeños que se confinaban más allá del filo de lo imposible. Hoy los tenéis, como algo natural, en vuestras manos... Y no me refiero a progresos y adelantos tecnológicos nada más. Oídme: el inventor de la palabra utopía, santo Tomás Moro, exhortaba en su libro de tal nombre a que, antes de casarse, los futuros esposos se conocieran del todo, y contemplaran sus cuerpos desnudos para evitar irremediables decepciones posteriores. El gran canciller británico, en el Renacimiento, con inimaginable clarividencia, avanzaba hacia vuestras actuales *relaciones prematrimoniales* con un paso tan recio que ya quisiera hoy la Iglesia para sí.

Sin embargo, os recomiendo una especial diligencia para apear y encarnar todo ideal utópico. Porque, mientras permanecen en la altura, son rutilantes e in-contaminados; pero, cuando se hacen cargo de ellos los políticos o los comerciantes, comienzan a mancharse, a agrietarse y pudrirse. La primera inamovible norma de humanizar cualquier utopía es echar a los mercaderes del templo a cintarazos. Os aseguro que no hay ninguna prueba, ni la habrá, de que la persistencia en una postura o en una fe o en una idea sea resultado de la madurez; mucho más a cada momento de lo que se supone, la madurez reside en romper con todo precedente. Estaos convencidos de que vuestro reino no es de *este* mundo, sino del mundo —«más alto, más rápido, más fuerte»— que cree vuestro deseo.

LOS PUERCOESPINES

Cada día es más infrecuente que, de un peligro o de una situación, se salve un ser humano a solas. Cada día dependemos más los unos de los otros: desde el placer estético al saber tecnológico, desde el menor movimiento cotidiano a la supervivencia. Y, sin embargo, cada día vivimos más aislados. ¿Cómo resolver semejante contradicción? La sociabilidad es tan definitiva de la esencia humana como la libertad. El hombre se agrupa en ciudades, a través de una sociedad que lo defiende y le facilita la vida y el progreso. Buscamos sin cesar la compañía; pero a menudo encontramos en ella el riesgo, la deslealtad, la competencia más cruel y hasta la muerte.

Me viene al recuerdo la fábula de los puercoespines, de Shopenhauer. Un día de invierno, entre lagos helados y nevadas llanuras, una piara de puercoespines decide acurrucarse, apretándose unos con otros, para darse calor. Lo hacen así, y comprenden que sus púas les impiden la apetecida proximidad al producirles recíprocas heridas. Tienen, en consecuencia, que adoptar una distancia tolerable: que disminuya por un lado, sin quitarlo, su frío, y que por otro les preserve de sus punzantes defensas. Lo mismo nos ocurre a los humanos. Lo que nos configura nos aleja a la vez de los demás: nuestros prejuicios, nuestros escriños mentales —tan estrechos a veces y tan despreciables—, las diferencias de clases, las barreras religiosas o ideológicas, los dogmas remachados... Hemos llegado a un extremo en que ya no nos une el amor, ni la simpatía, ni la compasión, ni la misericordia: nos une la comunidad en el odio y la alianza contra el enemigo. Nos resistimos a olvidar nuestros nacionalismos, nuestros integrismos empequeñecedores y nuestras organizaciones más mezquinas; nos resistimos sencillamente a ser humanos, todos con las mismas o parecidas dificultades, miserias, tristezas e insuficiencias. Tales son las espinas que no nos permiten encontrar, junto a los otros, calor y protección.

Sé que la violencia y la agresividad son conceptos de siempre. El hombre pertenece a la Naturaleza y, en lo que tiene de instintivo, necesita comer, dormir y copular: un alimento, un cubil y una pareja. Algo menos quizá que el *lugar al sol* de los americanos; pero para conseguirlo luchará contra cualquier obstáculo y se opondrá a cualquier semejante, como han hecho, desde que el mundo es mundo, los demás animales. Pero paradójicamente la sociabilidad —el apiñarse para defenderse a sí y a su familia— es causa de nuevas y más graves violencias. El individuo es menos dañino que la colectividad. La agresión como vía de realización individual, por monstruosa que aparezca, será quizá más llamativa, pero siempre menor que la desencadenada por razones de origen colectivo, en general disfrazadas de ideales, y de cuya imposición obtiene la sociedad provecho.

La propensión a acometer o a reñir no es una fuerza negativa, sino una afirmación de la personalidad; no obstante, sólo una sociedad justa sería capaz de imponerle justos límites. La nuestra, por el contrario, ejerce la fuerza de la represión, que suscita otra fuerza inversa: con su violencia externa y omnipresente desata la adormecida en cada ciudadano; y siembra en las almas la frustración al fomentar modelos de vida inasequibles —o acaso ni siquiera deseados— que hunde en las mentes con la abrasiva técnica del marketing. Si la sociedad de los puercoespines ofrece a sus súbditos posibilidades de mejora, excitándolos con los latigazos de la publicidad, pero no les proporciona vías para realizarla, está provocando la agresividad. Si hace indiscriminadas convocatorias a una felicidad rosa, menospreciando los ritmos personales y las particulares aspiraciones, está provocando la agresividad. Si se desenvuelve en un continuo *estado de violencia* (reducción de espacios vitales, contención de los impulsos con una moral férrea e inventada, sumisión de los individuos a unos propósitos engañosos y a un superser colectivo), está provocando *actos* de agresividad. Si se desentiende del amor —pacífico del suyo— y lo sustituye por el deseo —de suyo violento—, está provocando la agresividad. Si os propone a los jóvenes un igualitarismo insulso, una vana obediencia, una asesina despersonalización, está provocando vuestra agresividad.

La violencia de la sociedad consumista refleja, como a través de una lupa, la de nuestro corazón. La paz y la convivencia sólo florecerán cuando sintamos que el mundo es *nuestro*. No de los bancos, ni de los capitalistas, ni de los occidentales, ni de los cristianos, sino de las mujeres y los hombres. Entonces nos toleraremos mutuamente, y empezaremos mutuamente a quitarnos las púas, y nos acercaremos a la intimidad unos de otros, y nos daremos unos a otros la calidez y la confianza naturales.

EL BASTÓN

En lo colectivo y lo personal (es decir, las sociedades y los individuos) hay dos formas opuestas de entender la vida. Una, es la insistencia en lo recibido, la reproducción de gestos y pasos heredados, la reiteración de las actitudes. Entender así la vida la reduce, la estrecha, la limita —la resigna— a una práctica inmovilidad. Más que humana, es semejante a la que disfrutan —o padecen— los seres instintivos, que requieren millones de años para introducir alguna leve variación en su comportamiento, provocada por circunstancias extraordinariamente adversas o propicias. La causa de conducta tan roma es la búsqueda de la seguridad: una seguridad desentendida de cualquier avance y enemiga de cualquier perturbación. Con ella se mira, en primer lugar, hacia fuera —al prestigio, a la posición, al dinero— y, satisfecho ese exterior, hacia dentro —a las creencias, a las formas imitativas del pensamiento, con las que revestirse de aparentes argumentos a favor.

Frente a tal abandono del gusto por el riesgo y la aventura, del implacable progreso que es la vida, existe otra manera de entenderla: la de un incesante renacer, la de un continuo esfuerzo por desasirnos de cuanto nos detiene o entretiene, del tradicionalismo monótono y esterilizador, de las postizas raíces por las que asciende una savia anestesiante. Así, la vida se transforma en una lucha por adelantar y en una revelación. Su verdadera razón de ser consiste en liberarse de lo que la coarte o enmudezca o atenebre, ya se trate de posiciones científicas *ortodoxas* e *indiscutibles*, de jerarquías preestablecidas, de autoridades autoproclamadas, de artículos de fe religiosa o artística impuestos por el privilegio y la explotación, de conclusiones de la *infalible* sabiduría del pasado o de la gratuita sabiduría de la edad...

Hay que tener cuidado con el aprendizaje, que es un modo de acumulación —casi de coleccionismo— no siempre selectivo, y más exponente de quien lo presta que de quien lo recibe. En pocas ocasiones nos aproxima a la verdad, o aproxima la verdad a nosotros. Sólo una mente libre, no abrumada por tales acumulaciones, inocente, capaz de volar, es apta para asimilar la verdad salvadora: la que fructifica por encima de los intereses a ras de tierra —y a ras de cielo— de este mundo o del otro. Qué inapreciable don el de mantener (o el de recuperar) la libertad mental: no dejarse aherrojar por fallidas vías de conocimiento, por experiencias ajenas, por férreas disciplinas —comunistas o capitalistas, cristianas o islámicas...— que condicionan de antemano las respuestas. Porque cada nueva situación —y hoy las situaciones constantemente se renuevan— reclama una respuesta distinta, y el problema de esta mañana es diferente al de anoche; sin embargo, las mentalidades que han de resolverlo siguen siendo las mismas.

La mayoría acepta la autoridad —política o didáctica o espiritual— no como resultado de una reflexión o de un respeto bien medido, sino por una inercia perezosa. Todo fue ya pensado; nosotros repetimos los procesos y procuramos adaptarlos a nuestra vida, o, peor aún, adaptar nuestra vida a los conceptos previos. No tenemos derecho a obrar así. Hemos de indagar *nuestras* verdades, a costa de la caída de los modelos trasnochados. Sin dudas y sin perplejidades, sin atentados y sin insubordinaciones, no hay ciencia ni creación posibles. La libertad del pensamiento y la del corazón son esenciales. Las sujeciones al estático pasado nos someten a una limitación intolerable. Como el pajarillo que, atado para su fingida seguridad cariñosamente por un niño, por larga que sea la cuerda, podrá levantar el vuelo sólo un poco, confundida la protección con la esclavitud. Nuestra mente es el único instrumento con que contamos para encontrarnos cara a cara con nuestra autenticidad y con la autenticidad de la vida. Si el instrumento está atorado, o es pusilánime y mezquino, cuanto de él emane será espurio y mezquino también.

La tradición no digerida y no incorporada convierte nuestro pensamiento en un aliado torpe, maniatado y mediocre. Si la tradición no se proyecta hacia adelante, es una simple rutina que nos mecaniza, y un hombre transformado en máquina es menos útil que la máquina. La tradición ha de ser el bastón en que se apoye el caminante. No es sensato vivir —bien lo sé yo— pendiente de un bastón, sino del camino que se ha de recorrer. El bastón no da significado a nuestra vida: lo que la ilumina es el deslumbramiento del viaje permanente. El bastón, o sirve para ayudarnos a mantenernos erguidos y a destruir los obstáculos, o no sirve más que de peso y zancadilla. Y entonces habremos de arrojarlo muy lejos de nosotros. Cuanto más lejos, mejor.

ENAMORADOS

Muchas veces, cuando estáis sin pareja, os escucho decir: «No quiero enamorarme; prefiero estar tranquilo.» Me recordáis a la vieja Ana, la protagonista de mi primera comedia, escrita a vuestra edad. Ella, más o menos, repite: «Me da miedo la felicidad. Cuando llega empiezo a no poder comer, a no poder dormir... Hasta que la cojo, la tiro por la ventana, y me quedo de una vez tranquila.» Pero estaba segura de que «hasta las penas hay que saberlas llevar con alegría». Por eso, en mi nombre y en el de la dulce Ana, que sólo tuvo un contradicho amor, os invito a la inquietud y al desasosiego; os invito a no rendiros nunca, a no recostaros sobre vuestras heridas, a no hacer el recuento de vuestras cicatrices, y a continuar la marcha, en compañía o no. En un tiempo como el nuestro, sufrir por amor es un signo de predilección. A los amantes a quienes les empaña los ojos su abandono —siempre que no se compadezcan a sí mismos— les doy de todo corazón la enhorabuena.

Estoy harto de oír a gente que se queja: «Se me murió mi perro. No quiero tener más: se sufre mucho.» Es una reacción obtusa y egoísta. Por un sufrimiento previsible se renuncia a la gracia presente, al cariño presente, al don de sí. ¿Es que un perro o un amor o una posesión esencial sólo nos regalan el dolor de su pérdida? ¿Nos quedaremos, como en una mala fotografía, congelados en el gesto final? ¿Y el amable trayecto, con una mano entre las nuestras, hasta llegar allí? ¿Olvidaremos cómo esperamos impacientes que sonase la hora de la cita; cómo aquella compartida emoción resolvió las mañanas, explicó el mediodía, dio sentido a los atardeceres, justificó el desvelo cada noche? ¿Olvidaremos, porque terminó, los gráciles comienzos en los que se enredaban las miradas, incapaces ya de desenredarse; el sereno o el tormentoso desarrollo en que se nos multiplicaba el corazón? ¿Olvidaremos, porque toda música cesa, cuánta armonía pautó nuestra vida, como si fuese a durar siempre? Estamos hechos de tiempo, de soledad y amor. A la tarde nos examinarán en él... El azar y el destino, cuentan, a medias, nuestra vida en voz baja.

Todo termina, sí; también nosotros. Es por eso por lo que, ante el río impetuoso que nos llevará un día, hemos de exprimir las oportunidades de besar y danzar a la luz del sol o de la luna, de celebrar el amor y la vida (que «transcurren juntos, o son quizá una sola / enfermedad mortal / de la que no se acaba de morir»). Ninguna primavera es perdurable. Cumple su misión de enardecer el mundo, de dorar sus tinieblas, y se va. Pero, mientras nos envuelve, no presintamos la ruina de sus hojas, ni el marchitamiento de sus nidos y pétalos. En cada primavera —y en una sola rosa caben todas— hay que ser flores, hojas, nidos. *Serlo*, no presenciarlo: formamos parte de ella como formamos parte del amor... El amor es biología o psicología o fisiología, o las tres cosas juntas; pero es biografía sobre todo. Un hombre es una historia, y la mejor contada es aquella cuyos capítulos se encabezan con los nombres del amor. Bien está —es envidiable— la historia que se desarrolla de un trazo bajo un nombre tan sólo; pero también la vivida en sucesivos párrafos, en cada uno de los cuales el corazón se entregó, atado de pies y manos, intrépido y cautivo, visionario y ciego, libre de elegir, libre hasta para dejar de serlo...

Os creéis modernos, y lo sois. No os consideréis antiguos por ocultar bajo vuestro exterior, sólo en apariencia desamorado, vuestras secretas lágrimas. No os dé vergüenza de ellas. Tenéis el instinto de la libertad y de la independencia; deseáis poseeros más que nada a vosotros mismos, sin implicaros en episodios que puedan conduciros a una desgarradora soledad. Opináis con razón que no es el amor un asunto de propiedad privada; que los celos son retrógrados y torpes; que la mejor manera de amar es no imponerse y facilitar, en caso de ser solicitada, la separación. La provisionalidad, también en este campo cordial, es vuestro lema... Pero yo sé que en el cuarto de atrás de vuestro corazón, en aquel en que no entran las visitas jamás, os refugiáis en ocasiones, y os sorprendéis llorando por prendas «dulces y alegres cuando Dios quería», sin conseguir libraros ni de la leve nube que visteis a través de otros ojos y dejasteis para siempre de ver en un instante... No os abruméis. Levantaos y esperad de nuevo. El amor es una necesidad y un clamor. No es un trueque, sino una dádiva: un regalo recíproco que hay que agradecer siempre, aunque nos deje; una locura, porque no tiene propósito, ni útil, ni concreto; un viaje del que es posible no regresar jamás; una duda en la que no caben cálculos, ni comparaciones, ni exigencias; una incesante falta de certeza; una batalla íntima que ha de reñirse sonriendo día a día; una mar «siempre recomenzada»... Por eso, por todo eso, os invito al amor. Y doy la enhorabuena a quienes lo poseen y a quienes lo han perdido y por él sufren.

LOS GRIEGOS Y NOSOTROS

«¿En qué piensas?», nos preguntan a menudo. «En nada», respondemos. ¿Es posible semejante vacío? Más de las tres cuartas partes de la población de la Tierra no saben leer ni escribir, con la manquedad y la dependencia que ello supone. Pero, si la mayoría de esas tres cuartas partes pasa hambre, no es por analfabeta, sino porque quienes saber leer y escribir son incapaces de pensar más que en ellos, y han impuesto a la Humanidad un orden socioeconómico inhumano. La evolución de ese «mono neurótico y carnívoro» que es el hombre quizá mejoraría si dedicara su cerebro a su función original —pensar— en vez de abandonarse a toda clase de tecnologías.

¿Y cómo, en este sentido, no recordar a Grecia? Si hubo un momento en que la Humanidad pensó —o alguien lo hizo en su nombre— fue entonces. Lo posterior fue una edición en rústica de aquello. A grandes rasgos, los griegos se plantearon dos cuestiones: cómo poder reflexionar sin prejuicios y qué es el hombre. La segunda equivale a qué es el bien: porque o existe algo que ha de hacerse por razón absoluta, o no existe, y en cada caso habrá que averiguar qué conducta es la más conveniente. En cuanto a la primera cuestión, el símbolo de la libertad del pensamiento es Grecia, frente a Babilonia y Egipto, a Israel y la India. La superstición y la estrechez de cualquier tendencia allí se destronaron. Sólo se respiró una creencia común, perceptible en toda manifestación creadora: el orden natural es también un orden moral, a cuya transgresión sigue el castigo. (Qué olvidada creencia.) Por eso una característica suya fue el maduro escepticismo de reconocer que «el hombre no sabe muchas cosas de lo que más desearía saber»: cosas que otras civilizaciones —como la nuestra— han pregonado con ferocidad que sí sabían.

¿Quién no envidia el placer intelectual que le produce al griego pensante la comprensión de su enemigo? Frente al horror que un hebreo experimenta por el «filisteo incircunciso», un griego reflexionará: «Tal pueblo es distinto del mío: ¿qué habrá descubierto que nosotros ignoramos aún?» Fue tal curiosidad por conocer los dos enfoques de toda controversia, y el afán de llegar a la verdad a través del diálogo (o sea, lo contrario de los racismos y los fanatismos), lo que condujo a tres hallazgos, hoy en crisis: la dialéctica, la oratoria y el teatro. Un teatro donde el autor —como el historiador objetivo, que no ridiculiza al derrotado— no toma el partido del protagonista o del antagonista, sino que se limita a transcribir sus raciocinios. Por eso Aristófanes, estando Atenas en una guerra grave, pudo hablar en público contra ella. Qué lección de mesura y de ponderación: puesto que el hombre debe tener toda la libertad, ha de tratar de usarla sin exceso y con respeto hacia otras libertades. Un régimen despótico no necesita *recomendar* esa prudencia: la impone, y a otra cosa.

Durante mucho tiempo —hasta los últimos años del anciano Platón— la *vida buena* fue para el griego el desempeño de una función social. El individuo tenía como fin servir a la comunidad «como un miembro a su cuerpo»: en eso consistía la gran ética. Pero la filosofía —que, según el joven Platón, nacía del asombro—, sin la libertad de antes, ni la vitalidad de antes, ni fe en el hombre ya, se disgregó en tres direcciones: el estoicismo, el epicureísmo y la superstición.

Para los estoicos nada es bueno sino la bondad misma. Interesa la voluntad de obrar y no sus consecuencias: el placer o el dolor, la escasez o la riqueza, el fracaso o el éxito, son azares fortuitos y no asuntos del alma. De ahí que sus más significativos intérpretes fuesen un emperador, Marco Aurelio, y un esclavo, Epicteto. Para los epicúreos las virtudes sólo tienen valor en cuanto producen paz de ánimo; no actúan en política, que perjudica al hombre, y su aspiración se reduce a un epitafio: «No hizo sufrir a nadie.»

Pero lo que más triunfó, con un triunfo que aún dura, fue la superstición. El hombre de la calle no estaba —no está— para filosofías. Quería —quiere— salvar del derrumbamiento su dinero y su vida, o, de no ser posible, su alma en último extremo. ¿Qué es lo que pinta el pensamiento aquí? Bastaba —basta— con obedecer. Cuánto se parece aquella época a la nuestra: un tiempo de buscar escapatorias, luces más o menos sobrenaturales, menudos hedonismos, leyes indiscutibles y taxativas, márgenes cada día menores de actuación personal, bienes convencionales y competitivos, máximas digeridas... Una época de perseguir reformas sociales y provocar catástrofes. Una época —vosotros sois testigos— de ansiar un provecho económico o un vago consuelo espiritual, pero nunca lo que más le importa al hombre para seguirlo siendo: la verdad simplemente. A costa de cualquier privilegio, de cualquier esfuerzo, de cualquier renuncia, incluso de la vida, la verdad simplemente.

JERARQUÍAS

Por desventura o no —eso se sabrá después—, nos ha tocado vivir tiempos de confusión. Si, en nuestra área cultural, caracterizó algo a la Edad Media fue su concepto de jerarquía en cualquier orden: el religioso, el político, el social o el científico. El hombre, entonces, gozaba de muy pocas libertades, aparte la de salvarse o condenarse (en otra vida, no en ésta). Pertenecía a un pueblo, a una estabilidad geográfica, a una lengua, a un oficio y a un gremio que marcaban los precios y el mercado, a un estatus dentro de su ciudad y su trabajo. Se desenvolvía en el acatamiento que compensa tanto a tantos; en un orden social convertido en orden natural; supeditado a un destino previsto de antemano, que avanzaba sin sorpresas hacia el cielo o el infierno. El hombre, hasta que el Renacimiento hizo añicos semejante somnífero, pudo ser hombre —o algo parecido— casi sin despertarse. La influencia de la Iglesia fue tan desmedida que hasta la palabra más representativa de esta situación —jerarquía— procede directamente de ella: significaba el orden entre los diversos coros de los ángeles. En la actualidad todo eso se ha ido a hacer gárgaras, con la propia palabra a la cabeza. La procedencia de los ángeles, como su sexo y el número de sus plumas —que tantas disputas promovieron—, nos traen al fresco ahora, acaso porque tengamos mucho más próximos otros Objetos Voladores No Identificados, y no esté la Magdalena para tafetanes.

Sin embargo, a pesar de su raíz, la idea de jerarquía es una de las más humanas y válidas que existen. Por eso ha sido en ella donde más rápida y destructivamente se ha cebado la confusión de nuestro tiempo. Las diferencias entre padres e hijos, maestros y discípulos, curas y obispos, obreros y patronos, jóvenes y viejos, ateos y creyentes, o aun creyentes de distintas fes, sólo sirven para marcar límites de campos de batalla. El mundo entero se llena de zozobra: por doquier surgen frentes bélicos; en todas las latitudes, una encarnizada y mortal enemistad entre individuos o sectores que ayer, en apariencia al menos, colaboraban. Las trincheras opuestas trazan sangrientas líneas sobre mares, países, familias, religiones... La desjerarquización la rozamos, sin movernos, en cualquier campo. Hasta en los de fútbol: las piernas de no sé qué jugador erotizan al público más que las divinas piernas de Friné, y valen ante el público más que la sustancia gris de un premio Nobel de Medicina, y muchísimo más que la obra callada y minuciosa de un creador. Porque la desjerarquización más cruda —la del dinero transformado de medio en fin— es el seísmo que produce las otras.

Posiblemente la causa de este desolado panorama resida en que ninguna jerarquía pueda ser impuesta, como lo fueron las del medievo, sino procurada y consentida. Y ante la creciente y devoradora imposición de jerarquías falsas, trasnochadas, inarmónicas e injustificables, la juventud ha echado los pies por alto y ha preferido dejar salir el sol por Antequera. Hay un ejemplo claro, dentro del que nos estamos moviendo: la política. A fuerza de encogerse de hombros, la sociedad ha conseguido que el Estado sea como el solícito mayordomo que acaba por hacerse amo de casa, imprescindible ante la debilidad de su señor. Nadie sabe ya dónde termina la política —si es que termina en algún sitio— y empieza la mera convivencia. Ni lo sabe, ni le importa. Político ha llegado a ser no cuanto afecta al gobierno, sino cuanto toca el Estado, es decir, todo. Entre el *vivir desviviéndose* de los españoles del xvii y el *que me vivan la vida* de los de hoy, existe una sima infranqueable. ¿Cuál es, si no, el origen de nuestro pasotismo? A mi entender, la absoluta falta de respeto por unas jerarquías no respetables, sino artificiales, interesadas y entontecedoras.

Es por eso por lo que, muy en primer término, habréis de buscar vuestras jerarquías propias: el orden de vuestras aspiraciones, el grado de vuestras reverencias,

114

la verdadera importancia de personas, sentimientos y objetos. Pero, para lograrlo, será imprescindible abolir la confusión que nos altera; flexibilizar las devociones; desterrar dogmas y cultos irracionales; abolir sumisiones forzadas; establecer y exigir la tolerancia y la consideración; convertir los sandios homenajes en una cortesía íntima, y la obediencia, en un merecido homenaje... Sobre la ruina de una sociedad que perdió el norte y la opinión y la escala y el sentido del rango, deberéis edificar la vida —vuestra vida—, alejada de unas normas que han perdido la sangre y la eficacia auténticas. Una vida que no se apoye en jerarquías emanadas desde arriba, estrictas y monótonas, militares e inútiles; que no se instale sobre pautas rígidas, destructoras de la gracia luminosa de la improvisación; que no se funde sobre oscuras academias, cuyas puertas se cierran al arte siempre renaciente; que no disfrute en unidireccionales complacencias, vetadoras de placeres insólitos... No caigáis en la tentación de unas jerarquías que os adormezcan y en las que descanséis: porque para inventar ídolos nuevos no merece la pena ser iconoclastas.

SER LA CULTURA

He escuchado decir a un experto en vosotros —qué rara suena esta expresión— que estáis imponiendo un nuevo estilo, el vuestro: una especie de neobarroco, sucesor del posmodernismo. Es muy difícil que nadie dé un giro de 180 grados a una forma previa de estar en el mundo; más fácil es que el giro sea de 360, y se encuentre en la misma posición anterior. Es preciso calcular las innovaciones y no hacerlas tan sólo porque sí, o acaso por llevar la contraria. Me gusta saber —y que se sepa— que sois, en general, transgresores aunque no demasiado rebeldes, escépticos, placenteros, solidarios en diócesis —no en dosis— pequeñas, pacíficos, menos apasionados y más indecisos de

115

lo que yo quisiera, exentos de prejuicios, sincréticos más que eclécticos, tolerantes y a menudo ambiciosos. Es decir, sois la clara consecuencia de la cultura a que pertenecéis.

No sé por qué existe tanta prevención ante la cultura. Quizá porque no la reconocemos como nuestra, o porque se confunde con pesadeces, datos, libros, ciencias, saberes y otros rompecabezas. O quizá porque se tiene miedo a los espejos. De la que yo hablo es, en efecto, la que nos define, y definió a nuestros antepasados y definirá a quienes os sucedan. Su realidad es más alta y más profunda que nosotros. Para mí la cultura es el único concepto respetable en que puede apoyarse y crecer el confuso de patria: por ser el camino más recto para la autoidentificación y la autoconfirmación de cada pueblo y del estado actual de cada pueblo. Es la suma de unas razas, de unas lenguas y sus emanaciones, de una tradición, de una historia (o mejor, de una intrahistoria, o sea la historia verdadera, cuyos cauces son subterráneos y transcurren indiferentes a la apariencia externa de la historia convencional), la suma de unas religiones, de unos comportamientos, de unos ideales, de unas artes ya asimiladas y de sus manifestaciones. Es nuestro supremo bien —el más íntimo y familiar—, nuestras huellas dactilares, nuestra identidad en el proceso que recorremos y del que *somos* parte. Es, paradójicamente, lo inmutable que puede ser enriquecido, y ahí entráis vosotros. La masa de la sangre que recibimos y transmitiremos. Lo que nos atraviesa, como una transverberación, de un costado al otro. Un recado que hemos de comunicar boca a boca sigilosamente, igual que en un salvamento. Una iniciación a nuestro mundo: a nuestro dolorido, exultante, feraz, ultrajado, invencible, portentoso mundo de aquí y de ahora.

Por tanto, la cultura es, ante todo, *viva* —igual que una lengua que se habla, y que prospera o viene a menos: nada muerto se arriesga— y, en consecuencia, obra en común: un caudal o un mensaje que se acumula, se recibe, se incrementa y se traspasa. Yo desconfío de considerarla como «afinamiento de las facultades intelectuales del hombre». Hay vías de conocimiento no intelectuales, sino viscerales y emocionales. Creo que la cultura —como concepción vital y actitud ante ideas y sentires— se adquiere, más que nada, por *vías respiratorias* y por *vías lácteas*, respirando y mamando: naciendo en la mitad de un aire y de un entorno, sintiéndose envuelto por él, pronunciando un idioma de un modo peculiar, pasando ante unos monumentos, siendo aceptado por misteriosas vocaciones, contemplando unos rastros, insertando lo personal en un cañamazo colectivo y casi invariable.

De ahí que actúe siempre la cultura *de abajo arriba* como todo lo que crece (hasta la lluvia, que parece que cae, ha de subir primero), y *de dentro afuera* como todo lo genuino (su característica es la espontaneidad: lo contrario del énfasis, de lo ampuloso, del ademán teatral y vacío que tanto detestáis). Y de ahí que se apoye en dos pilares. Uno, ser *lo contrapuesto a los personalismos*: los intelectuales no son sus protagonistas ni sus depositarios, sino unos observadores atentos que a veces producen una concreción de esa cultura. El otro pilar, ser *lo contrapuesto a los mandatos y a las directrices* (nada hay más antifluvial que un pantano; un río puede desbordarse o estiarse y sigue siendo río: lo contrario de él son las obras hidráulicas).

Cierto que cualquier cultura es la paciente sedimentación de la historia, de la política, de la economía, de la geografía, de la climatología. Cierto que consiste en un conjunto de costumbres, de usos, de modales, de posiciones reiterados. Cierto que representa el temperamento, la filiación, el carácter, el pasado de un pueblo: su explicación y su razón de ser, su origen y su proyecto, su memoria y su profecía. Por eso es la herencia verdadera, y vosotros la suya. A ella os aportaréis como el río al mar, mezclándose con su sal, acrecentándolo y hundiéndole en el seno su sabor propio. La cultura es vuestra transparencia, y el brillo de vuestros ojos, y vuestra sonrisa, y vuestra palabra, y mi esperanza. Incapaz de ser sometida a consignas ni a direcciones de circulación, caótica y exacta, ingobernable y serena. Semejante a aquellos animales que, en cautividad, no procrean y acaban por morirse. Reflejo vuestro siempre, porque siempre será precisamente lo que seáis vosotros. Y viceversa.

EL ABURRIMIENTO

Uno de los más grandes y gratuitos temores de nuestra época —en esto compartimos la misma— es el aburrimiento. Dividimos las noches, los quehaceres, las amistades, los libros, las personas, en divertidos o aburridos. Ya en el siglo XVII, Pascal, que murió antes de los cuarenta años, escribía: «Lo único que nos consuela de nuestras miserias es la diversión, que es, sin embargo, la más grande de nuestras miserias. Porque es lo que principalmente nos impide pensar en nosotros, y lo que nos lleva a perdernos sin advertirlo. A falta de ella nos aburriríamos, y el aburrimiento nos llevaría a buscar el medio más sólido de evitarlo. Pero la diversión nos distrae, y de un modo insensible nos lleva hacia la muerte.» Es cierto. La diversión nos *di-vierte*, o sea, nos vuelca en otra dirección, y nos *dis-trae*, nos lleva fuera de nosotros. Y, por si fuese poco, la sociedad embotadora alinea y enrasa no sólo a sus miembros, sino las diversiones, con lo cual nos deshumaniza en el trabajo y también en el descanso. No hay más que ver: los espectáculos de masa son hoy la diversión predilecta, desde el fútbol a la televisión, y ellos los que masifican a quienes divierten. Por una doble causa, que les da nombre: espectáculo (lo que se presencia pasivamente, sin colaboración ni participación personales) y masa (no tanto por multitudinaria como por inerte: más por la calidad que por la cantidad de quienes la componen).

No niego en absoluto la importancia que la diversión tiene. Tanta, que es una diferencia del ser humano con los animales. Ninguno de éstos, en estado de naturaleza, necesita diversión: sólo vivir, sentirse, copular, sobrevivir. Pero el hombre actual ha perdido muchos de sus instintos, extraviado en la selva oscura de una sociedad que los inutiliza en parte y en parte los condena. Por eso se asemeja tanto al animal cautivo: va y viene, bosteza, mira tras los barrotes de su jaula, espera sin saber qué, se entretiene a veces con nada y a veces nada lo entretiene, se aburre de su diversión tanto como de su ociosidad... Mal le irá a quien busque la felicidad fuera de sí. La enajenación no la produce, sino el recogimiento; no el alboroto externo, sino una satisfacción en general bastante silenciosa. El hombre feliz no tenía camisa; un experto, Ovidio, afirmaba que «bien vivió quien bien se escondió»; y otro experto, el largo pueblo, asegura que siempre perdices cansan.

¿Es que voy a elogiaros el aburrimiento? No en el sentido de hastío ni en el de fastidio, pero quizá sí en el de monotonía. Porque el aburrimiento deriva de cuanto de decepcionante y de fatigador tiene el trabajo, pero también del paro interminable y de un exceso de ociosidad. De ahí que se contraataque, según su causa, con distracciones o con ocupaciones. Y de ahí que una continua excitación en busca de excitaciones que nos diviertan acabe con la vida como empresa arriesgada y meritoria, como valor en sí misma y en sus posibilidades, como continente y como contenido. La exacerbación por lo exterior nos *saca de nuestras casillas* y nos anestesia para lo esencial, nos *per-vierte* y malogra, y nos esteriliza. La prueba es que si se repasan las mejores obras de la Humanidad y las biografías de los hombres que las crearon, se descubren importantes fragmentos aburridos, en el sentido de monótonos. Ninguna generación incapaz de soportar un cierto grado de aburrimiento será una generación de grandes personalidades. La eclosión primaveral se incuba en el invierno; los resultados fructíferos, en el costoso estudio; la personalidad, en el esfuerzo reiterado, en la concentración y en el aislamiento o compañía reflexivos. Ninguna de estas actividades resulta muy *divertida*. Una vida vacía de aburrimiento carecerá también de ensimismamiento, y será, por lo tanto, una *vida vacía* y nada más. Por eso, del aburrimiento que tenemos que huir más que de la peste es del que consiste en la ausencia de actuación vital: múltiple, intransferible, jugosa, jubilar y proteica. Ella anima y enriquece el ocio y la diversión, transformándolos en punto de reposo y apoyo, en pausa eficaz y encendida.

No obstante, hay un falso ocio que coincide con un falso aburrimiento y que configura una actitud ambigua, característica de los inadaptados y rebeldes. Hablo de la postura —odiada por los burgueses convencionales— de quienes, por odio a las convenciones, se refugian en su tedio, su angustia, su asco, su droga fértil o su pasotismo, y se llaman, según las épocas, bohemios, poetas malditos, románticos, existencialistas, *hippies, beatniks, punks*, acomunados o pasotas. Ellos, que preceden a algunos de vosotros, hacen alarde de su ociosidad, menos real de lo que parece, por inconformismo y por ultraje a las *conveniencias*. El trabajo vulgar y despersonalizado les avergüenza y horroriza; el paro impuesto les duele y los subleva... En muchas ocasiones viven de sus manos, y brotan de ellas o de sus mentes hermosas obras de arte. Y, con mayor frecuencia aun, dan al resto de los hombres seguras y admirables lecciones de una vida renovada, valerosa y sencilla. De su lado estoy yo.

LOS MALPAGADOS

A lo largo de la Historia, dos personajes se han alternado, según las épocas, en el papel de protagonistas: el hombre y el ideal. O sea, el individuo —la suma de cuyas realizaciones ha constituido el triunfo de la especie— o una aspiración supraindividual —por la que los hombres han considerado hermoso y justo dar la vida, puede que equivocándose: la libertad, la religión, la patria...—. Sin embargo, en esta hora nuestra vemos, con mayor claridad que en cualquier otra, que ninguno de los dos personajes es ya protagonista. En virtud de un extraño seísmo, lo que era camino se ha convertido en meta; el medio, en fin; el instrumento, en la máxima ambición. Hablamos del progreso sin saber lo que es. Ortega entendió que no consiste en un aumento cuantitativo de ideas o de cosas, sino en la creciente intensidad con que percibimos media docena de misterios cardinales y perennes. Si no estriba el progreso en avanzar hacia un punto concreto, deseado y más alto; si no estriba más que en avanzar (igual que Edipo ciego siempre, siempre de retorno a la esfinge), hemos hecho un pan como unas hostias, y hemos perdido en este vago juego de la vida, cuyo reglamento somos propensos a olvidar.

Hoy la protagonista de la Historia es una sociedad tecnificada y gélida, que predica la paz al tiempo que exaspera las agresividades más recónditas; que escolta ideologías contradictorias mientras fomenta una misma práctica alienante; que promete futuros paradisíacos mientras se desarrolla en el presente más desolador; que ha endurecido al hombre de tal modo que ni él mismo, tan mutilado se halla, percibe su dureza; que manipula al individuo como medio de producción en lugar de mejorarlo como destinatario; que lo objetiviza hasta tal punto que, más que sujeto, se transforma en objeto de consumo; que planifica, además de su trabajo, su vacación, su libertad, su amor y su cultura.

¿Dónde nos llevará esta sociedad enemiga, que aplaudimos o consentimos, y que recuerda la referencia del *Apocalipsis* a la gran cena de Dios, «en la que no se come, sino que se es comido»? ¿Cuántos dichosos hay que sientan todavía, en las hondonadas de su ser, la necesidad de crear algo? ¿Continuaremos *progresando*, cada vez con más prisa, en la misma dirección extraviada? ¿Nos detendrá, por fin, el calamitoso estrés, que es el pago y el sello que imprime sobre nosotros la sociedad? Esta dura palabra significa algo impuesto que no acertamos a superar; una involuntaria ortopedia física y mental que nos oprime y nos somete a una amarga tensión. Y tal estrés es no sólo inútil, sino repugnante a nuestra condición de criaturas libres. Uniformador como un terrible lecho de Procustes, sobre el que se estiraban o achicaban las víctimas, desvae la identidad; disuelve el yo; causa las neurosis de las grandes ciudades; nos conduce, con su dolorosa anestesia, al desastre... Me contó alguien que para domesticar a los guepardos se les provoca una encefalitis al impedirles dormir, durante seis semanas, ni un minuto siquiera. Hombres con aguijadas lo punzan por turnos, a través de los hierros de la jaula, a cada instante en que sus ojos van a cerrarse ávidos de sueño. Hasta que su cerebro es el que se adormece para siempre, y se suaviza su natural y dinámica violencia en lujo de jardín... Alguien me contó también que en las islas japonesas hay ciudades en que los perros se suicidan, anulados sus instintos, sin espacio vital, arrojándose desde los altos rascacielos... Según Konrad Lorenz, uno de los ocho pecados del hombre de nuestra civilización es el embotamiento de la conciencia, la abdicación. Nuestra capacidad para experimentar alegría, entusiasmo, vehemencia, anhelo de superación, heroicidad, está ya prácticamente destruida. ¿Y quién podrá concebir dignidad y nobleza sino en la euforia? Todos los lavavajillas del mundo no nos conducirán a una noción refulgente y exacta del mismo. Todas las pensiones de vejez del mundo (y no estoy seguro de que vosotros recibáis alguna) no nos otorgarán una visión global de la existencia, en la que cada instante tenga un color, y el corazón mire al sol o a las estrellas con sosegado ritmo. Todas las consignas y los eslóganes emitidos por todas las televisiones y las radios del mundo no conseguirán que cada uno de los cinco sentidos, los puentes que nos unen a la Naturaleza, reciba su mensaje de par en par abierto.

¿Qué más tecnologías, qué más vehículos, qué más artificios, qué más vanidades necesitamos los hombres para satisfacer nuestro destino de hombres? ¿Qué sociedad hemos construido que descarga sobre nuestras espaldas, no dispuestas para ello, tanto peso, tanto desquiciamiento, tanta alteración, tanto aire irrespirable? Una comedia musical americana de hace ya tiempo se tituló *Que detengan el mundo, que me apeo*. A mí me gustaría oíros a vosotros decir en voz muy alta: «Vamos a detener este mundo. Vamos a desengrasarlo y a limpiarlo. Vamos a sembrarlo de ilusiones. Y luego, una vez bien aderezado, nos encargaremos de ponerlo otra vez en marcha a nuestro gusto.» Ahí sí que sentiré no acompañaros.

LA VIDA FELIZ

El trabajo, al que lo tenga, extenúa por dos caminos: uno, el ahínco que exige para realizarlo (la palabra deriva de *tripalitum*, que significó un tormento grave, y su idea se asocia desde la Biblia a *castigo* y *condena*); otro, el anonadamiento que provoca al ser mecánico, deshumanizador e impersonal. El obrero, en líneas generales, no lo comprende; ignora lo que hace, y por qué y para qué lo hace; su labor se diluye entre otras, y todas en un producto futuro que ni domina ni le importa. Se trata de un modo de ganarse la vida, pero no de ejercerla, de amarla y de gozarla. De ahí que se tenga a menudo la impresión de que con el trabajo no se gana, sino que se pierde la vida. ¿Podéis muchos de vosotros fundir en un solo concepto vuestra ocupación con vuestra dedicación (que es plenitud de entrega, que nos consagra y a la que consagramos lo mejor de nosotros)? ¿Podéis muchos de vosotros unificar vuestra profesión —por lo común no elegida— con vuestra vocación, cuyo cumplimiento anhela el ser humano desesperada e incansablemente? El que lo haya logrado debería trabajar de rodillas.

Es por eso por lo que, aparte de la fatiga física, suscita otra el trabajo, sea cual sea su rango o su nivel. Una fatiga provocada por la ausencia de compensación moral; por no encontrarnos a nosotros mismos en la tarea, ni poder imprimir en ella nuestro signo como lo hacían los bravos canteros medievales. Una fatiga acentuada por las tensiones que al trabajo rodean: ruido, apresuramiento, ansiedad, miedo al fracaso, contención de la agresividad propia y percepción de la ajena... Quiebras, en definitiva, de la alegría, del sosiego, de la dignidad y la seguridad que exige el normal desenvolvimiento del hombre y sus actividades. Más aún: junto a esas fatigas particulares, surge otra colectiva, acumulada a través de siglos, que consiste en el tácito reconocimiento de una equivocación inconfesada que nos obliga a mirar atrás, hacia una forma de vida más luminosa, más gratificante, más íntima, es decir, más humana.

Frente a tales fatigas, el ocio, al puntuar el trabajo, nos proporciona la oportunidad de dar a cada cosa su importancia, de recapacitar sobre las perspectivas y los tamaños reales; nos ayuda a salir de la rutina deformante, y a situarnos por encima de tanta menudencia. En el ocio podemos percibir nuestra condición de engullidos por una maquinaria sorda, ciega y muda ante nuestras aspiraciones de seres que palpitan y sufren, que son capaces de amor y de emociones. En el ocio nos acercamos a otros estilos de civilización que respetaron al hombre, sin desangrarlo en los fríos lagares de la industrialización o sobre las viles aras del comercio. De ahí que —me atrevo a decir más aún que el trabajo— el ocio haya sido un trascendental impulsor en la historia de la Humanidad. Porque, para llenarlo y colorearlo, requirió mucha invención y mucha sutileza, mucha crueldad también y mucho estímulo.

Y es que el hombre, como persona, no se cumple ni mucho menos en su trabajo sólo; el ocio es un motor imprescindible de realización individual. (No hablo, por supuesto, de una desocupación entontecedora, sino fecunda.) ¿Cuántos de vosotros no habréis decidido trabajar para obtener el dinero con que costear vuestro propio ocio, o mejor, vuestro quehacer independiente y redentor? Nuestra vida no la colma —y cada día menos— el empleo de una escasa parte de nuestras aptitudes. Necesitamos volcarnos en algo que juzguemos bello, nuestro y no ajeno, alumbrador de los rincones más inalienables y menos vulgares de nuestra alma (si es que subsisten todavía y no nos han sido expropiados a fuerza de no usarlos). Necesitamos singularizarnos en lo que hacemos y en lo que *queremos* hacer. Quizá la felicidad no sea más que una denodada actividad dirigida a darnos razón de nosotros mismos y de nuestro perfeccionamiento, junto a quien nuestro corazón ha escogido... Y tal felicidad no la determina ni el sentimiento del deber cumplido (camelo puritano que favorece otro tipo de satisfacción), ni utilidad ni rendimiento alguno (pues ella, como la vida, es generosidad pura y puro don).

El esquema de *la vida feliz* no ha sufrido modificaciones esenciales desde el principio de la Historia. Coacciones, directrices, tiranías, matanzas, pudieron deformarlo o enturbiarlo, pero —en la libertad o en la esclavitud, en el retraso o en el progreso— el hombre ha soñado siempre con un ocio utilizado como camino hacia sí mismo. Sin embargo, la índole de nuestra civilización ha embrutecido tanto a quienes la padecemos que ahora ha de esforzarse —ella, la misma que nos somete a un irracional trabajo *racionalizado*— en suministrarnos un muestrario de aficiones que, desmoronados y sin sentido, habíamos olvidado. Es lo que se proponen los Estados al plantearse —no por generosidad, sino en provecho propio— lo que han dado en llamar exageradamente la *cultura del ocio*.

CULTURA DEL OCIO

Pocas palabras más deterioradas por el paso del tiempo que la palabra ocio, sobre la que se edificó el *nec ofium* —negocio— como opuesto. Y pocas realidades: apenas si entre nosotros queda alguna actividad teñida de ocio o algún ocio activo. El principal problema que se le plantea a este sistema económico es el de haber incurrido en una esencial contradicción: considerar, por una parte, el trabajo como fin de esta vida o redención para la otra, y no poder, por otra parte, ofrecer a cada ciudadano un puesto en que ejercitarlo. La ética puritana anglosajona y la moral judeocristiana se han pisado con esto, una vez más, las narices. En el galope hacia la automatización que esta sociedad lleva es ridículo pensar siquiera en el pleno empleo. De ahí que se hable tanto de la *cultura del ocio*. Porque el mayor *tiempo libre* sobrevenido ha de llenarse de algo, densificarse y caracterizarse; si no, el mundo del trabajo entero se verá en el grave trance que acosa en general a los parados y a los jubilados forzosos: un desasimiento, una inercia truncada de repente, una reconocida inutilidad, una descalificación inmerecida.

Pero hoy se habla de la *cultura del ocio* como de una meta histórica. Sin embargo, lo que significa al occidente con más exactitud tuvo su cuna en lo que fue, en estricto sentido, la *cultura del ocio*. Me refiero a la edad de oro griega. Para nosotros es difícil comprender su idea de la vida, puesto que es el ocio verdadero lo que la fundamentaba, y lo que fundamenta la nuestra es el trabajo. Entonces convivían dos clases de hombres: los libres, que tenían a su cargo la filosofía, la poesía, la política, o sea, el pensamiento, y los esclavos, que tenían a su cargo los trabajos. La justificación de los primeros era el ocio ocupado por la contemplación —es decir, su *práctica* era la *teoría*—, y todo su tiempo, esclarecido por la propia libertad, era tiempo libre. Hoy se nos asegura que no existen esclavos; puede, pero lo que no existen son hombres libres como en aquella Grecia. Allí la libertad relucía plena de sentido: coincidía la holganza con el placer más alto, con el estudio apasionado, con el deber, con la afición, con la felicidad. Allí el hombre *se sentía*, sin abdicaciones, libre en su corazón y en su mente. El hombre actual, por el contrario, se ha transformado en un híbrido de libre, esclavo y máquina. Y será muy difícil que prevalezca el primer componente sobre los otros dos. Quizá un camino de aproximación sea el del ocio y su cultura. Una cultura hoy permitida —o mejor, exigida— por la tecnología y la automatización, como la griega clásica estuvo permitida por la esclavitud.

Pero para ello será necesario cambiar nuestra mentalidad decimonónica. Será necesario superar el puritanismo laboralista que instauró el capitalismo y el estajanovista que trajo el comunismo. El cambio tecnológico no ha ido acompañado de un cambio filosófico. Hay que aprender que en los países de nuestra área no existe ya la escasez: lo que existe es la pobreza porque la renta no está bien repartida. En contra de todos los presupuestos de la competitividad, habrá que empezar a creer que el hombre es cooperativo y altruista; que la finalidad de su trabajo no es sólo ganar, sino lograr una obra bien hecha; que los economistas, aparte de medir la cantidad de producto nacional, han de medir la calidad de vida; que en esta astronave de la Tierra navegamos todos codo con codo, y que ningún país es su ombligo, y que ya es hora de que un giro intercambie el Norte con el Sur.

Tendremos, pues, que volver los ojos a los griegos para fertilizar y enriquecer nuestro ocio obligatorio. Decía Ortega que las ocupaciones del hombre forman parte de dos repertorios opuestos: el trabajoso y el felicitario. (En una armoniosa convivencia de ambos creo que consistiría la plenitud, siempre que lo trabajoso se rija por la dignidad y la justicia, y lo felicitario por la seriedad y la hondura.) Y que en «el hombre normal» —ya es difícil saber qué es eso— las ocupaciones felices «casi, casi» se pueden comprimir en cuatro categorías: danza, caza, carrera y tertulia. Si en la tertulia incluimos la televisión —de tan oscuro porvenir—, en la carrera incluimos los viajes y todos los deportes, puede que la clasificación se actualizara. Pero ¿dónde incluir la lectura, la reflexión serena, la actitud deductora e inductora de nuestra realidad y de la realidad que nos rodea? ¿Dónde incluir los empleos sigilosos del ocio, los menos bullangeros y menos pasatiempos: la labor de los coleccionistas, los amables oficios dominicales, las aficiones, las manías, las chifladuras, que se quedan a mitad de camino entre el ensimismamiento y la alteración? Esas menudas aficiones compañeras en que el ser humano halla el porqué de tanto esfuerzo, de tanta soledad y de tanto cansancio. Las aficiones con que el hombre respira hondo y se consuela de las incomprensiones familiares, de la actitud del día, de la incomunicación con sus superiores o colegas o vecinos, de la hostilidad de la calle, de su propia insignificancia, y de la pena de que, si muriese mañana, quizá los utensilios que tiene entre las manos serían los que le echaran más o menos... En definitiva, el ocio, como todo lo que merece la pena en esta vida y en la otra, no se improvisa. Es un arte perceptible y hermoso. Si nuestros Estados quieren hoy propagar la *cultura del ocio*, tendrán primero que sembrarla y cuidarla. Y luego esperar, respetuosa y pacientemente, a que florezca.

CAMINO DE VUELTA

Estoy convencido de que, hasta ahora, en cuanto conocemos de su historia, el ser humano no había cambiado de una manera sustantiva. Hubo, sí, cambios de postura, adaptaciones, mudanzas que parecieron estrepitosas; pero «pasados, los siglos horas fueron». Ni la muerte de Sócrates, ni la mansedumbre del Buda, ni el exigente amor del Cristo, ni la creatividad de Leonardo, ni el hallazgo de América, ni las sucesivas revoluciones cambiaron esencialmente al hombre. Sin embargo, quizá algo está sucediendo en nuestros días que lo transforma: algo mecánico, computador, impuesto y frío. Es como si, en un instante incierto, el camino hecho al avanzar por la Humanidad se hubiese torcido imperceptiblemente y, al aumentar la velocidad del avance, tal camino se hubiera desviado más y más, hasta perder de vista el deseable. Quiero decir que, siendo falso el progreso, el hombre cuanto más corre más se frustra. Y se impone, por esa razón, la costosa tarea de regresar. Regresar hasta el punto en que se extravió el norte verdadero. Porque, en efecto, no somos hoy más felices, ni más pacíficos, ni más amorosos, ni más longánimos, que nuestros antepasados. No tenemos más tiempo para nosotros mismos, ni han disminuido nuestras desgracias, ni se nos han suavizado los obstáculos. Es preciso, en consecuencia, reflexionar sobre la trampa tecnocrática en que caímos presos, y corregir los pasos peor dados.

No hay que ocultarlo: la dificultad es colosal. Yacemos envueltos por intereses casi insalvables, entre instituciones que los siglos fortificaron y que se han erigido como protagonistas de nuestra vida: religiosas, políticas, económicas, intelectuales y sociales; iglesias, estados, corporaciones, universidades y organismos, cuyas prisiones son en apariencia irrompibles. Y que, no obstante, han de ser rotas para que el hombre, libre de nuevo, recupere su destino auténtico, su ruta y su proyecto. Sois vosotros, precisamente los más desencantados, quienes habéis de emprender este trabajo de reencontrar el sentido más hondo del mundo y de la vida, su justificación y su júbilo pleno. Las generaciones anteriores os ofrecen una civilización que no os sirve para maldita la cosa. Y, ante tal fraude, vuestra actitud, si es irresponsable y se encoge de hombros y se lava las manos, desemboca en el pasotismo o la droga o el sexo sin amor o la superficialidad. Y si, por el contrario, vuestra actitud es responsable, se materializa en una clara oposición a vuestros padres; en un fortalecimiento de vuestros músculos contra el frontón más próximo —el familiar—, para dirigirse luego contra los que, en círculos concéntricos, os apresan y oprimen, os descontentan y os malgastan. Porque sentís, más aún que mi generación, que los acontecimientos han llegado a un extremo fatal. E intuís que para ser cada uno rey de sí ha de abdicar de todos los reinos engañosos.

No sois vosotros, sino la sociedad, quien está en crisis: vuestra obligación es acentuarla. Si no encontráis en torno vuestro una respuesta espiritual; si vuestras dimensiones más profundas no obtienen eco, deberá ser la sociedad puesta boca abajo. Es contraproducente que os dejéis mecanizar como se dejaron vuestros predecesores. En el área en que vivimos, el desarrollo nos produce una desesperanza que es preciso sacudirse y un vacío interior que es preciso colmar. Las sociedades menos desarrolladas todavía se ocupan en su impulso y en sus aspiraciones; tienen una labor que hacer, antes de descubrir lo que nosotros ya hemos descubierto. Pero entre nosotros esa ilusión no cabe: sabemos que vivimos a costa de ellas, encharcando con nuestro abominable egoísmo la Tierra, comprobando que la tecnocracia nos arrastra a unos límites de salvajismo y criminalidad ante los que no es lícito cerrar los ojos ni un día más. Romper los ritmos naturales nos condujo a una riqueza, desalmada e insatisfactoria, que pisotea la miseria ajena. Frenemos de una vez este triste progreso. Retrocedamos ya.

El problema de un mundo como el nuestro no tiene otra solución que la espiritual. Indigna que las religiones se hayan consagrado en monopolizadoras del espíritu; no me refiero a ellas, sino a lo que de creativo existe en cada alma. Hemos de ser poseedores de lo *nuestro*. Y lo inherentemente nuestro no son las propiedades materiales, ni siquiera nuestras dotes de sensibilidad e inteligencia. Lo *nuestro* es aquello con lo que nos relacionan nuestra inquietud y nuestra actividad creadoras. Lo que creamos, en un amplio sentido, es lo que nos importa y nos refleja. No por sus resultados —ni el fracaso, ni el éxito—, sino por sí mismo. Porque crear lleva en sí su propio gozo, su propia estima y su implicación en el mundo irradiante. Lo que define a un ser vivo es que *vive*, o sea, que transcurre y que se arriesga y que se reproduce en otro o en sus obras. No consintamos en morir —o en que nos maten— sin haber sido lo que nacimos para ser. Eso sería el más atroz de los suicidios.

LA FAMILIA SÍ, PERO...

Las Naciones Unidas, con intrepidez que les honra, han decidido declarar 1994 Año de la Familia. La familia, sí, bueno. Pero quizá habría sido aconsejable que la ONU dijera antes qué entiende por familia. Salvo las subdesarrolladas del Tercer, Cuarto y Quinto Mundos, que aún se hacen espaldas las unas a las otras, y las que están reventando en las guerras, que aún se añoran, familias tradicionales deben de quedar pocas.

Entre nosotros se han convertido en entidades tan pluriformes que el hecho espanta a cualquier conservador (lo mismo que esta carta). Si no fuese por los hijos en paro, la familia sería ya una especie en vías de extinción. No vale jugar neciamente al avestruz. Entre los complejos de Edipo y de Electra, el atractivo de «matar al padre», la frecuencia de las madres castrantes o sobreprotectoras, la certeza de «el casado casa quiere» y su endémica imposibilidad, los divorcios y segundas nupcias, las mujeres maltratadas o liberadas, las infidelidades recíprocas físicas o mentales, y la escasez económica que fuerza a una asqueada resignación, la familia tradicional se ha convertido en una entelequia cuando no en un martirio.

Y contra esto no valen los pronunciamientos del papa actual, que es el menos actual de todos. La coincidencia cronológica de ellos con la ONU no hace más que subrayar la defunción generalizada de la familia *vaticana*. ¿Quién cree hoy, desde el centro de su alma, en el origen «a la vez natural y divino» de la familia heterosexual, monógama e indisoluble? Hasta el Consejo de Europa, tampoco muy progresista, ha recomendado adaptar las legislaciones hacia el matrimonio de homosexuales y su adopción de niños. La monogamia además —lo sabemos todos— es tan poco natural que la Iglesia calificó siempre al matrimonio de *sacramento* y de *institución sobrenatural*. Y en cuanto a la unión «en una sola carne» y con fines procreativos —dimensiones «que no pueden separarse»—, ¿es un concepto que acompaña «orgánicamente» a esta civilización, que «es sinónimo de cultura» y que tiene su raíz en «la palabra de Dios»? ¿De veras lo cree así el santo padre, o sólo le gustaría creerlo?

La familia, desde un punto de vista laico, dejó de ser la unidad que administraba la producción económica y, se quiera o no, la principal providencia de niños y de ancianos. Desde la Ilustración, sus componentes se han ido emancipando de todas las tutelas: el Estado, la religión, la tradición y el parentesco. El control sobre sus miembros, salvo casos extremos, es leve. De ahí que la noción familiar se haya ido adaptando

—y muy bien— para sobrevivir: tiene muchas más vidas que los gatos. Lo sorprendente no es cuánto ha cambiado, sino cuánto ha persistido. Por encima de la decadencia del patriarcado; por encima de la emancipación del individuo y de sus elecciones personales; por encima del reconocimiento legal de la homosexualidad, y de las guarderías, y de la educación sexual obligatoria, y de la planificación del número de hijos, y de los anticonceptivos, y de los derechos conquistados por la mujer y aun de sus deberes subsistentes. Quizá porque la familia a la especie le viene *divinamente*, aunque a la persona, a menudo, la parta por el eje si no se incorpora a ella y la asume con la mayor entrega.

¿Y eso por qué? No porque lo diga Roma, sino a pesar de ella: porque la familia no es una opción, ni un contrato, ni una anticuada barrera, ni un libro de contabilidad. Es nada más y nada menos que un *compromiso*, es decir, una manifestada voluntad de convivencia y de mutuos auxilios. De ahí que el sexo, el amor y el matrimonio sean para ella conceptos tangenciales, sin los que puede subsistir a la perfección. Y de ahí —de ello estáis seguros o pronto lo estaréis— que en los ambientes familiares más felices, más respetables y ordenados se produzcan, como es *natural* y *divino*, buenos hijos, hombres de futuro, elementos útiles para esta sociedad y miembros de excelentes rendimientos, pero no hombres de personalidad genial. Seamos claros: los genios —o los más fuertes y superiores individuos— se afirman en ambientes hostiles, se ratifican con la contradicción, se animan con la independencia y el desorden, y se suscitan entre abandonos, polémicas, oposiciones y desastres. Nadie podrá afirmar que un nido calentito y dichoso dará de sí muy grandes seres. La inadaptación a lo imperfecto es lo que mejora al hombre; la incapacidad primaria de imitar es lo que innova. Tener la fiesta en paz dentro de la familia lima, aparte de las asperezas, las identidades auténticas. La familia, sí, bueno; pero aceptada en libertad. Ni un padre, por serlo, tiene derecho a exigir que lo quieran, ni un hijo tampoco. El amor, como la vida, hay siempre que ganárselo.

MAESTROS

Si preguntamos a alguien en qué consiste la educación, nos contestará que en imponer sobre un muchacho un cúmulo de influencias, *buenas* en opinión del ambiente en que vive o vivirá, y en atiborrar su mente de informaciones válidas para pasar un examen o una oposición, o para agregar un título a su nombre. En general, la gente aspira a que sus hijos consigan una buena colocación en nuestra estructura social, y a amoldarlos a ella y a recortar sus alas y a amortiguar sus inquietudes. A muy pocos se les ocurre que sería prudente consentir que sus hijos se rebelen y reaccionen contra un estado de cosas perverso como el que nos rodea; contra una sociedad basada en la codicia, en la envidia, en la ambición, en el consumo, en la adquisividad, en el tener más y en el llegar más alto. (Una adquisividad —cuidado— no referida sólo a medios materiales, sino asimismo a lo que se ampara bajo el confuso nombre de espiritualidad o profesionalidad: ser los mejores, los más buenos, los discípulos predilectos del maestro.)

Sólo, por tanto, el individuo separado de tan corrompida colectividad —el antisocial, el inadaptado— podrá obrar sobre ella, modificarla y beneficiarla, cosa que desde dentro es imposible. Pero ser esa *oveja negra* no es drogarse o delinquir o hacerse harekrishna o ponerse un pendiente (eso también atrapa dentro de una cultura, aunque sea más particular que la otra), sino ejercer la creatividad personal, a la que tanto aludo en esta carta, con sus prodigiosas consecuencias. Porque la más acertada educación es la que permite percibir todas las buenas influencias de nuestro alrededor sin quedar aprisionado ni digerido por ninguna; la que permite aprehender sin ser aprehendido. La mente no es una computadora, ni un banco de datos, ni un coleccionista con anteojeras que lo cieguen a cuanto no roce su coleccionismo. El atiborrado de erudición —el saber sí ocupa lugar— se hincha y se inutiliza para danzar y amar y entregarse a la vida. El que, por el contrario, se halla en constante proceso de aprendizaje y de comprensión será siempre capaz de incorporarse al exterior e incorporarse a él, y nunca será un depósito pasivo, sino una asimilación por sus peculiares jugos gástricos.

Por eso hay tantos profesores y tan pocos maestros. A medida que nos independizamos de las ataduras familiares, adquirimos por mimetismo otras no más suaves: las de los conocidos y el ambiente que nos circunda y configura, aficiones, curiosidades, ritmos de vida, modas, ídolos... Las vinculaciones van siendo diferentes, y las motivaciones y los pretextos de actuación, también. Y elegimos, conscientemente o no, maestros que marcarán el tono de nuestra opinión e influirán en nuestro desarrollo con mayor o menor trascendencia, con menor o mayor sutileza. En mi vida bastantes muchachos, de una manera expresa, me han pedido que fuese su maestro. Algunos en España, otros fuera de aquí. De uno en uno, a todos he venido a decirles:

«No busques maestros: no hay más que uno. Lo tienes dentro de ti y está en tu alma, o sea, en lo que con más exactitud te define. Es cuanto de verdad has aprendido, tus recuerdos, tus lecturas, tu intensidad, lo que te forja y te acompaña, lo que aceptas o repudias, lo que te gusta y lo que rechazas. Tú eres tu perfeccionamiento y tu utopía. No intentes que alguien te marque el camino para llegar allí: será el resultado de tus propios tanteos, de tus errores, de tu tino y de tus tropiezos. No creas que por saber más se sea más sabio, ni que el conocimiento verdadero se transmita como una donación, porque es producto de un esfuerzo en que no puedes ser sustituido... No sigas mis consejos; aunque salgan de mi corazón, es fácil que te lleven a la muerte: a la muerte de lo que eres, transformándote en lo que no estás llamado a ser. El inocente es el único que se salva, es decir, el que conserva su primera vocación y su flor primera, sin sacrificarlas a la *normalidad* o al éxito...»

Quizá, a veces sin querer, el maestro exija ser seguido en exclusiva; que se deje todo y se vaya tras él, con el pensar y el sentir, en alma y cuerpo. De ahí que, como hay que *matar* al padre para ser uno mismo, haya que *matar* al maestro si apaga con la razón el sentimiento, si corrompe el alma con el cuerpo, si destruye cualquier esperanza por pequeña que sea, si antepone los gozos asequibles a la consecución de la utopía. Es necesario renunciar a los falsos profetas, y olvidarlos entre sus falsas profecías. Ningún maestro suplanta al ideal de cada uno. El único válido es el que te encuentra a ti, no tú a él, y te lleva donde tú debes ir y no hacia donde él quiera. Todos somos mortales; no hay más dioses que quienes trascienden y sobreviven a través de los hijos de su espíritu, quienes se mantienen inocentes y mantienen la inocencia en torno suyo. Tal es el fin más alto.

MAÑANA DE ABRIL

Todos los días, hacia las diez, salgo a leer la prensa y a despachar el correo junto a la piscina. El árbol del amor ha perdido sus flores; está ya revestido de parpadeantes hojas tiernas. Por el contrario, el mioporo a cuyo solisombra me cobijo está en flor, y desprende sobre mí una menuda lluvia perfumada. De la rosaleda próxima vienen oleadas indecisas de un olor que aprieta a medida que el sol avanza. Pero no es sólo a rosas: hay vaharadas de espliego, de romero, de jara, según el itinerario de los perrillos que, al agitar su cola aquí o allí, remueven los macizos de una planta o de otra. Desde los arriates, el fresco olor del arrayán se acerca con furtivas pisadas, y las glicinas del cenador y de los porches, más audaces, ostentan sus racimos malvas en un acto de pomposa presencia. De cuando en cuando alzo los ojos para descansar de las noticias casi nunca agradables. Entonces, los geranios de fieros colores gritan a su manera; oigo el rabioso amarillo de las gayombas; apuntan los primeros pacíficos; dejan ver cómo crecen por horas sus retoños las tipuanas y los jacarandás; la catalpa reciente procura estar a la altura de las circunstancias y, al extremo del jardín doméstico, se bambolean los sauces con la brisa... Las mañanas están siendo perfectas: el cielo, más intenso que en verano; el aire, de indecible transparencia; las sierras de alrededor, con su verde casi negro o su azul desvaído o su morado claro, testifican el éxito de abril.

Un gallo, lejos, lanza un quiquiriquí que, más cerca, resultaría abominable. Los pájaros, sobre todo los mirlos y las golondrinas, locos, juguetean entre las ramas. Del grupo de palmeras o de los ensimismados cipreses descienden sus conversaciones saltarinas. Son las criaturas más afortunadas. Los envidio, y prosigo mi lectura... Un ruido que rompe la armonía me distrae todas las mañanas. Es el croar valiente y retador de una rana dentro de la piscina. Lo amplifica la resonancia del agua y las paredes. La rana, grande, lustrosa, empecinada en hacerse notar, desea sumarse al gozo compartido. Y lo hace, ya lo creo: se anima y se jalea a sí misma; se supera. No sé si su croar es de indignación, de amor o de euforia; pero consigue que sonría ante su poderío y su impertinente pertinacia. Un golpe de aire fuerte llena de flores las hojas del libro que acababa de abrir... La piscina está llena de un agua densa, que han enriquecido las hojas del invierno. Tiene una inmovilidad honda, mate y a la vez luminosa, como un oscuro jade. En ella reina, mostrándose provocadoramente, la croadora rana.

Esta mañana miraba los almendros en las paratas cuajados ya de allozas, y las primorosas flores de los granados a punto de desplegar su seda... Me di cuenta de que habían vaciado y limpiado la piscina: va subiendo el calor y han decidido que pueda utilizarse; aún falta engalbegarla. Parece mentira que tanta vida como latía en sus aguas espesas haya salido por la rejilla del sumidero hacia la huerta. He desdoblado un diario. También esta mañana era preciosa, recamada, sonora y aromática. Asistían los pájaros, el lejano gallo, el tropel de perfumes, los colores casi excesivos de las flores. Yo pensaba qué natural sentido tiene todo; cómo lo que a nuestros ojos es sólo hermosura, a los de la Naturaleza es utilidad y economía, hábiles socaliñas para producir algo o reproducir algo. El irritado rumor de las abejas envolvía la copa del mioporo como un halo rotundo... Y de repente he echado de menos un detalle, sin saber exactamente cuál. ¿Por qué estaba incompleto el esplendor?... Era el croar de la rana grande de la piscina. Me he inclinado sobre el borde. La he visto en el fondo más profundo: boca abajo, como a punto de dar un salto salvador. Pero no lo dio a tiempo: he visto también miles de hormigas en torno a su cadáver dándose un innoble festín. Ella confió, sin duda, en que todo seguiría igual hasta el verano y aun después del verano: quizá su vida entera. Y ha entrado así en la larga cadena de la muerte, donde se es devorado para alimentar otras vidas que empiezan. No tenía la experiencia precisa. A ninguno nos da tiempo la vida para adquirir la suficiente. Por otra parte, ¿de qué nos serviría llegada nuestra hora? Me ha apenado su ausencia. La mañana, sin el orgulloso croar desafinado, no será ya la misma. No sé por qué os lo cuento.

GENERACIÓN X

Os llaman la *Generación X*, no entiendo bien por qué. Si es porque planteáis una incógnita y nadie sabe por cuáles peteneras saldréis, lo mismo ha sucedido y sucederá con todas las generaciones. Cualquier juventud es un enigma: no por ella misma, sino por la manera siempre incierta que tendrá de reaccionar ante el mundo que reciba. Me molesta que os califiquen de X como a las películas pornográficas. ¿Quién iba a prever, pongo por caso, que la generación de vuestros padres, que prometía villas y Castillas, se quedaría para ella sola con las villas; que prometía el oro y el moro, se quedaría tan aferradamente con el oro? Yo, en principio, no soy nunca partidario de hablar de generaciones. La cronología influye en cuanto que los contemporáneos se encuentran frente al mismo panorama; pero cada uno se comportará de una forma ante él: lo individual es aún lo más importante, y el espectador trasciende el espectáculo. Cada cual es un francotirador que hace la guerra por su cuenta (si es que hace la guerra, y no se ha rendido, abrumado ante la gravedad de los acontecimientos que se le imponen). Y además, ¿puede hablarse ni siquiera de juventud? Lo que os asemeja unos a otros es la edad, y quizá ella no sea un dato esencial: algo hay que está por debajo y por encima, sosteniéndola y abanderándola.

Entre vosotros se percibe tal variedad que os transforma en un caleidoscopio. Unos escriben, pintan, esculpen, componen, edifican, filman, fotografían: son artistas que se esfuerzan en concretar su intimidad más honda a través de un lenguaje de colores, de ritmos, de formas, de volúmenes, de luces que comparten con los demás, y en obtener con ello un modo de entenderse y de solidarizarse por medio del fructífero esperanto del arte. Otros padecen trabajos que no eligieron y que consideran una completa porquería, de la que desean alejarse y no pueden. Otros se plantean cada mañana cómo van a sobrevivir veinticuatro horas más. Otros comprueban que, en las ciudades inventadas para protegerlos, es más fácil traficar con droga que instalar un puestecillo de artesanías o vender camisetas en el metro. Otros, mejor adaptados —o resignados ya—, ascendieron y se casaron y acaban de comprarse una segunda residencia pagadera en cómodos plazos, y quizá se olvidaron —aunque es pronto para eso— de los encendidos ideales que los alimentaban antes de empezar su sumisa carrera... Bien: ¿dónde está aquí la X?

No obstante, la mayoría (que os tiñe de un color más o menos uniforme, lo que más os representa y es lo más visible de vosotros) piensa que ser íntegro, y poseer y ser poseído por una relación amorosa gratificante, y tener buenos y sinceros amigos, constituye lo mejor de todo, porque es lo que en realidad permanece y lo que apoya. No el dinero, no el éxito, no la costosa materialización de vanos sueños que alguien —vuestros padres generalmente— soñó usurpando vuestros nombres... La mayoría os echáis a la calle con ropas en que se mezclan modas y armarios correspondientes a varias décadas. La imagen que preferís es la de un antihéroe que se mantiene mediante una labor personal y satisfactoria. Vuestra estética es más sólida que la de vuestros padres *hippies*, y no relamida como la de los *yuppies* que fueron vuestros hermanos mayores. Tenéis fe en la fuerza física y moral de los seres humanos, y comenzáis a desconfiar de los ordenadores, con su gélida y dudosa eficacia y sus virus. El trabajo manual no lo juzgáis despreciable, ni hacéis demasiado caso de las prohibiciones, ya de fumar ya de tantas otras cosas, que nos transforman en seres acosados.

No tenéis del futuro una visión optimista, ni siquiera os ilusionáis considerándolo en vuestro poder: vuestras energías os parecen demasiado agobiadas. No sois ni feministas ni machistas, sencillamente porque no sois sexistas: creéis en la amistad más que en el sexo y en el compañerismo sobre todo. Votáis poco en las elecciones, pero no estáis ausentes: os mueve la lucha contra lo deshonesto o lo injusto o lo incomprensible, y os manifestáis, por ejemplo, a favor de la objeción de conciencia o de la insumisión. Descreéis de las grandes palabras: *el orden internacional* y *la aldea global* os dejan fríos. Veis con ojos exactos el mundo que se os viene encima: no habéis perdido la humana dimensión, y comprobáis que unos comen y otros se mueren de hambre, que la televisión no pone el universo al alcance de nadie, que hay guerras provocadas, que la fraternidad brilla por su ausencia... ¿Qué aldea global es ésta?

Por eso os quiero sanos, decepcionados y leales. Necesito pensar que crearéis, cada cual en su puesto, un mundo diferente para vuestros hijos. No a vuestra medida —tampoco se hicieron a ella vuestras ropas—, sino a la de vuestro corazón; no a la medida de nuestras posibilidades, sino a la de vuestras esperanzas. No hay mucha gente mayor que confíe en ese futuro luminoso que presiento; yo, sí. Ojalá existiera, en el portón hermético de la muerte, un intersticio por el que pudiera asomarme a la inauguración de vuestro mundo, y bendecirlo. Desde aquí —tan seguro estoy de vosotros— lo hago hoy.

ÉMULOS DE LA LLAMA

Tengo delante un vaso con rosas recién cortadas. Vibran de vida. Su fragancia se expande como un eco de su color. ¿Pienso en vosotros? Me viene al recuerdo el poema de Rioja —«Pura, encendida rosa, / émula de la llama...»— con su fría amenaza: «Y no valdrán las puntas de tu rama / ni tu púrpura hermosa / a detener un punto / la ejecución del hado presurosa.» Quizá cuando acabe de escribiros esta página no serán ya las rosas tan frescas y carnales. Pienso en vosotros... Me digo: «Lo que tú escribes lo sabe todo el mundo.» Seguramente es así; pero yo lo reaprendo a medida que lo escribo, y lo escribo con la pretensión de que quien me lea vuelva sobre lo que sabía. Pienso en vosotros.

Claro que sí. Hoy parece mentira; sin embargo, vosotros también envejeceréis. La vida siempre crece en longitud, y a veces, por desgracia, no en anchura. ¿Cómo están programados los humanos? ¿Cuál es, y qué marca el ritmo de su deterioro? Se sabe mal; lo que se sabe con absoluta certidumbre es que llega: por supuesto, si nosotros llegamos... Un día os miraréis al espejo e inopinadamente os daréis cuenta de que seguís siendo los mismos, pero de otra manera. Os sorprenderán rastros que antes no percibisteis: coronas circulares o arcos seniles grises alrededor del iris de los ojos que fueron tan brillantes, arrugas que tomaron posesión de una piel que era tersa, un matiz macilento hoy inimaginable. La decadencia que presenciasteis en otros y que os asombraba ver —el abultamiento de las ojeras, el cansancio de los labios, las mejillas descolgadas y fláccidas— la descubriréis en vuestro propio rostro... Y, a pesar de todo, ahí está vuestra mirada, reconocible, la misma de antes, un poco sobrecogida por el disfraz que la rodea. A través de ella adivináis —porque no están presentes: ¿dónde fueron?— al niño que fuisteis, al muchacho o a la muchacha lozanos y de oro que ahora sois, también vosotros émulos de la llama... Entonces habréis llegado, por fin, a ser algo que en estos momentos os asusta u os da risa. Entonces seréis viejos.

Toda vida se confecciona con esperanzas y recuerdos: navega de tal Escila a tal Caribdis. Mientras seáis jóvenes os dominará la seguridad de seguirlo siendo, y vuestra altiva reina es la esperanza: sólo recordáis para esperar aún más. Cuando seáis viejos, el protagonista de vuestra vida será ya el recuerdo. En la balanza, mal contrastada, se inclinará todo hacia su lado: la vida entera girará su cabeza hacia atrás; por delante serán escasas las expectativas, y las prórrogas, cortas: una semana, un mes, quién sabe, tal vez una mañana. Aunque muriese al día siguiente, el joven es inmortal; aunque viviese más de cien años, el anciano se muere cada noche... No es de extrañar que el hombre y la mujer se hayan vuelto gruñones, insatisfechos, melancólicos: ellos, que, según sus coetáneos, fueron pura alegría. Ni es de extrañar que, de pronto, les sobrevenga un brusco ataque de ternura y de lágrimas: se trata del resultado de un discurso interior, imposible de compartir con nadie. Igual que sus enfermedades, sus achaques, su soledad y sus dolores. Igual que su preocupación por el dinero, por las pensiones (tan en el aire ya hoy), por los precios: no tienen otra garantía para su independencia.

Y comprenderéis, acaso tarde ya —cuando vuestros hijos, que aún no han nacido o acaban de nacer, no os quieran lo suficiente, o no os atiendan del modo en que confiabais—, que el ser humano es capaz de hacerlo todo por él mismo, incluso herir u olvidar a sus padres o ser injusto con quien le dio la vida... Y acaso recordéis este presente de ahora con tristeza, entre las limitaciones y las dificultades corporales de luego. ¿Echa-

141

réis de menos entonces la confusa institución de la familia, o la echaréis de más? ¿Qué está siendo para vosotros hoy? ¿Qué será cuando pasen treinta o cuarenta años? Lo que ahora ignoráis o intentáis evitar, lo que ahora no os reclama la menor atención, os asaltará después como una precipitada noche. Una noche cruel, propensa a pesadillas, porque, en la civilización del *usar y tirar*, lo viejo es antiestético, caro e improductivo, es decir, desechable... Y pensaréis entonces —¿tarde? Sí, tarde— que habría que educar a los jóvenes de otra manera, y así acompañarían más y mejor a los ancianos: con menos materialismo y menos hedonismo quizá, para que no los encontraran tan superfluos o inútiles, para que les reconocieran sus últimos derechos al amor, a la vida, a la euforia, al éxtasis... A todo lo que vosotros ahora gozáis con un derecho pleno, que creéis exclusivo. Porque una cosa es lo que esperáis y otra lo que os espera.

EL PROYECTO MÁS LARGO

Al niño se le prepara con minuciosidad para ser joven; a vosotros, para ser adultos responsables que produzcan lo mejor de sí mismos. Pero ¿desde cuándo han de empezar a prepararse el hombre y la mujer para ser viejos? Desde hoy mismo, sea cual fuera su edad. Un esfuerzo de desasimiento, una prolongación imaginaria de la vida, la empatía de poneros en el lugar de los que vais a ser pasado el tiempo, serán mucho más fértiles que todo lo que ahorréis para aseguraros la seguridad económica; que todos los viajes que hagáis hasta encontrar un sitio al sol donde vuestros huesos se calienten; que la más desasosegada búsqueda de aficiones con que llenar de actividad vuestra jubilación.

Aparte de inevitable, la vejez no es ni buena ni mala: será como la hagáis. Pero como la hagáis desde este instante, trabajando, individual y colectivamente, en esa tarea en la que, en estricto sentido, os va la vida. El día llegará en que la siembra haya concluido ya, y es probable que la recolección también. ¿Qué será lo que os quede? Lo que tengáis acumulado en vuestro corazón. En tal día casi todo se habrá vuelto pasado; estarán fuera de sitio los aplazamientos y los proyectos largos. Es ahora cuando el más largo de todos ha de planearse con precisión, para cumplirse luego. Luego, cuando hayáis de ser poco exigentes con los errores de hoy, que no tendrán arreglo; cuando hayáis de perdonar los yerros propios y los ajenos, y mirarlos con una no airada perspectiva, sino con magnanimidad y con clemencia. Porque no cabrá ya la rectificación; porque el bien y el mal estarán hechos, y las equivocaciones, cometidas, y será necesario contemplarlas a través de la benevolencia y de la comprensión (unas virtudes que hoy consideráis blandengues y que os echan para atrás). La vida dará un giro copernicano: tendréis que aprender a vivir en dependencia, hasta agradecer que os ayude alguien a vestiros o a desnudaros, y a todo lo que hoy os repele hacer por otro. Habrá sucedido algo que ahora os resulta inverosímil: no seréis ya atractivos, ni esbeltos, ni ágiles, ni fuertes. Quien se aproxime a vosotros y se mantenga cerca será por otras causas, que desde este momento debéis prever y fomentar.

La vida entonces apenas será vuestra, a pesar de tanta incomunicación, a pesar del ensimismamiento que os dolerá y a la vez perseguiréis. Se desenvolverá, por delegación, en las vidas que disteis o ampliasteis: hijos, nietos, colegas, amigos, amantes, antiguos compañeros de viaje... Por eso, si la familia falla, o nunca la tuvisteis, o la perdisteis pronto, habréis de proponeros otras miras: metas acaso cortas, pero sucesivas e imprescindibles, como las de quien avanza a paso lento e inseguro. Si hoy ensayáis la generosidad, entonces no os costará seguiros dedicando todavía a los otros, volcaros en trabajos compartidos que la experiencia favorezca, salir de vosotros unas horas al día, desperdigaros a vuestro alrededor, apasionaros en mitad del frío, cultivar los hermosos sentimientos que hoy os llenan: la amistad, sí, pero el amor también; la compasión, sí, pero la ira también contra lo inadmisible. Y os entregaréis si es que hoy os entregáis: la entrega no se acaba, los proyectos solidarios sobreviven a quienes los plantean...

Una vejez no se improvisa. Enriqueceos para la vuestra; multiplicaos; llenad vuestras alforjas, para marcar el camino sin vuelta, como Pulgarcito, con piedrecillas, no con migas de pan: así podrán seguiros. Os lo prevengo: esta sociedad no nos ayuda a envejecer bien: prolonga la vida, pero no la sosiega, ni la enriquece en su final. Procurad vosotros ahora, en plenitud, cada cual en su sitio, que mejore la sociedad, porque seréis vosotros mismos quienes cobréis los réditos. Luchad para que vuestros padres o abuelos, sobre cuyas huellas pisaréis, tengan una vejez más digna, más abierta, robusta y seminal; una vejez nutricia, pletórica y jugosa. Mientras la vida dura, hay esperanza: se dice, y hay que hacerlo. Resistid todos los embates, fortaleceos, sed equilibrados y más gozosos cada día, averiguad la verdad del mundo y la vuestra también para arribar a la costa de la vejez siendo sinceros. Y convenceos de que, hasta el momento último, la madurez es un proceso continuo en el que nadie avanza por saltos: un proceso de multiplicación, de hermosura y de generosidad. Convenceos de que jubilación viene de júbilo, y de que compartir la vida —vieja o joven— es la mejor manera de ampliarla y de hacerla inmortal.

LA GRAN AVENTURA

¿A qué aspiro con esta página? No a que su contenido ni su lectura os trastornen, sino a que vuestra reflexión sobre ella no os deje ilesos. No a que dejéis de ser como sois, sino a que seáis más vosotros que nunca. No enarbolo el estandarte de las verdades transitadas y marchitas; no os halago, ni os denigro, ni os sublevo: dejo simplemente que mi corazón fluya y se exprese con la libertad que deseo para el vuestro. Yo querría invitaros a emprender una urgente aventura. YA: sea el día que sea y la hora que sea. Una aventura secreta y extravertida a la vez; de la que no regreséis, o de la que regreséis más arrogantes y humildes, más humanos por tanto. Una aventura y un viaje que hay que iniciar con las manos vacías, como si la decisión os hubiera cogido de repente, imprevistos por quienes os aconsejan, sin equipaje apenas para andar más ligeros. Un viaje que casi todos calificarán de inútil y de pérdida de tiempo, como si el tiempo fuese el oro verdadero. Tendréis que dejar en la partida el lastre de creencias e ideas que hasta ahora se os dieron como incuestionables. Para avanzar por el camino del que os hablo estorba cualquier peso, y hay que ir a cuerpo limpio.

Por supuesto, os asaltará el temor al vacío, al territorio insólito, a la ausencia de andaderas, de protección y de asesores. Pero tendréis de vuestra parte una intuición: la de que la aventura es imprescindible, porque al final de ella os aguarda la primera verdad, la que os configura y os define. Tendréis de vuestra parte la certeza de que la vida que llevabais —ordenada, reglada, almidonada dentro de un armazón bien conocido— estaba llena de fisuras apenas perceptibles, que alguien (y quizá también vosotros mismos) se había empeñado en que ignorarais. Reconocedlas ahora con rigor; agrandadlas con vuestras uñas; derribad el muro que os tranquilizaba —y os limitaba al mismo tiempo— frente al mundo de fuera, peligroso y mayor... El pequeño universo que ese muro circunscribe no os basta ya: el que anheláis es más coloreado y más intrépido. El trayecto minucioso que proyectaron quienes os quieren a su manera tampoco os sirve ya. La nueva ruta, indecisa, que se concreta a medida que se hace, zigzaguea por más amplios campos, hacia horizontes compartidos. A simple vista no aparece: es un sino interior el que la marca; habéis de abandonaros a él. Y con todo, quizá os extraviéis. Bendito extravío, os digo: fuera de las sendas trilladas, avanzaréis después cogidos de una mano, o enlazando con vuestro brazo un brazo amigo. Por eso, fuera el miedo, que también pesa. Avanzad sin él.

Habrá voces familiares que os adviertan de la equivocación. Tendréis que apretar los dientes y seguir, igual que en esos cuentos en que el triunfo depende del valor, del ensimismado valor que desatiende las *buenas voluntades* castradoras. Y sentiréis, de cuando en cuando, la añoranza del resguardo casero, de la mesa dispuesta y del afecto que os enternecía. Sentiréis el desgarro de volverle la espalda definitivamente a vuestra costumbre, a vuestro horario confortable, a vuestros pequeños y cotidianos quehaceres y descansos. Sentiréis la amenaza de la soledad y del fracaso, y la tentación de abandonar la empresa, de tirar la toalla y de volver al punto de partida... No es fácil, ¿qué va a serlo? Pero debéis continuar, como conquistadores de un continente nuevo, adentrándoos en el mundo ancho y ajeno, y entregándoos a él como único procedimiento de que se torne propio. A pesar de que os recriminen y os repitan que volveréis con las orejas gachas; que reconstruiréis, con doble fatiga, el muro que os cercaba y achicaba; que restauraréis los cascotes derribados y los tradicionales escombros. A pesar de que os tachen de ilusos y de soñadores, como si la ilusión y los sueños no fuesen la más alta realidad; como si no estuviéramos hechos, en nuestra mejor parte, con la materia de la ilusión y de los sueños.

Subió Ícaro hasta cerca del sol con sus alas de cera, y cayó. Procurad construid las vuestras con ánimos que el calor y la altura no destruyan. Y no olvidéis que el gran sol ciega los ojos sólo de quienes se le acercan y lo miran de hito en hito; que derrite, pero con besos de fuego, el vuelo de sus elegidos más valientes. Que la aventura personal supone riesgos es un hecho; que merece la pena, también. Permanecer en el cuarto de estar es mucho más seguro. Por eso os invito a jugaros enteros, a poner en el punzante asador toda la carne. Y sabeos acompañados por los que —cerca y lejos de vosotros— se pusieron de pie para acometer idéntica aventura: la de doblar la estatura propia subiéndose sobre el pedestal de los propios hombros y no de los ajenos. ¿Para qué aguardar más? Levantaos y empezad la tarea.

DE UNO EN UNO

Todos tenemos algo en lo que somos únicos. Algo, más o menos recóndito, que nos distingue y que nos califica. Por ese algo nos ama —o nos amará— alguien, a su vez único, que adivinará nuestro don de unicidad, y que quizá no sería capaz de amar a otro. Se trata de una señal, de un halo, de una característica no siempre perceptible, o al menos no por todos. Tal valor tenemos el deber de subrayarlo. En un momento de los ritos templarios de iniciación, el Maestro de Ceremonias encendía tres velas en el altar del ábside y oraba: «Que la sabiduría rija nuestros trabajos, que la fortaleza los concluya, que la belleza los engalane.» Con esa ilusión debemos avanzar. Hasta obtener la certeza de haber hecho lo que teníamos que hacer, y desempeñado nuestro papel irrepetible, que ningún otro podía representar. Sólo a través de las respectivas peculiaridades confirmaremos la suerte de existir y la de haberlas aprovechado para cumplirnos verdaderamente en medio de la diversidad infinita, tan enriquecedora para el individuo y la colectividad. Ser original —en el fondo todos lo deseamos— consiste en ser uno mismo, no en imitar a otro ni en convertirse en triste fotocopia. Pero hacia tan espantosa meta nos empuja la sociedad de consumo, con sus mimetismos, su dirigismo y su vulgaridad cultural, su consideración casi delictuosa de las personalidades, sus platos congelados, sus espectáculos reiterativos, sus televisiones, su *usa y tira*, su robotización de la cabeza y el corazón humanos.

Un profeta del Antiguo Testamento afirmó que somos una gota de rocío en una brizna de hierba: el sol se levanta y nos acaba. Pero cada ser, por mínimo que sea, importa porque sin él la Naturaleza no sería como es ni estaría completa. Dura el rocío lo mismo que la noche, y es casi nada en mitad de la noche; sin embargo, la noche se repetirá interminablemente, y se repetirá el rocío sobre campos y playas. La vida es lo que hace ser día al día, y a la noche, noche. Y no se acaba nunca. Lo que una vez sucede sucede para siempre, y todo lo que existe murió ya alguna vez, y lo que ha muerto no volverá a morir. Para la gota de rocío su peculiaridad es esencial, y con ninguna otra podría confundirse: más cuanto más efímera.

Nuestra época es mala para marcar las diferencias. Caminamos por un mundo uniformado: en ideales, en gustos, en sueños, en canciones, en fiestas, en comidas. Cuesta mucho esfuerzo que subsistan las singularidades de países y personas; da miedo casi luchar por mantenerlas. No obstante, ellas lo son todo o casi todo. Tendemos a parecernos a aquella Edad Media en la que cada hombre pertenecía a un pueblo, a un lugar, a un oficio y a un gremio que marcaban precio y mercado, a un estatus dentro de su ciudad y su trabajo, y en la que era un contradiós salirse de los raíles que conducían derechos y aburridos a la muerte. Por el contrario, tendríamos que inspirarnos en el Renacimiento, donde brota, como una flor insólita, la dignidad del hombre y el orgullo de serlo, la búsqueda de la fama entre los semejantes vivos o futuros, el ansia por la hermosura, el afán de un trabajo ennoblecido y propio, es decir, firmado por su autor, no como el de los anónimos artesanos medievales. El Renacimiento es el gran salto hacia la individualización. En él el mundo sufre la conmoción de descubrirse a sí mismo redondeándose con América, mientras el individuo se descubre a sí mismo también y se endiosa.

Florece entonces la semilla del hombre en plenitud. Del que no ve la cara de ningún dios y, a pesar de ello, anhela la serenidad para actuar serenamente; del que no se cubre las espaldas con una vida póstuma y, a pesar de ello, vive con denuedo ésta. El hombre aprendió a ver, y se vio más pequeño y más grande que el mundo. Advirtió que el universo estaba vivo y que se le brindaba. Todo a su alrededor fue signo, misteriosos enlaces, analogías, correspondencias sutiles. Y él en el centro, capaz de ascensiones y descensos, replicador e interrogante, entre el cielo y la tierra; reclamado por la mortalidad y la inmortalidad; libre de darse forma o deformarse, de la maldad y de la bondad, o libre de sentarse a comer y a beber aguardando la muerte. Su razón personal no tenía por qué adherirse sin condiciones a la del universo, pero de ambas saldría cualquier explicación. Y de ahí dedujo dos consecuencias: que el destino podía ser escrito por cada uno, y que cada uno era absolutamente responsable de sí mismo. (La falta de responsabilidad individual es atractiva: se descansa en ella; pero es un error y una derrota.) La vida se transformó en una empresa peligrosa y plena de sentidos que había de vivirse con pasión, de uno en uno, sin delegar en nadie. Como tiene que ser. Porque la identidad personal es lo único que marca nuestros límites, y hemos de rebelarnos contra cualquier *prêt à porter* y cualquier *reader's digest* que nos estandarice y nos abrume. Si el ser humano, de uno en uno, pierde la gallardía de verse como centro del universo es que ha dejado de serlo. La recuperación de tal dignidad y tal orgullo ha de ser, sobre todas las cosas, el fin de cada vida.

HUMANIZAR LA TIERRA

Estad seguros de que la libertad, la paz, la tolerancia, la solidaridad, el recíproco comportamiento ético, la plenitud (es decir, los valores que configuran la humanidad) no se os regalarán. Tendréis que conseguirlos y mantenerlos con vuestro propio sudor. Son un acervo consecuencia de la justicia, o sea, del reparto equitativo de cuantos bienes disponemos. Hablamos mucho, por ejemplo, de ecología; pero reduciéndola a avarientas normas concretas que pretenden resolver, con regateos, problemas puntuales, sin levantar los ojos de ellos. La gloria del hombre consiste en transformar el mundo confirmando sus leyes. Conocer el sentido de éstas es ratificar el de la vida, superar el dolor aprendiendo de él, amar la realidad que nos rodea. El hombre forma parte de la Naturaleza; sin embargo, ha de mirar más allá de ella. Es una caña, pero una caña que piensa —como dijo Pascal—, que ordena y subordina. Algo habrá de cambiar en su conciencia para que nuestra especie no fracase y haga fracasar el mundo. Lo natural ha de ser asimilado por el hombre, reverente ante su último propósito: la responsabilidad del que se llama rey de la creación excede su poder. Y es así, responsablemente, como se cumplirá el futuro de un hombre fraternal con las otras vidas, exento de esclavitud, de sufrimiento, de hambre y de guerras. Porque dentro del campo de la ecología —ese equilibrio misterioso que rigen preceptos no siempre conocidos— también se incluye el hombre como un eslabón más de la cadena.

Los fosos que separaban hasta ahora el Este y el Oeste aún separan, ahondados, el Sur del Norte. Son fosos irracionales que es preciso saltar. El 90% de los recursos mundiales los administra un 20% de la población. Cada año mueren de pobreza 15 millones de niños. La causa de estos disparates no es la escasez de bienes, sino un reparto criminal. Por si era poco, hoy los movimientos integristas y fascistas surgen como una renovada epidemia. Su origen está en quienes gritan: «Yo soy para mí», y cierran las vías del desarrollo y la transformación. Ellos deshumanizan la Tierra y despersonalizan a los dominados. Tanto, que la pérdida de la libertad llega a ser aceptada y requerida. Las exigencias de tal sociedad hostil provoca la resignación ante los recortes de la libertad y el igualamiento de las puntiagudas e imprevisibles aspiraciones individuales. Y los sometidos prefieren volver, fusionarse con la Naturaleza anterior no humanizada, animalizarse en el Edén previo a la manzana, atenerse a la especie, renunciar a sí mismos y rendirse con pasión idéntica a aquélla con que nuestros predecesores se sublevaron.

Frente a esos movimientos empequeñecedores hay que poner los que universalicen; los que exalten e igualen; los que fomenten las culturas híbridas y los fecundos mestizajes; los que consideren accesorias las diferencias de color, de riqueza, de religión, de idioma, de civilizaciones o de sexo, ante la grandeza de ser sencillamente seres humanos. Y serlo porque se hayan constituido en tales no a causa de su nacimiento, sino por un acto libre y reconocido y compartido. Un acto que implique los derechos comunes —los *derechos humanos*—, que no son un invento de Occidente, sino un patrimonio conquistado para todos los habitantes de la Tierra.

Mucho hablamos de salarios dignos, de jornadas respetuosas, de protección social, del ejercicio de las democracias. Mucho hablamos del libre comercio entre los pueblos. Pero seguimos explotando la mano de obra barata y, si solicitamos que se redima a los trabajadores tercermundistas, es sólo para eliminar la competencia a nuestros mercados, más caros que los suyos. En nuestra área cultural el pleno empleo es una meta para siempre lejana: vosotros sois la viva prueba. De ahí que haya de proyectarse un reparto más generoso del trabajo y una ocupación de los parados en nuevas tareas de interés social. Una de ellas, la más alta, no tiene fronteras. A través de organizaciones gubernamentales o no, tendréis —no tardando— que darle un vuelco al mundo, humanizándolo también en ese aspecto.

Recordad las pasadas invasiones españolas, inglesas, francesas, belgas o portuguesas, que se apoderaron de otros continentes. Y dadles ahora la vuelta: que no sean invasiones de expoliación, sino de servicio. Que los desocupados de Occidente emprendan una hermosa misión: preparar políticos, sociólogos, maestros, profesionales, industriales y técnicos en los pueblos más desprovistos. Que colaboren en la construcción de las infraestructuras del agua, de la electricidad, de las comunicaciones, de las escuelas, de la medicina, de las fábricas y de la agricultura. Nuestra experiencia cooperando con la de los nativos. Ya los mejores han dado los primeros pasos admirables. Y de este modo sí se logrará la libertad igualitaria de comercio, la apertura de mercados inéditos, la alegre ocupación universal. No es ninguna utopía: es un ideal realizable. ¿Que hay que ser héroes? Quizá. A algo menos que eso no está llamado ningún verdadero hombre.

EL COMPROMISO

Quizá (no quizá: seguramente) soy un antiguo. Tengo un concepto casi misional de la literatura, y también de la vida. Nací en un momento y en una geografía en que cualquier derecho, cualquier don, cualquier privilegio debían tener una cierta función social que cumplir y una cierta responsabilidad social que atribuirse. Por supuesto, creo en los libros que no se proponen más que entretener, o esparcir el espíritu y ampliarlo: también es noble ese propósito. Y, por supuesto, creo que no se es escritor por haber elegido o haber sido elegido para expresar ciertas ideas, sino por la forma en que se expresen. (No sólo el infierno está empedrado con buenas intenciones, sino la mayor parte de la literatura. En una ocasión, el cardenal de París —Feltin— llamó a un grupo de novelistas católicos para recomendarles que fuesen mejores escritores, o que no pregonasen tanto su catolicismo.) Reflexiono así porque el otro día uno de vosotros me aseguró que no entendíais la noción de compromiso. Acaso hablaba en nombre de demasiada gente. Según él, el único compromiso que entendéis es el de la relatividad: el de no comprometeros del todo con nada ni con nadie.

Puede que se trate de una sabia postura. No obstante, para adoptarla, ya se me ha hecho demasiado tarde. Desde que me conozco, estoy comprometido. No me recuerdo libre de compromiso. Aún más, *soy* un ser comprometido. Con muchas cosas: entre otras, con vosotros. Pienso que alguien que no se ate consigo mismo y con su tiempo será como un vilano —leve, puro, etéreo— arrastrado por el viento; como una mariposa

—leve, etérea, pura— que pasará sin huella. Es muy posible que tal alguien no busque dejar huella de ninguna clase, y ésa sea la razón de no comprometerse. Lo respeto, pero para mí pasó el tiempo de aprender una lección tan fría.

He hablado innumerables veces con vosotros: de uno en uno, y en pequeños o grandes grupos. Os comportáis, según las circunstancias, de distinta manera. Sin embargo, he sacado mis conclusiones. Vuestra falta de compromiso procede del fracaso de *nuestros* compromisos, del volteo de *nuestros* ideales, de la contradicción de *nuestras* posturas de ayer y *nuestra* realidad de hoy. El del compromiso no se os antoja, en efecto, un camino fructífero. De ahí que, al hablar con vosotros, elimine la palabra y os pregunte directamente qué queréis, y si lo queréis de todo corazón, dejada la aparente indiferencia y el encogimiento de hombros. Y la mayoría de vosotros querría (no me gusta el condicional: prefiero decir *quiere*, y oírlo decir también) una paz universal, a la que contribuyan, como aportación última, todos los ejércitos antes de que desaparezca, al mismo tiempo que la guerra, cualquier militarismo. Y quiere una organización, suma y cima de todas las demás, que acabe con el hambre en el mundo, a costa de cualquier porcentaje de producto interior bruto, y de una distribución más misericorde de los bienes mundiales. Y que las leyes se actualicen y sean más equitativas e igualitarias. Y que la restauración y conservación de la Naturaleza no sea una cortina que encubra egoísmos feroces, sino la más imprescindible prioridad de todos, postergados los intereses nacionales. Y que, de modo no previsto pero previsible (¿por qué no encargarlo a las primeras astronaves?) se saque de la Tierra el armamento nuclear y los residuos tóxicos. Y que la medicina y que las ciencias y que la economía sean un patrimonio mejor repartido y más común. Y la política, una modesta y leal administradora...

Sé que aspiráis a tan altos y elementales fines. Y sé que está en vuestras manos conseguirlos. Basta con que os lancéis en su persecución codo con codo y alma junto a alma. Nadie será útil para nada, ni será fiel a nada, si no es ante todo fiel a sí mismo. Si aspiráis a algo más que a sobrevivir; si aspiráis a un mundo más digno, más pacífico, más justo y más limpio, habréis de materializar vuestro deseo. Cuando los jóvenes del mundo entero —hay vías para ponerse de acuerdo— no votéis, ni contribuyáis, ni hagáis servicio civil o militar alguno hasta detener el sistema suicida en que vivimos; cuando desobedezcáis cualquier mandato contaminador; cuando os dediquéis, en una hermosa complicidad, a conjuraros y conspirar para establecer otro orden mejor y más humano, estoy absolutamente convencido de que lo lograréis. No con la violencia, sino con la convicción; no con el abuso, sino con el razonamiento; no con el desbarajuste, sino con la tozudez de saberes en posesión de la verdad única que salva.

No a otra cosa que a ésa llamo yo compromiso: fe empeñada, obligación contraída por propia voluntad. Sé que sabéis lo que es; si no, no me encontraría entre vosotros tan bien acompañado. Porque, por una parte, soy de veras antiguo; pero por ésta, soy tan joven como vosotros seáis.

DINERO, MUCHO DINERO

En la época de mis abuelos, y acaso de los vuestros, había tres cosas íntimas de las que no se hablaba: la edad, la religión y el dinero. Hoy, antes o después, siempre se acaba hablando de éste, si es que no es el principio de cualquier charla. De tal entronización desciende la epidemia que padecemos: la de los corruptos corruptores que contaminan nuestro aire. Nos hemos puesto ejemplos muy poquito ejemplares, y hemos subido a nuestros gobernantes y prohombres mucho más de lo que se merecían (y ellos nos duran más de lo que merecíamos nosotros). Los descamisados se hicieron buena ropa a costa del poder y a costa nuestra. Más que nunca, impera el principio de la productividad reducido a su esquema más estúpido: *mayor producción = mayor consumo = mayor felicidad*. Lo mismo que se devalúa una moneda, se han devaluado aquellos valores que, durante siglos, constituyeron luz y esencia del hombre.

Si a los pertinaces consumidores de las ciudades, a quienes parece no afectar la crisis, se les hablase de arte o de belleza, nos mirarían atónitos. El arte no traducido en dinero es una de las peores manifestaciones de la idiocia. Incluso los artistas no se conforman ya con su propia riqueza interior, sino que buscan la ratificación de la otra, convertida en sistema de pesas y medidas. La pintura se compra por especuladores, igual que los inmuebles. La calidad de una novela o de una comedia se calibra por el número de ejemplares vendidos o por el taquillaje. Toda referencia a la belleza produce risa, salvo que sea cotizable como la de una miss o un actor, o la del retocado paisaje de una urbanización. Quizá fue siempre así. Hay testimonios literarios en nuestro Siglo de Oro —*de oro* tenía que ser— que lo prueban. Lope y Quevedo insisten en ello con frecuencia. Pero hoy tal proceso, siempre amenazador, se ha hecho omnipresente e invade los más recónditos rincones. Casi todo el mundo cree que el dinero da más de lo que nació para dar —bienestar y abundancia—, y le atribuye el origen de virtudes que le son ajenas: la seguridad, la bondad, el equilibrio o la alegría.

No hace mucho, en una encuesta, a la pregunta: «Si estuviese seguro de no ser descubierto, ¿defraudaría cinco millones de pesetas?», el 85% de los interrogados respondieron que sí. El número es mareante. Porque lo malo no es que alguien robe, sino que el robo se transforme en cultura común y en el primer principio de la sociedad. Si no hay ideologías es porque entorpecen el camino hacia el becerro de oro (o hacia el oro del becerro). Lo *práctico* se opone a lo idealista, a lo soñador, a lo utópico. Antes, a la cabeza de las tribus estaban quienes tenían contactos con lo desconocido o con la divinidad: chamanes, sacerdotes o hechiceros; luego, gobernaron los sabios, que preveían y acertaban; después, los héroes, vencedores y guías; y tras ellos los nobles, que heredaron el predicamento y el honor. Ahora nos gobiernan los ricos, que son los que mandan sobre los que nos mandan. Sólo a ellos se envidia y se aspira a imitar. Sólo a ellos se exalta, y su estado es el más atractivo, por muy enrevesados que sean los atajos que a él llevan. Basta ver la atroz televisión y sus concursos y la proliferación de los juegos de azar. Trabajar hoy honestamente sin conseguir lujosos beneficios se considera un indeseable comportamiento imbécil.

No existe otra *posición* que la que marca el dinero. Si alguien alcanzó una buena, es que ascendió a costa de lo que fuera, y mejor cuanto más deprisa. Hallarse en mala posición es estar arruinado o al borde de la ruina. Si una muchacha se casa bien, será con alguien de buena posición, o sea, de dinero. Si un muchacho obtiene una posición buena será que, por milagro, renunciando a las *tonterías de la juventud*, dio un pelotazo bien aconsejado o se colocó junto a alguien de prestigio, es decir, desprestigiado de antemano. Para llegar ahí, claro, no hay mucho que estudiar, ni prepararse bien. Hay, sí, que estar muy bien dispuesto, saber cerrar los ojos, apretar los dientes y avanzar a paso rápido, sin mirar dónde, ni qué, ni a quién se pisa.

De ahí que cuando veo desfilar las humanidades y salir a empellones de los planes de estudio, me estremezca. ¿Quién podrá entenderse con una juventud deforme y rala, que sólo considere los saberes tenidos hoy por útiles, y que mañana serán sustituidos por otros muy distintos? Ignoro si se debe tamaño error a la estupidez de los políticos, a la indiferencia de los docentes, o a la incurable miopía de los discentes. Pero sé que ninguna casa hermosa y duradera se construirá sin cimientos capaces. Seguro que en ellos no se duerme, ni se come, ni se toma el sol, ni se trabaja, ni nadie se enriquece; pero también seguro que sin ellos todo sería desolación y añicos. Los medios siempre han de estar al servicio de un fin, y ese fin es el hombre. Sólo siéndolo pleno y de veras se aprenderá a soñar grandes sueños y a emprender el trayecto —largo y no siempre riente, pero noble y dignísimo— del ideal con que cada uno nace. Tan sólo siendo hombre de veras se aprende a separar, y se separan, el precio y el valor de cada cosa.

EL SILENCIO ELOCUENTE

Detesto el estruendo. Algunos —o muchos— de vosotros lo necesitan. ¿A ellos también les dirijo esta carta? Ah, sí, si ellos la leen. Habrá quien, en medio del estrépito, sorprendan un oasis de intimidad, una especie de ojo del huracán que desconozco. Esta carta se dirige, con diversa fortuna, a todo el que la lea. Es el mensaje que, dentro de una botella, arrojan un náufrago o un optimista al mar. No tiene un destinatario definido porque cualquiera lo es: el que la coja y la abra y la descifre. Sin precisión de edades, de religiones, de colores de piel, de sexos ni culturas. Un ser humano basta: cualquiera. A él me dirijo siempre. Pero hoy debo añadir que yo amo la conversación y amo el silencio. ¿Al mismo tiempo? ¿Será que, una vez más, me contradigo? De ninguna manera. En ambos puede producirse un intercambio y un enriquecimiento: el trasvase de una emoción, de un parecer, de una inteligencia. Más todavía: el silencio en ocasiones es la mejor conversación: el silencio elocuente.

Porque lo contrario a él no es la palabra, sino quizá el exceso de palabras, que abruma y que provoca confusión. Por supuesto, el silencio no es callar sin ton ni son, como hablar no es emitir palabras a tontas y a locas. Callar y hablar son dos posibilidades profundamente humanas, esencialmente humanas: por eso me interesan. Aquel mono que fuimos, con el cráneo oprimiéndole un cerebro creciente y con un aparato de fonación un poco peculiar, inventó sonidos no menos peculiares. Y se puso de acuerdo con los otros componentes de su manada. Y un sonido significó miedo a la noche o al fuego o a la tormenta, y otro, amor, y otro, euforia bajo el cálido sol. Y, agrupados, significaron guerra, o comida, o un proyecto nuevo, o una alarma. Y crearon así un vocabulario que se multiplicaba. Y, poco a poco, de distintas formas, fueron escribiéndose tales palabras ligadas una a otra, igual que hoy yo a vosotros os escribo. ¿Cómo agradecer la infinita importancia de la comunidad que nos permite comprendernos? Y cuánto lamentar que juguemos al escondite detrás de las palabras. Y cuánto agradecer que, a través de ellas pero ya sin ellas, gane la comunicación con el silencio.

Hay quienes opinan que, en los lugares donde os reunís para bailar y escuchar música, ésta impide cualquier conversación. No estoy seguro. Quizá sea ella la conversación. Las pausas de la música —su silencio— son música también. Calláis bajo su estridencia, pero quizá porque se provoca otro tipo de comprensión, tácita y rítmica, que los mayores no entendemos. (Acaso alguno de nosotros sí.) Afirmaba Bainville que los viejos se repiten y los jóvenes no tienen nada que decir: de ahí que el aburrimiento sea recíproco. No lleva en todo la razón. Yo creo que os entiendo, y espero que también vosotros a mí. Lo que ocurre es que las palabras tienen que estar cargadas por quienes las pronuncien; si no, no nos expresaremos. Si para decir *yo te amo*, hay que decir primero *yo*, para hablar con plenitud, las palabras han de definir a aquel que las emplea y contener su experiencia del mundo. Por medio de ellas nos manifestamos nosotros. De no ser así, lo único que haremos será llenar en apariencia el vacío con sonidos vacíos: voces y nada más.

Para hablar bien hay que saber callar no menos bien. Lo inefable sólo cabe insinuarlo en el silencio. Os lo confiesa uno que, a menudo, por decir las cosas indecibles se dejó sin decir las otras. No temáis que os reprochen vuestro mutismo. («Este chico está ausente... Anda siempre callado... No contesta, no sabemos qué opina... Todo el día metido en sus cosas y en él...») En muchas ocasiones no habláis por cierto desdén, por incertidumbre, por lejanía, por temor a no ser entendidos. Como si no manejaseis el mismo idioma que los mayores. Y quizá sea así, y eso es lo que proclama tal silencio. Yo sé con cuánta frecuencia callar es gritar intensamente. Por eso no querría que este diálogo nuestro se transformara jamás, por Dios, en un monólogo. Hablar sin auditorio o con uno misterioso, del que ignoramos si nos escucha o cómo, si nos interpreta o cómo, es un dolor. Porque cualquier discurso necesita una complicidad. Conversar no es sólo charlar de cualquier tema, sino concurrir y acompañarse, o sea, verterse en común, verterse uno en el otro. Diálogos para besugos y métodos Ollendorf los odio: no sirven para nadie. Qué duro no ponerse de acuerdo en lo que se dialoga porque no demos a las palabras su sentido común ni el nuestro personal, y entonces divagamos por los cerros de Úbeda: dos monólogos y, en medio, un muro de cristal; hablar y hablar por no tener nada que decirse; llenar la distancia con un *flatus vocis*, con un aire sonoro pero vano. De ahí que os invite a seguirme escribiendo —ese otro modo de declararse— para convencerme de que no soy una voz que clama en el desierto. Porque estas páginas —os lo aseguro— no son literatura, ni siquiera en el mejor de los sentidos.

ARENGA

Ahí están los sentados, con sus tripas cansadas, hartos de aperitivos, llenos de promesas incumplidas y de palabras empeñadas. Ahí están los corruptos de todos los partidos, políticos o no, emponzoñando el aire. Ahí están con sus vidas sin vivir y sus deseos empequeñecidos. Iban a tocar el cielo con las manos, y bajarlo a la tierra y repartirlo: se han hecho uno a su medida, a la corta medida de sus traiciones y sus mediocridades. Escarmentad en sus cabezas tristes, en sus cabezas humilladas de cornudos a los que la intensidad se les fue como agua entre los dedos. No aspiréis a sentaros junto a ellos, ni a sustituirlos en sus poltroncillas de peluche sobado. Seguid de pie. Miradlos desde arriba. Despreciadlos. No les obedezcáis. No vayáis a envidiarlos ni un segundo. Ellos tienen sólo lo que se ve: son lo que tienen. Vosotros aún tenéis —y sois aún— la esperanza.

Fijaos en ellos para no ser jamás como ellos. Ved dónde cayeron sin levantarse. Aprovechaos de ellos, sin abandonaros a las redes de oro que os tienden para demostrarse que el hombre no tiene remedio y que no hay una generación mejor que otra. No pactéis. No os sometáis. No os unzáis a sus yugos de oro falso. No adoréis a sus ídolos. Cogeos del brazo vibrante de la vida y pasead bajo la mañana azul y la tarde soleada. Abrazaos a ella a la luz de la luna, entre aromas que las narices de ellos dejaron hace tiempo de oler. Sois los intactos. Sois los ilesos. Seguidlo siendo siempre. No les pidáis favores, ni les agradezcáis puestos de trabajo, ni os alineéis en sus filas. Insumisos a todo. Objetores a todo. El mundo va a ser vuestro —es vuestro ya—: depuradlo y gozadlo.

Ahí están los cansados, los fracasados, los bondadosos que se enrolaron en los vanos ejércitos de la resignación. No los miréis siquiera. Ellos son el pasado; vosotros estáis implicados en otro proyecto que lleva a otro horizonte. Olvidaos de sus estadísticas: no os sirven. Son los datos paupérrimos de su vida de ventanilla, de chalé adosado con prunus oscuros a la puerta, de competitividad vecinal y sombría. No dimitáis ni de vuestro tesoro, ni de vuestra fuerza, ni de vuestra ilusión. Los caminos que ellos recorrieron no son vuestros caminos: escupid en sus huellas. Rebelaos contra la mansedumbre funcionaria, contra los púlpitos benevolentes, contra los pusilánimes y alicortados consejos familiares. Vuestra batalla la convocaréis vosotros, y vosotros señalaréis su campo y su armamento; se tratará de una batalla fraternal, bien distinta de la que ellos ni siquiera llegaron a reñir. Que no os contagien de temor y derrota. Que no os contagien de su amor al dinero y a la espesa tranquilidad amordazada. No respetéis sus horarios, ni sus normas pacatas, ni su miedo a la muerte. Bailad desde el anochecer al mediodía. Improvisad la vida nueva. Amad la Tierra que es vuestro reino, y que caerá como un fruto en vuestras manos cuando vayan ellos muriendo de sobrealimentación y de avaricia: el corazón sólo les sirve ya para morir.

Ahí están los que pretenden haceros a su imagen, los que pretenden domesticaros y obligaros a danzar al son de sus hediondas músicas. Negaos. No permitáis que os sobornen. No escuchéis su lenguaje sinuoso y astuto y de oropel. No veneréis sus máscaras burguesas, sin alegría ni imaginación. No atendáis lo que piensan de vosotros ni leáis lo que escriben. Inventaos el mundo: el vuestro empieza ahora. Los billetes que ellos pusieron en circulación son papel sucio sólo, y ellos, los monederos falsos que tratan de compraros para tranquilizar sus conciencias relapsas diciéndose, entre eructos, que es mala la humana condición y que la vida es una historia que siempre acaba mal.

Jugaos enteros contra cualquier cosa, menos contra sus miserables ofertas de quincalla. Y no os suicidéis nunca. Ninguno de vosotros. Porque lo peor de la vida son ellos y lo que significan. El resto es vuestro; en vuestra mano está: moldeable, caliente, estremecido, insólito, y acaba de nacer. Por eso, no pactéis; no deis un paso atrás; no escuchéis sus hipócritas canciones de sirena. El triunfo es vuestro. La esperanza es vuestra. El porvenir es vuestro. Hacedles un corte de manga a los sentados, y seguid avanzando. Mirar a vuestra espalda es el error más grande: el que os convertiría, igual que ellos, en estatuas de sal.

SENTIMIENTOS RELIGIOSOS

«Si alguien opina que algo es del todo bueno o del todo malo, no os dejéis convencer fácilmente. No os apoyéis en escritos, ni en teorías, ni en doctrinas por el sólo hecho de que viejos maestros los recopilaron. No hay ningún motivo para otorgar fe plena a nadie simplemente porque se trate de un superior, de un hombre poderoso o de una autoridad. Debéis sopesar las cosas por vosotros mismos, y asentir, si así lo decide vuestra propia conciencia, cuando sea beneficioso y traiga consecuencias favorables para vosotros y para los demás. Sólo entonces podréis comportaros con entera tranquilidad respecto a lo que decidisteis.» Así predicó el Buda en uno de sus primeros discursos. Y es que, si hay una idea incapaz de heredarse, es la idea de Dios. Porque ha de ser la cosecha individual de una siembra muy larga: con frecuencia, de una siembra de dudas y de contradicciones. La religión no es asunto de Dios: es asunto de los hombres, y consiste en el desenlace de un accidentado y no cómodo viaje que nadie está autorizado a emprender ni a cumplir en nombre de otro. Si no, no será nada.

Todas las religiones son igualmente respetables en cuanto sosieguen el ánimo del hombre, lo impulsen a la generosidad con sus semejantes, e impidan que los unos abusen o se impongan a los otros. Por lo tanto, ninguna podrá arrogarse la administración en exclusiva de la verdad sin derivar hacia el integrismo y la fanatización. En un área cultural como la nuestra, la moral preconizada por todas las religiones tendría que ser prácticamente idéntica, y diferenciarse unas de otras sólo por sus dogmas, sus cultos y sus ritos. En cuanto una trate de sobreponerse a otra por medio de guerras, violencias y torturas, o por la tiranía de sus dirigentes, conculcará los más elementales derechos humanos y se desacreditará a los ojos de quienes no la sigan. (No en vano el papa actual, con motivo del nuevo milenio, proyecta que la Iglesia católica pida perdón a la Humanidad por sus atentados históricos contra ella.) Porque, ¿cuál es la diferencia entre un creyente de una religión determinada, cualquiera que ésta sea, y un incrédulo? ¿Tiene el primero dentro de sí algún don esencial —una vida interior, un impulso de bondad solidaria— que el segundo no tenga? El budismo, una religión reverente y humana, no habla de Dios en absoluto, y ni él mismo ni nadie lo ha definido nunca como ateo.

En España se ha pasado de un nacionalcatolicismo,

burdo y medieval, a una secularización más comprensiva y comprensible. Aquí hoy, en teoría, todas las religiones alcanzan igual consideración, y no menos que ellas las manifestaciones de espiritualidad cósmica, casi panteísta, que empujan, a muchos no practicantes de rito alguno, a la práctica de enriquecedores momentos de meditación y de oración que nadie dirige y que acaso a nadie se dirige. Las confesiones regulares, más confortables de seguir por su contabilidad del debe y el haber, han dejado buena parte de su terreno a las vías particulares y a las elecciones no coartadas. (En definitiva, sin libertad no hay ni cielo, ni infierno ni vida que los valga.) Gracias a Dios, la palabra religión no sólo no se identifica ya con catolicismo, sino con ninguna otra forma de creencia, y, por fin, el agnosticismo no se identifica tampoco con el ateísmo.

A quien le preocupe vuestra aparente indiferencia ante estos temas, que diga misa. El bien y el mal se distinguen por el mero uso de la razón, que es justamente lo que nos hace hombres. Y es la razón quien dictamina la existencia del pecado, y no las comineras casuísticas de las apolilladas morales eclesiásticas. Porque la moral es el conjunto de comportamientos y reglas que se aceptan por válidos en un momento y en una geografía; pero la ética es más: se ocupa del porqué de tal validez concreta y de qué la diferencia de otras distintas. O sea, la moral tiene que ser la base de la religión, y no al contrario. Y será su actitud moral la que califique de más o menos elevada a la religión que sobre ella se construya. Lo demás son chantajes, atropellos y extralimitaciones descalificadoras, por muchos perdones que, siglos después, se pidan y se otorguen.

La interioridad del ser humano es lo que lleva a la oración y a la contemplación, necesariamente intransferibles que no requieren lugares, ni oficios, ni rúbricas, ni dirigentes especiales. Si existe Dios, se relacionará con el hombre sin intermediarios: *del naranjal a los labios*, como el eslogan del refresco. No es que hayan fracasado las religiones, sino los eclesiasticismos y las intolerancias, vengan de donde vengan. De ahí que el fin más alto sea una ética universal, unitiva y no separadora, desprovista de dogmas antirracionales que jamás aportaron nada al principio más inamovible y primordial: «No quieras para los demás lo que no quieres para ti.» Cuanto se añada, sin confirmarlo, a él; cuanto diferencie u oponga —para distinguirse— a unas religiosidades de otras, será sencillamente malo. Por mucho que lo afirme «un superior o un hombre poderoso o una alta autoridad». Hace veintitrés siglos lo dejó dicho el Buda. Y, hace veinte, Jesús de Nazareth no hizo otra cosa que ratificarlo.

COMUNIDAD DE LA ESPERANZA

Una de vosotros me escribe: «Saldremos adelante, claro que sí, pero no por *sanos, decepcionados* y *leales* como usted dice, ni siquiera por unos hijos —los nuestros— que hoy sólo pensar en tener nos desposeería de la posibilidad de un empleo. Saldremos adelante no por sus palabras, ni por su confianza que agradezco, sino porque es ley de vida. Lo lograremos igual que superaron nuestros padres el bache de la guerra y la posguerra; igual que la gente que vive de un sueldo mísero o en condiciones infrahumanas. Saldremos adelante porque respiramos y nos late el corazón y funcionan nuestros cerebros. Algunos ocuparemos puestos que hemos de odiar toda la vida, y tendremos que apoyarnos en cosas y en momentos ajenos a *esos puestos*; otros iremos y vendremos sin un sitio fijo, sin una vida estable; otros, los más desafortunados, sucumbirán; y por fin, los más afortunados obtendrán su sueño (ya ve que no me incluyo).»

¿Esta muchacha me ha leído bien? No se trata de salir adelante, sino de mucho más. De no ser así, ¿para qué iba a escribiros? No lo hago para consolaros, ni para pasaros a rodapelo la mano por el lomo; lo hago para acicatearos y provocaros intranquilidad; para que busquéis una ruta inédita y mejoréis el mundo. Lo que os dicen lo sé; lo que sabéis lo sé. La generación anterior os engendró en la euforia. Os hablaron de una Europa próspera, de una Constitución espléndida, de una democracia igualitaria, de un Estado de bienestar maravilloso y pródigo. Y os han dejado con el culo al aire: sin las altaneras ideologías de vuestros padres, sin los vagos consejos religiosos de vuestros abuelos, sin el trabajo que no era un derecho sino una obligación. Os otorgaron la libertad, pero no dónde emplearla. ¿Qué elecciones os caben? Ni la carrera que deseáis, ni el empleo, ni la vivienda, ni con quién habitarla. Sois espectadores de una sociedad que no cuenta con vosotros. Por eso, para comeros el mundo —que es a lo que os invito— habréis de ser mucho más imaginativos que los que os precedieron.

Quien no eche a rodar este modelito de sociedad que os acongoja, quien no eche a rodar también esa misma congoja, y piense que no existe otra alternativa, no es de los míos. Quien no tenga su oferta propia que proponer, ni arriesgada meta que conseguir, ni diana contra la que disparar, no es de los míos. Quien se conforme con gritar: «Primero yo y después yo: el individualismo sobre todo», no es de los míos. Porque con ese lema será con el que os venzan; será con el que os dividan y apisonen. Quien no tenga otro ideal que *colocarse*, y se apoye en el *realismo* más pedestre como en el más sólido cimiento; quien identifique realidad con desengaño; quien aspire a vivir de tejas para abajo, no es desde luego de los míos. Quien se preocupe sólo de ir tirando, de estar a la que salta sin procurar organizarse, ni vincularse a otros, ni hacerse espaldas con un grupo de afines, ni pertenecer a una asociación a la que fortalezca y que le fortalezca, ni es de los míos, ni tendrá nadie suyo, ni conseguirá nada. Porque conseguir, al final, un poco de dinero —o un bastante—, y emanciparse, y escapar de sus padres e imitarlos, es decir, *salir adelante*, no es conseguir mucho para sí, y mucho menos para los demás.

¿No queréis oír hablar de ideologías? Vale. Pero que sólo queráis oír hablar de *seguridad* es más terrible. Porque cuando la logréis, acogotados y jadeantes, habrá concluido vuestra vida verdadera: el *sueño* de que habla mi corresponsal, y que es imprescindible. Si yo creo en vosotros, es porque creo no de uno en uno, sino en los grupos alados e inspirados que forméis; porque creo en los luchadores sonrientes, en los que formarán una barrera imbatible, una barrera infranqueable contra las rendiciones y el desánimo; porque creo en la legión de los alegres responsables. A los encapotados que se dejen comprar y ser vencidos, les doy desde ahora mi pésame. A quienes abran su tienda o su negocio, o funden su estricta empresita, o se conformen con un puesto ambulante en la calle, les doy mi enhorabuena. Pero yo estoy del lado de quienes no se adscriban a causas putrefactas, ni se hipotequen por un sueldo fijo, ni por un quehacer de chupatintas, ni por la certidumbre de una multinacional (si es que hay alguna cierta). Estoy del lado de los optimistas, de los recíprocos, de los que forman parte de su generación hasta los tuétanos, de los que opinan que merece la pena hacer felices a quienes los rodean, y colaboran en alumbrar algo distinto. Algo distinto en lo pequeño y en lo grande, en lo cotidiano y en lo excepcional, en lo particular y en lo colectivo. Estoy del lado de los que no se dejan engañar, de los que no venden su primogenitura por un plato de lentejas, de los que echan en cara a los instalados su doblez de nadar y guardar la ropa. Estoy del lado de la comunidad de la esperanza.

PERDER LOS SENTIDOS

Dentro de unas horas llegará el momento de la tregua, próximo al lubricán. En él se desperezará la Naturaleza entera, cuando la luz vaya retornando con suave paso a su cubil, póstuma casi ya, más delicada que el resto del día. Pero ahora no. El sol lo inunda todo en esta pausa de la siesta. Transforma en una caliente piscina de oro el espacio completo del jardín. Apenas una brisa mece las flores mostaza de las tipuanas sin desprenderlas de sus ramas, y los ramos azules de los jacarandas apenas se estremecen. Despliegan los pacíficos su lujoso imperio entre el arrayán de los arriates: los de color sandía —rizados, jugosos y profundos—; los de color calabaza, surcados de minio, que reverberan despidiendo luz; los rojos de sangre, o los rosados de un rosa perfecto, o los blancos, con una leve red de un pálido color de té o de un pálido carmesí. Bajo el triunfo de los laureles, las rosas del verano, más tenaces, sobreviven de seda y terciopelo cerca de las piletas rebosantes de geranios y gitanillas. Desde mi ventana, mientras os escribo, veo el jardín y el extenso y profundo cielo que ningún pájaro osa todavía interrumpir. Pronto palomas y jilgueros, golondrinas y gorriones, se columpiarán en el aire de oro. Ahora aún no. Todo está adormilado. Hasta el olor que despide cada cosa...

Como me sucede a menudo, pienso en vosotros. Pienso hoy especialmente —y es sencillo adivinar por qué— en quienes vivís en ciudades grandes o medianas, que tenéis a vuestro alrededor un mundo turbio y confuso y amontonado, difícil de distinguir y de aclarar. Cuando paseo, no demasiado temprano por las mañanas o ya al atardecer, me asalta un temor: cuánta gente morirá sin haber aprendido a distinguir el orégano del hinojo, el romero del tomillo, la juncia del mastranzo. Tanto a la vista como al olfato. Y no parece que sea imprescindible. Muchos hombres y muchas mujeres hay que viven —y mueren— sin haber visto parir a una oveja, ni sentido el estruendo con que una gallina da la noticia de haber puesto un huevo. Cuántos mueren sin haberse mojado los pies a la orilla de un regato o de un arroyuelo, como mueren otros sin haberse detenido jamás junto a un semáforo ante una avenida de coches chirriantes y herméticos. Quizá una cosa y otra sean perfectamente compatibles. Sería cuestión de que a cada uno se le diera la posibilidad de conocer y de elegir.

Yo escucho aquí el armonioso diálogo de los pájaros y el susurro de las trémulas hojas cuando el aire las tañe. Y oigo, como el otro día, los grandes truenos del verano y el teclear de la lluvia en los cristales y en el agua reciente de la piscina. Y el corretear liviano del Fahala, entre juncos, adelfas y eucaliptos... Recuerdo, sin embargo, los caóticos ruidos de la gran ciudad en la que estaba hasta hace poco y de la carretera que me trajo hasta aquí. Los frenazos altisonantes, los cláxones, el barullo, la bullanga, la excesiva música de ambiente de cualquier local público... En este instante ladra un perro, concreto y perfilado. Sé que es Zagal.

Aquí veré, pasadas tres o cuatro horas, amortecerse el cielo en el que se acumularán grises, fucsias, verdes, limones, púrpuras. Y haré el ejercicio de separar unos de otros los colores. Qué lejos de la continua estimulación con que el llamado desarrollo tecnológico, despiadadamente, nos abruma: demasiadas imágenes y demasiado rápidas; unas con otras se apilan y se embrollan, y la vida imita al vídeo, a los letreros luminosos que van y vienen con furor, a los veloces anuncios casi subliminales...

¿Cómo me entenderéis los que sentís atacado vuestro olfato por una indefinible mezcla de olores en las calles, en las oficinas, en el metro? ¿Cómo identificar y separar uno de otro? ¿Cómo poner en práctica mi máxima, cuando se carga la tensión hasta el tope, cuando el trabajo agobia, cuando una preocupación casi nos anonada? *Stop and smell a rose*: para y huele una rosa...

¿Cómo me entenderéis los que, en la ciudad, sólo os rozáis con prisa con los otros, y pedís perdón por haberos rozado? El tacto es infinito: el gran puente levadizo entre los humanos: sin él, el niño no se desarrolla y los mayores esmorecen. Hay que acariciar. Hay que mimar. No se puede sustituir el tacto por la vista. Hay que *reconocer* y percibir con las palmas de las manos, con las mejillas, con los labios...

Y hay que saborear. Ahora las ciruelas, como gemas, cuelgan de sus árboles, desde el verde tierno al morado violento, desde el amarillo al rojo. Alargo la mano y como una: sin precocinados, sin envase, sin cámaras, sin conservantes ni colorantes. Igual con el tomate o las judías verdes... Es imprescindible no perder los sentidos, ejercitarlos, afinarlos, escapar hacia la Naturaleza por cualquier puerta a medio abrir. Por eso os escribo estas líneas. Los sentidos somos nosotros; en ellos consistimos. Por sus ventanas nos llega el mundo y salimos al mundo. Quedarnos sin todo él, variado y jocundo y portentoso, es quedarnos con media vida sólo, con media creación y con media alegría.

VUESTRAS CATACUMBAS

En el ambiente de los últimos años —que alguno de nosotros colaboró a enrarecer, o al menos consintió— hay que vivir con la nariz tapada. No es serio, ni tampoco divertido (lo divertido no es lo contrario de lo serio, sino de lo aburrido). Es zafio y cutre, como de nuevos ricos que ni saben estar ni se toman la tarea de aprender; equivocado, porque comete el error de creer que, para ser feliz, hay que acaparar dinero, y que el dinero es lícito adquirirlo por cualquier procedimiento. Es exaltador de la egolatría de *caiga quien caiga con tal de que yo gane*; desdeñoso con los desprovistos, sea cualquiera su origen y su raza. En la comunicación prima la imagen por sí misma sobre la reflexión y sobre la verdad. Todos se desentienden de aquello que no afecta a su fortuna. Y quienes tenían que dar ejemplo, por ocupar puestos ejemplares, los aprovechan para enriquecerse con las malas artes que sean: cuanto más eficaces y más rápidas, mejor. Los inferiores, exacerbados por la corrupción de los de arriba, a ella aspiran, y envidian a los corruptos, con lo que la separación entre moral pública y moral privada se erige en norma, y la responsabilidad política se aleja de la jurídica, como si el concepto no fuese sólo uno. Los grandes problemas (el movimiento migratorio, los abismos entre el Norte y el Sur y el Este y el Oeste, las amenazas surgidas por el quebrantamiento del equilibrio ecológico) se desatienden: parece que la vida hubiera de terminar mañana mismo y a nadie le incumbiese qué será de las generaciones venideras.

Ante este panorama, vosotros os preguntáis *¿quiénes somos?*, y no podéis saberlo, tan ignorados os sentís. ¿Cuántos somos? Muchísimos, y ése es vuestro poder. *¿Por qué somos?* o *¿quién nos ha traído?* Esta gente, de cuyas manos se desliza el mundo hacia un derrumbadero. *¿Qué somos?* Un saco de dudas, de vacilaciones, de recelos; pero también de sueños e ilusiones, de aspiraciones y exigencias... Y os inquieta el futuro. Un futuro que no podéis permitiros el lujo de que os lo fabrique y os lo sirva esta gentuza que sólo se ocupa de engrosar su presente. Un futuro que, con actividad, debéis ir preparando, porque hoy es ya mañana.

La palabra que mejor define este momento es la de *indignidad*. Lo tiñe todo y todo lo salpica. La superficialidad y la ligereza con que se aborda cualquier cuestión (desde la política a la ciencia, desde la enseñanza a las nuevas profesiones, desde la economía a los sentimientos) son imposibles de exagerar: todo es *light* en la acción y en la reacción. Un hedor hace que se respire con dificultad hasta en los ámbitos más próximos a nuestro corazón. El éxito se ha puesto como medida de todas las cosas, y el dinero como medida del éxito. La facilidad es el instrumento predilecto, y el concepto de cultura —como equilibrio y armonía, como inserción en el orden más amplio de la Naturaleza— fue abolido por dificultoso y enrevesado. Pensar es un oficio de espíritus que pasaron de moda y no persiguen lo que persigue la generalidad, o sea, de espíritus desenfadados y descatalogados. Este mundo versátil, ambicioso, erizado, voraz, conquistador de pacotilla y exaltador de todo cambalache, no está para escuchar *la música callada*: está para otros ruidos más procaces y toscos, para eventos efímeros, para originalidades fugaces en el arte y las ciencias, para solemnidades pasajeras y desde luego productivas. En él se hace doctor *honoris causa* por la universidad más respetable a quien, pasados breves meses, por haberse dejado coger *in fraganti*, se denostará con los calificativos más descalificadores.

¿Qué pintáis, pues, aquí? Lo pintáis todo. Vuestra

guerra es otra; vuestro afán debe ser otro. Tendréis que luchar contra esta vulgaridad, barrer las calles, asear las fachadas, eliminar a los podridos, acarrear los materiales que expliquen otra vez en alta voz la soberana complejidad de la vida... Y estáis en condiciones de hacerlo. ¿Desde dónde? Desde el lugar a que os empujaron: no a ras de calle, sino más abajo todavía. Los mangantes os han deparado la ventaja de aislaros; los contaminados, la ventaja de inmunizaros contra tanta bacteria asesina. Quienes ayer os apartaron, hoy os salvan. Suena ya la hora en que, cándidos y vengadores, ascendáis desde vuestras preservadas catacumbas y acabéis con esta fiesta palurda y malsonante. No fuisteis invitados a ella: por Dios, no se os ocurra participar ahora. Desalojad el local y echad el cierre. Antes de comenzar vuestro trabajo, habréis de desinfectar estas instalaciones. O arrasarlas.

ESCRIBIR

Hay muchos de vosotros —bastantes; no quiero exagerar: algunos— que me cuentan que escriben, que gozan escribiendo, que se desahogan escribiendo. Suelen enviarme muestras de lo que hacen. Yo tengo por norma inquebrantable no dar mi opinión sobre las obras que me son remitidas. Primero, porque no me considero suficientemente objetivo (aunque es la subjetividad lo que se me pide) ni suficientemente preparado (¿quién lo está?). Segundo, porque nada más lejos de mi intención que desalentar o avivar, con unas rápidas palabras, lo que estimo el cumplimiento de un destino. (Si es sólo una afición, opinar no valdría la pena.) Pero, con mi mayor sinceridad, los animo a expresarse a través de sus escritos, y a encontrar en ellos una satisfacción íntima, independiente del eco que puedan obtener en los demás. Comprendo que es difícil desentenderse del éxito o del fracaso; sin embargo, si no es así, la creación nacerá mal y se desenvolverá mucho peor.

Con frecuencia se afirma que escribir es colocar un espejo al borde de la carretera o al borde del escenario. Quizá el escritor no utilice un espejo, sino una lente; porque aquéllos se asemejan a todos, y es más raro encontrar dos lentes iguales y usadas con el mismo fin y que reflejen las cosas por igual. Hablaba antes de objetividad y subjetividad: ¿qué es lo que predomina en la literatura? Nada y todo. Hay escritores que sin cesar se exhiben; otros, que se enmascaran; un tercer grupo, que trata de pasar inadvertido. Los géneros literarios prefieren una u otra de tales actitudes: un poeta no actúa igual que un novelista; un autobiógrafo no se comporta como un autor de ciencia ficción. En cualquier caso, el creador está siempre en su obra, pero no del todo. Ni siquiera los diarios íntimos han de ser entendidos al pie de la letra. A través de los dramas de Shakespeare no se reconstruye la personalidad poliédrica de Shakespeare. En teatro, el autor siempre habla un poco por boca de ganso; el novelista finge e imagina, que es lo suyo; pero la comprensión última depende del lector. La esposa de un agregado cultural de una embajada del Medio Oriente me espetó: «Qué suerte tiene usted: *El Manuscrito carmesí* se lo encontró en Fez y no hizo más que traducirlo; *La pasión turca* le llegó metida en una caja de dulces, y sólo tuvo que añadirle el final.» Si todos mis lectores fuesen como ésta, el número de mis incondicionales se vería reducido a sus justos límites.

El arte en general es un intento de ordenar el caos de la vida. O no hay ningún arte realista, o cualquiera lo es. Porque siempre es *como* la vida, pero no la vida. Maneja una realidad ya digerida por los personales jugos gástricos de cada creador. La vida es múltiple, irrepresentable, superior a nuestros minúsculos proyectos. No tiene un sentido ni un propósito que podamos captar. Nosotros la imitamos y la empequeñecemos para que quepa en el mínimo guardapelo de nuestras obras. Y ese orden que introducimos, como coleccionistas entomólogos, viene dado por la invención literaria, y por el método, y —contadas veces, pero prodigiosas— por la inspiración. Y está muy influido por el temperamento de cada uno: por fortuna, hay una gran variedad, y eso es lo que hace que nos distingamos los unos de los otros, y que sea a unos o a otros a quienes los auditorios y los lectores prefieran por comprender mejor.

¿Cómo ha de escribirse, por tanto? Como Dios dé a entender. No en busca de un estilo, desde luego, que es el mayor enemigo de la literatura, sino ofreciendo nuestra garganta para que, a través de ella, de la manera más clara posible, se diga lo que debe ser dicho, sin interponernos entre la intención y el mensaje, ni entre el mensaje y el oído. O, por lo menos, tal es mi idea. Claro que yo no pertenezco —¿quizá me habría gustado?— a una generación determinada, o a un grupo, o a una rígida tradición. Ni siquiera a un partido, ni a un club, ni a un ateneo, ni a una simple familia, ni a una religión, ni a un consejo, ni al equipo directivo de un periódico. No en vano el título de una biografía mía aparecida hace poco es el de *Un hombre aparte*. Y no se trata de estar o no satisfecho de ello, sino de hacer de tripas corazón y continuar andando.

¿Qué podría yo decir a los jóvenes que escriben? Que lo hagan: que se preparen a conciencia, y que lo hagan. Gratuitamente, enamoradamente, devoradoramente. Si no, mejor sería que se dedicaran a cosas más normales. Los dos modos en que yo me he sentido más vivo y unido a los demás han sido leyendo y escribiendo. Y quizá sea lo que mejor hago: figuraos cómo haré el resto. Lo que sí les advierto es que los escritores carguen sus propias pilas, porque nadie va a ir a cargárselas. Y que recuerden aquello de Unamuno: «¿Qué vamos a hacer en el camino mientras marchamos? ¡Luchar! ¿Cómo?... ¿Tropezáis con uno que miente?, gritarle a la cara: ¡mentira!, y ¡adelante! ¿Tropezáis con uno que roba?, gritarle: ¡ladrón!, y ¡adelante! ¿Tropezáis con uno que dice tonterías a quien oye toda una muchedumbre con la boca abierta?, gritadles: ¡estúpidos!, y ¡adelante! ¡Adelante siempre!»

EL TIEMPO COMPARTIDO

Se dice que la auténtica diferencia entre dos personas es la de la edad: vosotros y yo seríamos, pues, extraordinariamente diferentes. También se dice que en la adolescencia *se siente* sobre todo; que en la juventud *se advierte*; que en la adultez *se reflexiona*. ¿Será la primera la edad de los dioses, siempre irresponsables y en presente; la segunda, la de los héroes, libertinos y milagrosos; la tercera, la de los hombres que han de ganar todo lo que poseen? Quizá, no lo sé: no es de mi incumbencia. En todo caso, ya he recorrido dos tramos y medio de esa habitual carrera. Ahora me importa más saber si conecto con vosotros; si mis palabras significan para vosotros igual que para mí; si le damos el mismo valor —¿y qué es el valor?— a los mismos conceptos. Vosotros —se dice también— habéis hecho la revolución sexual. ¿Es cierto? Quizá, no lo sé. Siempre se hace. Preguntádselo a vuestros padres. Ellos quieren creer que sois terribles y distintos, que hacéis deportes peligrosos que los enorgullecen, y otros prodigios; sin embargo, siguen aterrados por el sexo y la droga... Siempre hay revoluciones. Los jóvenes no suelen inventar; aprenden imitando; el ser humano es esencialmente idéntico a sí mismo... ¿Sois una generación más culta que las otras? Quizá, no lo sé. Si es así, los agentes sociales, configurados por los mayores, son los que os educaron. Cuanto desde ahora suceda sí es cosa vuestra...

¿Qué es, por tanto, lo que ha pasado entre nosotros? El tiempo; pasó el tiempo. Y nosotros pasamos con él. El tiempo no se pierde: nosotros nos perdemos. Él es nuestro principal aliado y nuestro principal enemigo. Se sienta a nuestra izquierda o a nuestra derecha, toma el té con nosotros, adujado y dócil como un perrillo. Y, de pronto —*tempus fugit*—, huye. Se convierte en un pájaro que levanta el vuelo, al que no volvemos a ver nunca. Si con un arma le acertamos, cae a nuestros pies muerto. Hemos matado el tiempo, y morimos con él. Nuestro corazón tiene algo de reloj: sus sístoles y sus diástoles son como minuteros. Posee su tiempo como poseen su tiempo los relojes. Desde que el de la catedral de Nüremberg, en el protestantismo, empezó a tocar los cuartos de hora, se ha dicho que el tiempo es oro. ¿Lo es? Quizá, no lo sé. Sé que es más: vida. De ahí que haya que llenar, sobre todo, el tiempo del corazón para no dejarlo vacío. Eso es lo que se llama aprovechar el tiempo: comerlo, digerirlo, quedarse enriquecido por él, con su oro definitivamente nuestro. ¿Y será eso lo que nos separe, amigos míos, a vosotros y a mí? Eso es lo que nos une: utilizamos una misma moneda de cambio. En un tiempo tan dinerario como el nuestro tal coincidencia no es cosa baladí.

¿Perder el tiempo es dejarlo pasar sin quedarse con nada suyo? No lo sé, quizá. El pasado, aunque el tiempo vuele, no desaparece. Forma parte nuestra: es nuestra biografía. El que quiera olvidarlo, lo repetirá, como el que no ha hecho una buena digestión repite los sabores más fuertes. Perder el tiempo no es matarlo. Matarlo no es eliminarlo. El tiempo vuelve siempre. No aquel momento, no aquel segundo en que aquella boca sonreía, o en que la luna subrayaba el perfil de un pómulo y en que aleteaba nuestro pecho; pero el gran tiempo vuelve, aunque se le ejecute una y otra vez con la cara mirando hacia otra parte, aunque no vuelvan los fragmentos de tiempo más queridos...

Por eso es sorprendente que malgastemos tanto el tiempo en nuestro tiempo, y al mismo tiempo seamos tan cicateros con él: nos altera el retraso de un tren, los minutos que demora un programa impuntual de televisión, los segundos que tarda un semáforo en verdear, la lentitud del coche que nos precede, lo que se retrasa en abrir un vagón de metro o en llegar un autobús. Procuramos tomar *café instantáneo* después de engullir una *comida rápida*. ¿Para tener más tiempo que perder? ¿Para gozar de un mayor tiempo libre? Quizá, no lo sé. Pretendemos apresurarlo todo: el sexo también —vertiginoso—, los artículos resumidos en entradillas, el *reader's digest*; se elimina lo innecesario; nos satisfacemos con el esqueleto de las cosas... ¿Y la dulce carne, el prolongado beso, el perezoso aperitivo, el trayecto, el trayecto, los trayectos?

¿La acción es el secreto del éxito y la pértiga de la vitalidad? Quizá, no lo sé. Deteneos, con otra mano entre las vuestras, sin hacer nada, contemplando una puesta de sol, o un amanecer, o una flor cualquiera ensimismada en su tallo, o nada, o nada: contemplándoos uno a otro solamente. ¿No os dará eso una idea más clara de lo que sois, de lo que cada ser es frente a la grandeza o la pequeñez de otros seres, frente al coloreado enigma que nos cerca y que nos acompaña? Hoy se cultiva con aplauso el arte del pasatiempo, del solitario, del rompecabezas: alguien alarga la mano y despide al tiempo hasta nueva orden, y se queda alelado, o se va a tomar copas, o a hablar o a callar en grupo... Entre vosotros y yo yace la mar del tiempo: eso es cierto. ¿Y es lo que nos separa? No lo sé, quizá. Sé que es, sin duda, lo que nos une. Para encontrarnos, tendremos que bogar sobre él. ¿Acaso poseemos algo más en común?

LOS HÉROES OSCUROS

La palabra violencia no se nos cae ni un minuto de la boca, ya referida a la televisión ya a la vida real. Pero no se nos cae inútilmente. ¿Qué se hace, si no, para evitarla? La televisión es sólo un mensajero: cada pantalla puede romperse de un zapatazo; puede incluso no encenderse nunca. Y eso no remediaría nada. Una sociedad purulenta producirá sólo purulencia hasta en televisión. No es ésta la degradante, sino aquélla. El capitalismo no engaña: las cadenas ofrecerán a los telespectadores cuanta carnaza quieran (si ello les es posible: quizá se queden cortas). La televisión, como toda cultura popular, es transgresora e imitativa a la vez. No hay por qué hacerse las monjitas pusilánimes ante ella. Ya hubo circo mortal de gladiadores y folletines y melodramas y comedias de honor y de enredo y entremeses rijosos. Y hubo el *Tito Andrónico* de Shakespeare, que superó cualquier lista de atrocidades, o el famoso *Rey Lear*, que le saca los ojos a Gloucester: «Fuera, gelatina asquerosa...» Y a todo lo dejó en mantillas la propia realidad. Acaso no a horas fijas y con tanta abundancia, pero en mantillas. Los programas de sucesos no son más que un suave ejemplo, y los quirófanos invadidos por cámaras, y los falsos milagros. ¿Cómo no recordar el Medievo? La Humanidad cambia muy poco. Lo que sí se ha conseguido es uniformar la violencia, conducirla con arreglo a modelos emitidos, darle un estilo americano, un *way of life*; pero no más. La violencia y la agresividad yacen en el obsceno corazón del hombre. Quizá las matanzas, los canibalismos, el delirio sangriento que salpican las alfombras de los cuartos de estar produzcan un efecto depurativo y catártico... Sin embargo, no iba a hablar de eso ahora.

Lo que me llama más la atención son otras cosas. ¿Por qué, por ejemplo, el puritanismo norteamericano anega de horrores sus pantallas, y no permite el desnudo, ni el sexo, ni los vocabularios crepitantes? ¿Por qué, por ejemplo, hemos abandonado nuestros ideales y nuestros sueños a guionistas infructuosos, bien pagados o no? ¿Dónde se han ido los antiguos héroes? Eran luminosos; avanzaban con sus corazas protectoras, defendidos por halos de inocencia. Fueron protagonistas de instructivos cuentos y prudentes historias. Salvaban a princesas algo bobas, y mataban dragones pirómanos u ogros insensatos. Desde las primeras mitologías hasta la penúltima, los héroes eran un primer peldaño en la escala hacia los dioses, una cuña que los hombres incrustaban en la difusa madera de la divinidad. ¿Y qué ha sido de ellos? Ahora llegan toscos y siniestros, con olor a la sangre y a la basura que vienen a limpiar. Se compran y se venden. Se toman la más desbocada justicia por su mano; se ensucian; se implican en el crimen; no cierran tras de sí las puertas del infierno del que, en principio, han salvado a su comunidad...

¿Dónde está aquí la alegría? Yo echo mucho de menos la alegría de la salvación. El sexo y la muerte —lo sabemos— están ahí: nadie los inventa. No hay por qué permitir la una y prohibir el otro. Es posible que no sea imprescindible instalar la pornografía de la violencia en las salas o en los dormitorios de todas las casas; es posible que no sea conveniente que la pura trasgresión se convierta en la pura comunión familiar, puesto que el más fuerte lazo no es ya el rosario, sino la tele aquí. Pero, sea como quiera, lo que yo echo de menos es la alegría. No la comicidad, no la grosera risotada, sino la alegría de vivir, y la de fornicar, y hasta la de golpear. No desea reflexionar la gente, no está por la labor, de acuerdo. Pero ¿tampoco deseará abrazarse al gozo de estar vivo, a pesar de tanto asesinato y tanta compulsión y tanto tiro? Echo de menos la alegría consciente para la que sin duda hemos nacido. La alegría que, mucho más que otros movimientos del ánimo y del cuerpo, significa la vida: más que la violencia y mucho más que el sexo que, si se hace como es debido, se hará con alegría. No; los héroes de hoy son héroes tristes.

En los tiempos de vacas gordas predomina la fantasía; en los estrechos, el *reality show*. Antes no se descendía a los infiernos, nocturnos o diurnos, sino como un viaje de iniciación. Ningún Dante se habría arriesgado tan abajo sin un sabio Virgilio. Ahora los héroes ni siquiera tienen miedo, porque no poseen bastante inteligencia. No es que sean superiores, son simplemente torpes. Y, en consecuencia, temibles: lo mismo que una hoja de dos filos, lo mismo que una fuerza ciega de la Naturaleza. Pase que el amor haya dejado de ser el florido envase del sexo; pase que la justicia estricta haya dejado de disfrazar la violencia; pase que las grandes palabras no enmascaren más las sucias ambiciones. Pero entonces, ¿qué hacemos con los héroes? ¿En dónde los ponemos? Los de hoy son como para descolgarlos en los pozos del horror y luego no permitirles subir más. Al contrario de lo que sucedía con los de antes, soñar con ellos es la más espantosa pesadilla.

LA BÚSQUEDA

Los habéis conocido, o los conocéis, o los conoceréis. Son hombres y mujeres que han triunfado. Que han triunfado a los ojos de los demás. Hacían teatro en la universidad, o escribían poemas a escondidas, o tocaban —bastante mal— el saxo o la guitarra, o tallaban cositas de madera... Y surgió la oportunidad de estudiar un prestigioso máster o de situarse bien —era una ocasión irrepetible—, y por su mente empezaron a pasar despachos, divisas, decisiones importantes, gente importante pendiente de ellos, y poder y otras *cosas* que, sin conocerlas bien, sonaban a satisfacción del ego y por lo tanto —¿por qué no?— a felicidad. Olvidaron por un momento que las *cosas* de esta vida podemos tenerlas hoy y tal vez no mañana. Pueden quitárnoslas, o perderse, o acumularse sin parar. Pero las experiencias, los aprendizajes, las pasiones, los sentimientos, ésos son nuestros para siempre: nadie nos los quitará nunca, ni nosotros nos desprenderemos nunca de ellos, porque son nuestros únicos tesoros verdaderos...

Y cursaron con éxito su máster, o se situaron, pensando que se iban a encontrar de pleno a sí mismos construyendo viviendas, abriendo nuevos mercados, manipulando precios, agilizando transportes, o reduciendo costes. Ahora tienen a la vista una prometedora carrera profesional, casa, coche, lavavajillas, microondas, tomavistas, caprichos. Lo malo es que, sin poderlo evitar, se hacen, cada día más a menudo, una pregunta: *¿para qué?* No están deprimidos; no piensan en sicoanalizarse; se sienten seguros de sí mismos; no se quejan en exceso; controlan los recodos de su cere-

179

bro... ¿Por qué, entonces, este mirar de repente hacia atrás? ¿Por qué esta indecisión? Echan en falta algo que les dé sentido a ellos y a cuanto les rodea. Y no es que hayan perdido la perspectiva: se dan cuenta; pero acaso son débiles para encontrarle la salida al túnel. Ven la luz, y no pueden moverse. Esperan la gran clave que abra las grandes puertas. No logran diferenciar la esperanza pasiva de la búsqueda activa. ¿Cómo crecer en esta tesitura? ¿Qué hacer? ¿Qué emprender? ¿Dónde radica la equivocación si es que la hubo?... Si mañana mismo una voz les gritara en su interior... Pero ¿qué? ¿Y qué voz? Es un susurro lo que escuchan; sin embargo, saben que no están honrando la vida, que no la están viviendo intensamente, y que no hay más que una... ¿Y los pequeños pasos hacia las pequeñas puertas con las pequeñas llaves en las manos? No; ellos no fueron nunca de los que se conformaron con poquito. ¿Qué harán?

Últimamente andan preocupándose de las manchas en sus corbatas o en la tapicería, y de la necesidad de reponer las piezas de la vajilla que se han roto, o las de la cubertería que, sin saber cómo, desaparecen. Perciben de un modo difuso que confunden lo principal con lo secundario; pero no están convencidos de qué es lo principal: ¿su carrera, su porvenir, sus ascensos, sus brillos? De ello los distraen la vajilla y las corbatas... Ven pasar a su lado gente que no triunfó, gente que incluso fracasó, y no toda es más desdichada que ellos. Entonces, ¿qué sucede? Conocen al operario de una taladradora que pasa ocho horas al día haciendo el mismo movimiento mecánico con su mano derecha; lo compadecen; pero resulta que el obrero es, por la tarde, batería de un pésimo grupo de música, y eso lo llena, y es feliz dentro de lo que cabe. Conocen a un amigo que tiene un sueldo en verdad muy modesto, pero que le permite convivir con una mujer de la que está completamente enamorado, y es bastante para él: lo demás le parece accesorio... Así las cosas, lo principal, ¿qué es? Ellos tienen la incómoda sensación de que no es nada de lo que han conseguido. Les gusta el fútbol, el cine o los viajes, y viajan cuanto quieren y ven buen cine y fútbol. Sin embargo, saben que no es ése el camino para lo principal. Observan sus corbatas y su cubertería, y siguen, entre tanto, buscando la forma de que unos americanos, que se merecen su respeto, ganen aún más dinero del que ganan. Pero ¿qué ganan ellos? El dinero de los americanos, por supuesto. ¿Y qué más? Poco más.

No se sienten crecer. No pasan a mayores. No saben hacia dónde mirar, y no obstante, mirar alrededor se ha convertido en un motivo de su vida... Recuerdan cuando representaban comedias anticuadas y pintaban a la vez los decorados, o tocaban el saxo, o hacían tallas ingenuas. ¿Echan de menos su juventud? Si son todavía jóvenes. Acaso no sea sólo su primera juventud lo que añoran, sino aquel tiempo en que todo estaba por decir y en el que ellos decían palabras con sentido, y se expresaban a través de ellas, y eran pobres y auténticos, elementales y sinceros. Se echan de menos a ellos mismos, sin corbatas ni vajillas de doce cubiertos, pero con un corazón en el que cabían todos los compañeros de ilusiones... ¿Dónde estarán ahora? ¿Quiénes?: ¿las ilusiones o los compañeros? Ambos, los compañeros y también las ilusiones. Ambos, mucho más difíciles de reponer que las piezas de una cubertería.

EL SEXO Y LA VIDA

Hay pocos sentimientos tan humanos como el de desear aquello de lo se carece. El hombre quiere volar, y quiere permanecer en las profundidades del mar o en los vagos desiertos de la atmósfera. La mujer estéril quiere concebir, y la fértil no siempre tener hijos. Son actitudes que se adoptan, no *contra*, sino *junto*, a la Naturaleza. Contranatural es sólo cuanto la ofende y la destruye. El ser humano siempre ha sido *homo faber*; se ha movido y crecido con la artificialidad. Ha creado utensilios, procedimientos, aspiraciones e ideales que no estaban en su naturaleza pero tampoco la contradecían. Ha creado utensilios, procedimientos, aspiraciones e ideales que no estaban en su naturaleza pero tampoco la contradecían. Ha creado hasta las religiones, aunque algunas de ellas —con exclusión de todas las demás, por supuesto— alardeen de orígenes divinos. La razón es un instinto defensivo que, al modo de otros de los que los hombres carecemos, palía nuestras indefensiones. En nosotros existe para la preservación individual y la de la especie: sobre todo para ésta, que es la que a la Naturaleza más importa.

Vosotros habéis aprendido en vuestro corazón que el sexo es un lenguaje: otra forma de dialogar, cuando se agota la fuerza y la expresividad de la palabra. Un diálogo, por tanto, controlable, y eso es lo que humaniza más al hombre; las faltas de control ahí —cualquiera de ellas— lo animalizarían. El amor es el alma del sexo. Por eso, ¿quién puede afirmar que su majestad única o suprema es dar la vida? Otra —y no la más exigua— es ejercerla, llevarla a mayores riqueza, fruición y regocijo. Porque el acto sexual íntegro es, ante todo, una culminación de la fusión y entrega de dos seres, con su cuerpo y su espíritu, que anhelan transmitirse afectos sólo transmisibles —dado nuestro modesto repertorio— con los gestos de amor. Si la pareja quiere o no que su acto fructifique en el hijo, es algo que ella sola debe decidir. Mucho menos natural que hacer hijos y no tenerlos es tenerlos y no hacerlos, como sucedió en el misterio de la Encarnación. La Naturaleza, en esto, es multimillonaria, derrochadora, antieconómica. Apañados estaríamos si de cada gameto hubiera de nacer un ser humano. A nadie convence ya la monserga de que los gametos malgastados en las solitarias, entristecidas y desencantadas poluciones nocturnas sean los únicos a los que la *ley divina* permite perderse sin fructificación. Es inverosímil que nadie califique de *divina* una teoría que no es siquiera *humana*. La imprevisiva superpoblación que nos amenaza no lo es. Paladines de tan estremecedoras ideas son los verdaderos causantes del aborto, del que también abominan, y su terrible secuela de traumas y de muertes.

Ninguna de vosotras queréis abortar. Ninguno de vosotros deseáis que vuestra pareja aborte. Todos aspiráis a que los hijos vuestros sean mejores que vosotros mismos y habitantes de un mundo más perfecto. Aspiráis a que sean campos de cultivo para el que serán precisos buenos medios, o árboles que podar y hacer frondosos y recrearos bajo ellos. Sin embargo, el ser humano no es una gallina clueca: nadie se realiza totalmente a través de sus hijos. La paternidad buscada como remedio a una frustración personal es errónea y abominable. Tan abominable como creerse cumplido por escribir un libro o haber plantado un árbol. El amor es un concepto divisible del matrimonio, tanto como el sexo es divisible de la procreación. El designio infinito del sexo no tiene por qué coincidir con su fin más *terrestre:* es mayor y más grande. De ahí que, como vosotros, opinen todos los futuros padres de verdad racionales. Para no llegar al aborto —los clandestinos matan más de medio millón de mujeres al año— hay que planificar las concepciones. Porque, cuando a fuerza de pruebas catastróficas, se deja de creer en la divina providencia, se deja también de creer en que, dentro de poco, habrá alimentos para todos. Y el hambre es, desde luego, mucho más contranatural que la anticoncepción. Dentro de nuestra área cultural, en el sentido estricto y en el sentido metafórico del sexo, la gente come más o menos, pero no siempre porque tenga hambre, y en contadísimas ocasiones, come para engordar. No obstante, hay otras áreas en que la gente no puede comer, y podrá en adelante mucho menos aún.

No nos dejemos engañar: en este campo la Naturaleza no ha prohibido nada: es la civilización, a través de las religiones, quien prohíbe prácticamente todo. Pero lo que la escolástica medieval y la moral al uso —al borde de no estarlo— denominan *leyes naturales* no son más que invenciones de un estadio concreto que vosotros habréis de superar, porque es el mismo que nos ha acarreado la adoración del oro y la consagración de la violencia. En el hombre, la razón puede contrariar cualquier instinto: el de reproducción, por descontado, y hasta el de conservación: hay Romeos y Julietas a los que el amor, que debe servir para reproducirse, los lleva hasta el suicidio. La manifestación de cualquier sexualidad ha de ser consecuencia de un apetito individual, no de un erotismo que soñamos porque se nos negó el derecho de vivirlo, no de un impulso socialmente manipulado o teledirigido. Y si las leyes afirman otra cosa, ha llegado el momento de reformar las leyes.

A GRANDES RASGOS

Los abismos generacionales se han ido convirtiendo en insalvables casi. La moral diaria del presente, pragmática y desnuda, ¿qué tiene que ver con la anterior —encorsetada, hipócrita y casuística—, que medía en centímetros y gramos el robo o la lujuria? Por descontado que vosotros conocéis vuestras propias normas, las respetéis o no. Ignoro si se asemejarán, en el fondo, a las de los bandoleros o a las de los arcángeles, si es que todavía existen tales categorías; pero desde luego no son las normas ni la ética de vuestros padres. Salvo —y no es poco— que todas son humanas.

Y si esto sucedió con la moral, ¿dónde habrá ido a parar la religión, como investigadora de conductas privadas, como infalible rotuladora del bien y del mal, que tanto preocupó a vuestros abuelos? ¿Dónde, la religión entendida como una cómoda sociedad de seguros contra la angustia, o como un útil freno para las rebeliones? ¿Qué reverencia podríais otorgar vosotros a la religión confundida con el poder político, comprensiva con los errores de los oligarcas, tolerante con los desvíos que la fortificaban?

¿Y dónde desembocaron las ideologías, el estímulo que movió a vuestros padres —o a muchos de ellos— a avanzar ufanos hacia adelante? ¿En qué acabaron las aspiraciones a una regeneración social, a una libertad bien compartida, a un enrasamiento de oportunidades y fortunas, a una regulación laboral digna, a un fortalecimiento de lo público frente al ciego egoísmo de lo privado? Todo concluyó en una sociedad corrompida y atroz, de miras cortas y de misa y olla.

¿En qué se ha convertido la familia? ¿En una fonda, en una pensión, en un colegio mayor por cuyos pasillos se cruzan en ocasiones sus habitantes? Como antes la institución gremial, ella ha ido perdiendo su funcionalidad educativa, económica y religiosa. Al vérsele al matrimonio el esqueleto, al intensificarse el desarrollo industrial, al desbarajustarse el urbanismo, la familia se reduce a tener y a mantener sus crías. Cuando estaba aún vigente, la personalidad de los hijos se afirmaba y fortificaba reaccionando contra la del padre, que era el muro de frontón más a mano. Hoy es lógico que vuestra personalidad se fortalezca en choques contra la sociedad, que venció y circunda el núcleo familiar; contra la religión, utilizada como carismático y amenazador guardián de conveniencias; contra la universidad, ya no el *alma mater* impulsora, sino un fungible almacén de datos y de títulos.

Añádase a esto la crisis del concepto del trabajo como actividad noble, vía bendecida de integración social y proceso de perfeccionamiento. El trabajo no se juzga ya ni bueno ni sagrado; no es motivo de orgullo ni de satisfacción; el sudor de la frente es una pesadez y una pantomima: un engaño largamente mantenido para explotar a hombres y mujeres. Y añádase, por el otro extremo, los continuos estímulos al consumo promovidos por una sociedad que vive de él. Y el paro, que comienza para vosotros antes que el movimiento. ¿Qué habrá de resultar? La inacción asqueada, o la ocupación decepcionante, o la droga, o la ambición imitativa, o la delincuencia: no cabe otra salida. Entre otras cosas, porque la cultura ha sido arrinconada como no utilitaria por una sociedad torpe y suicida, que prefirió sustituirla por el turbio cúmulo de la información. ¿Podrá reprochárseos a vosotros, cada día menos preparados, que desconfiéis de lo que vuestros *superiores* llaman cultura, y anheléis manifestar —sería satisfactorio que en todo caso— vuestra *contracultura*?

La totalidad de los supuestos en que se apoyaba y de que partió la sociedad de ayer, o han caducado, o contra ellos vosotros atentáis. La convencional persecución de una seguridad en la vida, la propuesta de antiguos tipos ideales de hombre, las virtudes de la economía y del ahorro, el respeto a lo estatuido y a los estatuyentes, son juzgados por vosotros, con razón, como la peste misma. Sobre todo, cuando descubrís cuánto de envidia hay en la crítica y en la lamentación de los mayores. Porque su juventud huyó para siempre sin que ellos tuvieran las agallas de adoptar posturas de intransigencia. Envidia e ignorancia que subrayan aún más su lejanía. La ignorancia de que la juventud nunca es un hecho marciano, sino una fase por la que quienes ya no la tienen han pasado, y que se configura de acuerdo con su entorno. Los que hoy preocupáis tanto sois trasunto de los preocupados no hace mucho. No seres de otro mundo, ni de esencia contraria: sois su propio pasado de otro modo. Precisamente vuestro riesgo mayor es el de que vuestro porvenir coincida con su triste presente. Ojalá no sea así. Porque nada de particular tiene, si bien se piensa, que a la sociedad, por burra, le haya salido el tiro por la culata y se le hayan subido a las barbas sus hijos. Jonás, igual que en tantas ocasiones pretéritas, está en trance de apuñalar a la ballena si ella no se da prisa en digerirlo. La partida está en vilo. No os dejéis digerir. Es bueno que así sea. Y natural. Y sano. Que la sociedad que os decepcionó se salve por vosotros, aun muriendo.

EL RÍO SALVAJE

Una de vosotros me recuerda la historia. El explorador, después de mucho tiempo, había regresado junto a los suyos. Todos estaban ansiosos por conocer cuanto se refería al río salvaje que había ido a explorar. Pero ¿cómo poder reducir a palabras las sensaciones que habían inundado su corazón al contemplar las flores de tan extraña belleza, al escuchar los ruidos turbadores y nocturnos de la selva? ¿Cómo comunicar, con la pobreza de su vocabulario, lo que su corazón sintió ante el acecho y el peligro de las fieras, o al conducir su canoa por las arrebatadoras aguas de aquel río? Por eso el explorador les dijo: «Mejor es que vayáis y lo descubráis vosotros mismos. Nada es capaz de sustituir al riesgo y a la experiencia personales.» Y, para animarlos y orientarlos, les dibujó un mapa minucioso y exacto, del río salvaje. Pero sus conciudadanos hicieron copias y las distribuyeron, y todo aquel que poseía una se consideraba ya un experto en el río salvaje, porque había aprendido de memoria cada meandro de él, cada remanso, cada recodo, y lo ancho y lo profundo que era según su curso, y dónde sobrevenían los rápidos, y dónde se encontraban las cascadas... El explorador se lamentó toda su vida de haber trazado aquel mapa. Porque nunca ninguno de sus conciudadanos sabría en realidad cómo era el río.

El hombre actual está a punto de ser descerebrado, y llenada su cabeza de frases y pensamientos y opiniones prefabricados. Se trata de un hombre henchido —para que no ose mantener ninguna idea rebelde u original— con datos que, en lugar de acercarlo, lo alejan del conocimiento. Un hombre asaltado por miles de informaciones que han concluido por deformarlo y hacer que considere relativa cualquier verdad. Un hombre anegado de confusiones, inducidas por quienes deberían transmitirle la cultura. Un hombre que oscila entre el escepticismo y el cinismo, o se conforma con aceptar, como un niño desvalido, lo que cualquier poder, sin darle explicaciones, le asegure. Un hombre a cuyos ojos se ha destruido la estructura del mundo, y se han extirpado a la vida sus más altos fines, porque uno y otra son ya para él un *trivial pursuit* sin más objeto que ganarle la partida al contrario.

El hombre actual no se plantea la cuestión previa a todas: ¿Han nacido los pájaros para volar? ¿Ha nacido el hombre para razonar y ser libre? No; las alas de los pájaros, y la razón y la libertad del hombre, no son más que instrumentos para alcanzar *algo*. El universo entero gira asombrado en torno a una interrogación: *¿Para qué?* ¿Hemos nacido para morir? No; se muere, pero la muerte es otro enigma distinto. Antes de morir está el enigma de la vida. Pero ¿de la vida sólo?: ¿vivir para vivir?... La indiferencia ante estos temas nos produce un vacío de inimaginables consecuencias. Las concepciones del destino, de la serenidad, de la felicidad, de la vida y de la muerte no se han acompasado a nuestro aparente progreso, ni a nuestra proclamada inteligencia.

En alguna otra página os lo he dicho: yo considero las más grandes palabras del idioma dos brevísimas: *yo* y *no*. *Yo*, como afirmación de la individualidad, como exploración personal del río salvaje; *no*, como amparo frente a lo que quiera invadirnos y arrebatarnos esa aventura intransferible. Pero en la afirmación del yo se solapa otro peligro: junto al *yo real* existe un *yo social*. Es aquel por el que actúa y se mueve el hombre de hoy: un hombre que desconoce su yo real (y no osa investigarlo), cuya frustración despierta la codicia del yo social. Éste es un yo despersonalizado, similar a los otros que lo rodean, que teme ser distinto y que hace del hombre un autómata identificado con los demás y receptor de unas consignas ante las que se dobla. El yo social es un papel repartido por los poderosos (que son, sucesiva o simultáneamente, las iglesias, el Estado, la conciencia, el sentido común o la opinión pública como instrumentos del conformismo): un papel representado por actores que olvidaron sus propios sentimientos o que nunca los conocieron, y que son sólo robots que se hacen ilusiones de ser individuos dotados de inteligencia y de libertad.

Y cada uno piensa, siente y quiere lo que cree que los demás suponen que él, por su condición o estatus, debe pensar, sentir o querer. Y cada uno se pregunta: «Si no soy lo que los otros piensan, ¿quién seré?» Nadie. Nada... Nos proponen que seamos diferentes, pero nos visten con ropas idénticas y marcas idénticas y coches idénticos. Nos aferramos a clanes que nos individualicen y nos distingan, pero somos seres intercambiables que galopan hacia la frustración y la locura.

Es decir, el ser humano se ha desatado de los obstáculos que le impedían pensar y obrar libremente: hoy estaría dispuesto para actuar según su voluntad. Pero ya no la tiene, y además ya no sabe. Se ha perdido a sí mismo, y, tras su máscara de euforia por vivir en una época tan avanzada, oculta un clamor de soledad en el universo y de impotencia. En su pecho tiene una vida que, al no ser vivida, lo conduce a la desesperación. Y lo pone al borde de admitir cualquier ideología, o cualquier líder, o cualquier moda, o cualquier droga. De admitirlo, con tal de parecer diferente sin serlo. Con tal de ser tenido por individuo sin que le obliguen a recorrer el largo camino, afilado y penoso, del pensamiento individual. Sin que le obliguen a arriesgarse o a perecer en la difícil exploración del río salvaje.

SENSIBILIDAD NUEVA

No hay que ser profeta para percibir el anochecer de una civilización y el despertar de otra. La que hasta ahora hemos vivido —desalmada y numérica— se agotó, y ha muerto ya en el corazón de los seres humanos más fértiles. Sus dimensiones y su peso la sostienen aún en pie, pero su fangosa sangre se ha estancado. De ahí que la reorientación de nuestas vidas haya de procurarse hoy mismo, no mañana, hacia una meta más cordial y más íntima. Y de ahí que a tal meta no pueda obligársenos desde arriba, sino que ha de brotar de nosotros mismos, de cada uno de nosotros, de nuestra parte más auténtica y humana. Coincidiendo con el fin del milenio, se ha provocado una crisis de economía, de creencias, de ideologías, de costumbres y de convivencias: una crisis que el tiempo no hará sino acelerar. Hasta la tecnología parece volver su potencia contra quienes creían manejarla para siempre, y contra quienes, a su través, habían desarticulado para lucrarse el tejido social, provocando la exacerbación del individualismo y del hedonismo más ególatras. En efecto, es la tecnología la que ha producido un mundo cada vez más interconectado, cuyos conflictos son globales y cuyas soluciones también deberían serlo. El *mundo mejor para todos* que nos prometían no ha de consistir en la concentración de la riqueza y del poder en unos pocos: no en asesinar, en oprimir, en empobrecer a unas generaciones; no en arriesgar el equilibrio de la Tierra... Las gentes empiezan a comprender que la solución no está en ayudar al Tercer Mundo, sino en que no haya mundos terceros; no está en tolerar la ecología, sino en ponerla muy por encima de los egoísmos nacionales.

Nace, pues, una sensibilidad nueva, un nuevo modo de comportamiento, de actitudes, de tácticas. Son millones los seres humanos que se preguntan qué harán para apresurar aquello que, aun inminente, se ve obstaculizado por contrarios intereses nefastos. El primer paso a dar es una confiada comunicación —como de vasos por donde circula un idéntico líquido— con el entorno más próximo, sin que nos coarte el temor de no ser comprendidos. La transformación de nuestro ámbito es ya inevitable; pero hay que razonarla y facilitarla y expandirla. Hay que favorecer las circunstancias que atentan contra un sistema cruel, impuesto por la fuerza y mantenido por los ventajistas. Hemos de hacernos espaldas los unos a los otros; animarnos ilusionada y mutuamente entre amigos, vecinos, colegas, familiares y compañeros. Para que, cuando llegue el gran momento, sepamos bien con quiénes contamos y con qué. Tales contactos nos demostrarán que no existe aquello que tomamos por una masa anónima y hostil; que cada cual sufre y goza con intransferibles sentimientos, esperanzas, vacilaciones, orfandades y alegrías. Lo corriente hasta ahora fue considerar a los demás en función de lo que tenían y por lo que podían ser usados. El consumo se extendió a los seres humanos, deshumanizándolos y sometiéndolos al servicio del más fuerte. En el camino nuevo desaparecerá tal desorden: cada ser es sujeto y no objeto de otro, y nadie ha de suscitar ideas comerciales de oferta y de demanda.

Hasta ahora los medios de comunicación de masas (controlados por los poderosos, porque con ello nos imponían ideas y valores) han intermediado en todas nuestras comunicaciones. Tal actitud avasalladora de tales empresas y de los políticos sin escrúpulos nos infectó, más o menos, a todos: en ella incurrimos al tratar a nuestros subordinados, o dependientes, o padres, o amigos, o parejas. Es necesario cambiarnos de raíz: que la comunicación sea flexible y natural, ni autoritaria ni paternalista; que, partiendo del núcleo de lo personal, se traslade con agilidad a lo colectivo; que se alimente, por encima de todo, del diálogo más espontáneo, y que, por medio de él, ejerza el efecto multiplicador de añadir, a nuestro lado, a todos los semejantes que deseen avanzar en la misma luminosa dirección que nosotros. Porque el tejido social, ahora desnutrido y deshilachado por quienes mandan, ha de fortalecerse y ha de ponerse en marcha. Y cuando así suceda, comprenderemos que los más válidos y los más imprescindibles no eran aquellos que protagonizaban la televisión y los periódicos, sino los hombres y las mujeres que constituyen la urdimbre y la trama de ese espeso tejido que todos conformamos: los poseedores de la verdadera calidad humana. No los trincones, no los mangantes, no los del *pelotazo*, no los defraudadores, no los hábiles en enriquecerse, sino los generosos, los abnegados, los modestos, los insignificantes en apariencia, los solidarios, los dadivosos de sí, quienes desconfiaban de los mandamases políticos y económicos y sociales y religiosos... ¿Cómo no hablaros a vosotros de este futuro y de esta nueva sensibilidad? A vosotros, que formáis el 65 por ciento de cualquier tipo de sociedad de beneficiencia. A vosotros, que sois los que os desvivís, como sus mejores amigos, por los disminuidos, los vagabundos, los marginados, los drogadictos, los abandonados, los sidosos. ¿En quién, sino en vosotros, voy a poner yo mi mayor confianza?

VOSOTROS Y YO

La carta de una mujer madura (acaso no suficientemente: ¿quién lo es?) me hace graves reproches a cuenta vuestra. Me dice que hay algo en lo que os escribo que le entristece y que encuentra patético. Se refiere a mi actitud «de venerar a los jóvenes como si fueran de otro planeta, casi de adorarlos. Eso es algo pagano, algo frecuentísimo hoy en día, pero que en usted toma tintes mucho más desgarradores porque no se trata de un cualquiera». Más adelante, después de analizar mis páginas, añade: «Adora en ellos la propia juventud que se fue, tan incomprensible. De esa manera debían de convertir en dioses los griegos —en bellas imágenes con forma humana— las ideas abstractas... *Je vous aime, voici pourquoi: / vous resemblez à ma jeunesse.*» Y concluye advirtiéndome: «Es una de las trampas de nuestro tiempo; pero me da pena que un hombre tan inteligente caiga en ella. Porque yo soy creyente, y los creyentes esperamos —y sentimos ya— algo más que una pobre juventud cronológica, prensada por las murallas de tiempo: lo nuestro es una juventud que no se acaba.»

¿Tendrá razón esta señora a la que no conozco y que me produce la vaga impresión de no ser demasiado comprensiva? Cierto es que la obsesión de nuestro tiempo es agarrar el fuego de los dioses y beber su ambrosía y mantenerse joven para siempre. Las gentes de mi edad saltan y corren y se estiran la piel —si está a su alcance— para reparar los estragos del paso de los años. Las gentes de vuestra edad se disfrazan de jóvenes, como si no lo fueran ya bastante, para parecerlo aún más y por más tiempo. Y ante eso, ¿qué harán los viejos? ¿Lamentarse como plañideras de haber perdido su divino tesoro o haberlo malgastado, de no haber exprimido hasta la última gota del fruto verde y agrio de la juventud? Ésta es una obsesión de nuestra época, de acuerdo. Toda obsesión es mala. Pero ¿no ha sido también la obsesión de cualquier época desde que el mundo es mundo? El fervor por la juventud lo siente más que nadie quien no es joven, y tiene sin embargo la experiencia, y pone esa experiencia al servicio de los jóvenes que lo escuchan o lo siguen. En el río de la vida no se puede nadar contra corriente. Nos lleva y no hay retorno, y el éxito consiste en dejarse llevar con alegría recordando a la vez los paisajes ya transcurridos sin apelación. La mayor experiencia, el cauce más ancho y el más largo trayecto se verán correspondidos por una mayor efusión y una generosidad más grande... Pero tal cosa ha sucedido siempre, no sólo hoy.

Yo no os venero, yo no os envidio: os incordio y os estimulo. Puede que a la inmensa mayoría de vosotros —si se toma el trabajo de oírme algo más que como quien oye llover— le suene a chino cuanto os digo, o le dé risa, o le parezca que vivo en las antípodas y que ignoro cuanto concierne a los jóvenes de mi alrededor. Puede muy bien que sea así. Yo, no obstante, continúo pensando en vosotros porque sois mi esperanza y la de todos, porque tenéis la fuerza y el mediodía, y acabáis de empezar un camino que quizá no se desvíe y se estrague como el nuestro. No veo en vosotros, ni añoro, mi juventud: no se asemejó en nada a la vuestra. No sé si fue mejor o peor: fue absolutamente diferente. Desconozco por qué causa otros os adoran; yo no os adoro. Sé que estáis a ras mío, que somos de la misma estatura, y por eso me dirijo a vosotros (a una mínima parte de vosotros, lo sé): porque ya andáis con la antorcha en la mano no para incendiar sino para dar luz, con el testigo en la mano dentro de la interminable carrera de relevos, con el corazón en la mano para ofrecerlo al corazón común.

No estoy seguro de creer en otra vida como mi inteligente corresponsal. Sé que, si la hay, se adquirirá con ésta, viviendo de verdad en plenitud ésta de aquí y de ahora; viviendo en libertad, y transformando el mundo en un ancho valle de júbilo y de gracia compartidos. El primer gesto libre, aun para los creyentes en el perdido

Paraíso, fue un gesto racional de insubordinación: alzar la mano y coger la manzana del Bien y del Mal, la fresca manzana del conocimiento, no la de la eterna juventud ni la de la inmortalidad. De ahí que para algunos se identifiquen libertad y pecado, aunque sin libertad no habría ni verdadero cielo, ni verdadero infierno, ni verdadera vida que los valga. Y es a tal libertad a lo que os incito por encima de mí, por encima del *sursum corda*.

No sois dioses, qué disparate; por fortuna no lo seréis jamás. A lo que os convoco a empujones es a ser hombres y mujeres hasta las últimas y mejores consecuencias. En el paro o en la cárcel, en la desesperación o en la desesperanza, entre el ruido y la furia, hombres y mujeres que aspiren a ser ellos mismos —los adoren los mayores o no, los envidien o no—, a pesar de todos los pesares: de la soledad, del desencuentro, de la contradicción, de las zancadillas o del tibio apoyo de los mayores. Hombres y mujeres que aspiren a ser ellos mismos a pesar de ellos mismos también si es necesario.

EL BENEFICIO DE INVENTARIO

Desde que se inició esta conversación, cientos de veces me lo habéis preguntado: «Herederos, ¿de qué?» «Herederos de nada —os contestáis vosotros mismos—; más bien lo contrario: desheredados de derechos, de posibilidades, de paz, de consideración.» «Hasta desheredados de la vida», afirmáis con dolor, como si eso fuese posible, como si la vida pudiese formar parte de una manda o de un legado. «Herederos de silencio, de desilusión, de desencanto», me escribe un muchacho, que agrega: «Nos gustaría poner freno a cuanto nos da asco; pero ¿quién tiene el medio de recuperar los valores más importantes: el amor, la amistad, la solidaridad, el respeto? ¿Quiénes son los verdaderos culpables de su pérdida? Acaso somos los jóvenes los que debamos, ahora más que nunca, evitar la caída en un precipicio de sinrazón, de incomprensión y de egoísmo. Creo que la herencia no será buena; sin embargo, en nuestra mano está purificarla... Tú sabes que el cáncer de la gente más joven es la inseguridad, la ignorancia del futuro, y el hastío. Mi esperanza, como la tuya, es nuestra ilusión. Una ilusión que ojalá enorgullezca a nuestros herederos.» Por ahí van los tiros: que a una reflexión no pesimista sino realista suceda otra reflexión incandescente. Porque la inseguridad, por muchos moños que se ponga el hombre, es sustancial a él sea cual sea su edad. Y la ignorancia del futuro, también, salvo que se salga a su encuentro y se le construya con los materiales mejores del presente.

«Herederos de todo», os digo yo: de lo bueno y lo malo; de los genes beneficiosos y de los adversos: todos son susceptibles de utilizarse en vuestro bien y en el del mundo que trataréis de levantar. Recordad una cosa: «Nadie comete un error más grande que quien no hace nada porque piensa que puede hacer muy poco.» Yo no escribo en única instancia —ni siquiera en primera— para los líderes o para quienes encabezarán los movimientos necesarios. Escribo de corazón para los soldados desconocidos y los héroes anónimos y los trabajadores cotidianos. Escribo, quizá con preferencia, para los incógnitos que son los realmente imprescindibles: para aquellos que creen, en el fondo de su alma, en la lucha por una Tierra que no se les dará en las mejores condiciones, pero por la que les queda el impulso de actuar, de luchar, de sobrevivir, para que un día lo más próximo posible sean capaces de *vivir* en ella.

Nadie empieza la vida. Muchos millones de años antes de aparecer el mono, ella ya había empezado. De ahí que vosotros no partís de cero, sino de los innumerables logros y descubrimientos y triunfos de vuestros antepasados. No seáis ingratos, no los neguéis: desde la llama de los prehistóricos hasta el portentoso juego del pensamiento y la razón que subyugó a los griegos; desde la rueda hasta las últimas tecnologías. ¿O es que tampoco vais a heredar eso? No seáis ruines: no ciñáis vuestra aspiración a un puesto de trabajo, a una moto o a un coche... Por supuesto que asimismo heredaréis —ya lo sentís— un cúmulo de fracasos, de decepciones y derrotas; un cúmulo de injusticias, oscuridades y aparentes maldiciones, que habréis de recordar y tener ante los ojos para proporcionarles un remedio.

Adir una herencia a beneficio de inventario es la facultad que la ley concede al heredero de aceptarla con la condición de no quedar obligado a pagar a los acreedores del difunto más de lo que importe la herencia misma, para lo cual se compromete a hacer un inventario formal de los bienes en que consiste. A vosotros, no obstante, no se os permite aceptar así la herencia, porque recibiréis en conjunto lo positivo y lo negativo, los créditos y los débitos; seréis a la vez acreedores y deudores, a no ser que cambiéis la dirección de las partidas. Y no habrá más jueces que vosotros para indicaros cómo resolver cada problema, ni más notarios que os aclaren las cláusulas de cada hijuela. Para vosotros todo, de arriba abajo. Y, si os tomáis la tarea de hacer un inventario con amor, veréis que vuestra herencia, costosa, acabará siéndoos favorable. Porque, aunque os proclaméis de una generación que nada nuevo tiene que aportar, en el secreto de vuestra intimidad habéis soñado con frecuencia en darle un giro al mundo; habéis soñado con la oportunidad de ser Arquímedes y a la vez el punto de apoyo que él pedía. No seáis unos tristes hombres y unas tristes mujeres que se abandonen a su suerte. De sobra sabéis que lo que os espera es laborioso: aprender antes por dónde va la ruta que se os marcó y que ahora rechazáis, y luego por dónde la ruta que señalaréis a quienes os sigan. Eso es precisamente lo que se llama *vida*. Una vida hecha entre todos —grandes y pequeños, letrados y analfabetos, pobres y ricos, últimos e iniciales—, para crear un planeta en paz y en armonía, al que cada cual desde su sitio haya aprendido a amar serenamente.

LAS RIENDAS DEL MUNDO

Hoy os escribo de algo de lo que estáis hasta las narices: estudios y opiniones sobre vosotros. Siempre tenéis la sensación de que os falsean. O peor, de que llevan razón sólo en parte, y consisten en una sinécdoque que afirma de un todo la verdad que no puede afirmarse más que una porción de él. Alguien, hablando del Festival de Woodstock del 94 en referencia al del 69, escribió: «De la fraternidad universal de los sesenta, el espíritu borreguil de los noventa», y añadía que en las dos ocasiones los asistentes se cubrieron de lodo, pero en la primera el gesto fue un símbolo de protesta, y en la segunda un simple remedo divertido. ¿Qué edad será la de quien piensa así? ¿Por qué saca tales conclusiones? ¿Cuál es la causa de su generalización? ¿Qué significa esa paradoja del *espíritu borreguil*?

Y lo mismo sucede si venimos a España. Las estadísticas y las encuestas os trocean; olvidan que cada uno de vosotros es poliédrico, contradictorio y probablemente inclasificable. Se asegura que sois los sucesores de quienes en la posguerra —qué lejos ya— fueron *utópicos*, y políticos clandestinos, y férreos trabajadores. Y que sois herederos de quienes en la transición —¿os suena?— fueron *dogmáticos*, y aspiraron a cambiar el mundo con sus programas racionales. Vosotros, en cambio —se dice—, sois *pasotas*. Quizá os desanimó el falaz referéndum sobre la OTAN, a cuya cabeza estuve yo pidiendo el *no*: el caso es que sois los ausentes de la política; no creéis en los partidos —¿quién cree?— y habéis vuelto la espalda a la utopía. Sois felices —se asegura— viviendo con vuestros padres, en cuyas decisiones participáis y con quienes sólo discutís por cuestiones baladíes o, en último término, por política o sexo. Sois ante todo —se insiste— pesimistas: ni el éxito depende para vosotros de la constancia laboral, ni os obsesiona el prestigio; os conformáis con la estabilidad en el trabajo y un salario correcto. Ya no aspiráis a mejorar vuestro entorno, ni tenéis grandes proyectos de futuro, sino que os ceñís a actividades concretas. O sea, sois espectadores, pero no protagonistas del espectáculo que montaron vuestros padres, o esos predecesores que prefieren costear vuestro paro a dejaros su puesto en el gobierno de las instituciones. Habéis asumido en su plenitud —se concluye— los valores de la sociedad de consumo, y sois los beneficiarios del mayor bienestar material que ninguna generación ha tenido en la reciente historia de España... Eso dicen. Me gustaría saber si vosotros os reconocéis en semejante espejo.

Con todo, hay quien afina más. Dentro del difuso concepto de la *juventud de hoy*, distingue varios grupos. Los *pasotas sin sentido* (un triste 1 %), que sólo aspiran a divertirse, ganar y derrochar dinero, y multiplicar su actividad sexual. Los *integrados* (un 34 %), serios, hijos perfectos, religiosos y asimilados por la sociedad reinante. Los *posmodernos* —qué poco me gusta ese nombre— (un 24 %), tolerantes en la vida privada con el aborto, las drogas y la moral sexual diversa, pero rígidos en exigir el cumplimiento de las virtudes cívicas, si se exceptúan el ejército y las iglesias. Los *reaccionarios* (un 17 %), que son racistas, o antiabortistas furibundos, o patrióticos fanáticos, o defensores de la pena de muerte, o todo junto. Los *radicales* (un 2 %), que legitiman la violencia y el terrorismo, que suscitan cualquier tipo de droga y que son de extrema izquierda. Y un *etcétera*, porque faltan partidas, que quizá sea el más interesante... He ahí vuestros poderes. Ya me diréis con qué grupo os identificáis, o si no os identificáis con ningún grupo.

De momento, por vuestras cartas, algo sé. Hay quien me escribe que «el silencio es el grito más fuerte que hay». Y quien se pregunta si no es colaboración trabajar en los barrios o en sus vecindarios dentro de asociaciones y con grupos de niños; si no es entusiasmo el volcarse en una tarea, aunque sea sin perder la objetividad; si la protesta ruidosa es imprescindible para alcanzar lo que se quiere; si la vociferación es más fructífera que la tarea constante. Y hay quienes adquieren conciencia, «en la medida que nos dejan, de que hay que tomar las riendas del mundo para convertirlo en un lugar mejor donde todos —personas, animales y plantas— podamos convivir». Vuestras cartas, a oleadas, me confirman en mi fe y en la vuestra.

Por eso, cuando me pregunto —a menudo— quiénes de vosotros me entenderán mejor, qué generación completa o qué parcialidad, me respondo tranquilamente que quienes han nacido y crecido con naturalidad en democracia; y creen en la total libertad amorosa, no limitada sino rectificada por el sida; y practican, cuando lo hacen, una religión convencida y secularizada; y han aprendido en su carne o en la ajena (incluso en la carne de sus antecesores, para quienes fueron liberadoras) que las drogas más duras conducen, a través de oscurísimos pasajes, a la ruina y a la soledad. Y quienes sienten dentro de sí la honda llamada de una paz solidaria, y de la justicia, y del rechazo a la violencia. Y quienes se proponen ayudar a los países más pobres. Y a quienes quema el compromiso de la conservación del medio ambiente. Y quienes van, con la cabeza alta y sin marcar el paso, en busca de su propio futuro individual y colectivo. Un futuro que sólo será también el mío en cuanto colabore con ellos al facilitarlo, aclararlo, iluminarlo y alegrarlo. Porque sólo entonces será el futuro de todos, y habremos ganado entre todos la batalla.

TRES RAZAS, DOS EJEMPLOS

Figuraos un pueblo a solas mirándose en un río. Sin contradictores, sin estímulos, sin fortalecimiento, ni medro, ni oscilación ninguna. Un pueblo seguro, entre montañas insalvables, exaltado en sí mismo, enaltecido sin posible comparación, sin invasión posible. Allí de cierto se produciría una triste endogamia, y acabarían los hijos por nacer todos tontos. La cultura es el vaivén, el recibimiento de dádivas extrañas, la apertura de miras, el mestizaje y la hibridez. Y la cultura es lo que nos define, porque ella somos y muy poquito más. De ahí que el racismo sea el pecado más grave que hay de lesa humanidad, y que se revuelva, como sucede a quienes escupen al cielo, sobre quien lo comete. El racismo atenta contra los valores supremos y definitivos, contra los más sólidos y más frágiles derechos humanos: la libertad, la igualdad, la dignidad; pero atenta también contra el que lo desencadena, porque se transforma en su lento suicidio.

Se trata de un antiguo sentimiento: el que siguió a la afirmación de la propia tribu, o sea, el lado negativo de tal afirmación: la expulsión de los otros. Pero hoy brota particularmente ante la debilidad y la pobreza. En función de la divinización del poder y del dinero, no hay raza que valga cuando el que no es de la nuestra posee más que nosotros, o no depende de nosotros por tener mayor fuerza: entonces no será más que rico o potente. Hay, por tanto, que luchar contra el primitivismo de tal sentimiento y también contra su dorada versión actual. Las diferencias entre razas son accesorias, externas, secundarias frente al hecho esencial de pertenecer a la misma especie humana: quien no lo vea así ya ha empezado a salirse de ella. Nada justifica el establecimiento de una jerarquía de dominación de una raza sobre otra. Aunque sólo sea porque ninguna, como demuestra la Historia, es superior, y porque, a estas horas, ninguna raza es pura. Creer que la Historia se reduce a nuestra brevísima vida nos lleva, faltos de perspectiva, a cometer demasiadas idioteces.

Culpar a *los otros* de los males económicos o políticos que nos asaltan es un viejo desatino. Desde los Reyes Católicos se viene cometiendo en España. Ellos amputaron, del tronco común, las grandes ramas árabes y judías. Y redujeron esta yacija, donde las tres culturas procrearon nuestros momentos más resplandecientes, a límites paupérrimos. La tolerancia se sustituyó por la intransigencia; la unión, por la unidad; la diversicidad, por la ortopedia; la mezcla germinativa, por la esterilidad. Y aún se quiso identificar —aquí, donde nadie es del todo ni moro, ni judío, ni cristiano— a los cristianos de todas las regiones. De aquellos polvos vienen estos lodos: el encaramarse unos vecinos sobre los demás, la vanidad de imaginarios factores físicos distintivos, el veneno de los nacionalismos, el empequeñecimiento de los ideales, las encontradas políticas de campanario... La xenofobia, que es un error histórico, se encarna hoy en el error cotidiano del racismo, usado a menudo por gobernantes torpes o torpes ciudadanos como coartada para achacar a *los otros* nuestras escaseces, sinsabores y responsabilidades. «No somos racistas —dicen los que lo son, y violentos—. Somos patriotas. El orgullo de españoles nos impulsa a ayudar al país a librarse de la escoria que viene a quitar puestos de trabajo y traer drogas. No nos importa que haya negros; pero en África.»

En el mismo día he recibido dos cartas que son dos tristes historias: una de amor y de dolor; otra, de amor y rabia. La primera procede de una murcianita enamorada de un marroquí sensible, que sufre las penas del racismo ambiente. «Pese a que sea su mejor amiga y su única amante, no existe para él más que su tristeza y su melancolía; su mundo se reduce a un cuarto estrecho sin aire y sin luz... Sin embargo, el día que lo acompañé a su ciudad natal, él resucitó y yo sentí que entraba en mi pueblo. Dios mío, nuestras conversaciones tomaban vida, todo olía mejor, y mi alma se esponjaba... Pero regresamos. ¿Por qué el maldito dogma de que las parejas de diferentes razas no funcionan ha llegado a creerlo todo el mundo, tanto que han conseguido que, en efecto, fracasen?»

La otra carta es de una zaragozana enamorada de un hombre de color. «Cuando todo empezó, era como si fuese con él por la calle gritando mis principios, mi derecho a ser libre, a elegir, a entregarme a mi amante sin barreras. Hace un año que no es ya así... Una tarde de domingo nos atacaron: gritaban, nos escupían, nos golpeaban, nos arrastraban por el suelo... Jamás me había sentido tan deprimida y humillada: por mí y por mi amor. Aunque la raza negra, que ha soportado durante siglos el desprecio, posee el orgullo, el aplomo, el respeto y la inteligencia que les falta a esos neonazis o *skin heads* o como se llamen... Mi novio me dijo que *nunca* debería malgastar ni mis fuerzas ni mi corazón ni mi cerebro en odiarlos. Si lo que pretenden es limpiar España, son ellos los primeros que tendrían que irse, no mi amante... No me van a quitar la felicidad de amarlo y de que él me ame. Eso hace que mi resistencia se renueve y que mi cabeza esté siempre bien erguida a su lado. Ya no podrán pisotearnos, porque no bajaremos las espaldas ni nos encogeremos ante ellos. Ellos son los que están equivocados y los que están enfermos.»

¿Qué os parece? Se trata de dos ejemplos sólo. ¿Son bastante expresivos? Sacad las consecuencias.

LA RAZÓN Y LA FE

No querría dejar de haceros una observación que muchos de vosotros seguramente ya esperáis de mí. La mente se oxida, se devalúa, se inutiliza a fuerza de no usarse. He conocido a personas que habrían sido ejemplares y llenas de agudeza y de sentido si hubiesen cultivado la *funesta* (así se dijo un día) costumbre de pensar. No os permitáis abdicar ahí: el ejercicio de la razón serena es el patrimonio del ser humano. No lo olvidéis, a pesar de que vuestra inestabilidad económica os haya hecho dejar de sonreír; a pesar de que un mañana que no veis luminoso os haya desilusionado; a pesar de que un ambiente mastuerzo y mostrenco os haya convertido en quedones, desconfiados e indecisos a la hora de proyectaros con valentía hacia adelante.

Estáis rodeados de gente a las que no interesa que os cultivéis en la mayor hondura; que desprecia la reflexión sobre uno mismo: el primer paso de cualquier sentir y cualquier comprender. De gentes a las que el *nosce te ipsum* del templo griego les parece arameo, y que han conseguido entronizar la trivialidad del mucho ruido y pocas nueces, erigiendo en norma de conducta la que lleve más rápida y directamente al éxito, sólo medido en poder o en dinero. *Filosofía* se ha llamado hasta hoy a saber dudar, y a plantearse la duda como una vía de conocimiento silencioso y pacífico; a dejarse atravesar por la pasión y el pensamiento que hizo a los griegos —con su manta, su sardina, su ajo y su aceituna— tan grandes como fueron. Hoy, sin embargo, la palabra filosofía se aplica desde la política hasta la estrategia del fútbol, desde la mercadotecnia a las programaciones de televisión. Nos hemos quedado con la cáscara seca del término, que es la mejor manera de dejarlo caer y que lo pisoteen los búfalos de paso.

Sobre vosotros se ha vertido el diluvio de una información tan desmedida que tiende a cegaros; la masificación ensordece el verdadero sonido de las ideas; los ecos no permiten escuchar las auténticas voces: hay que estar más atentos que nunca. Porque tendréis no sólo que *dar* testimonio, sino que *ser* el delicado y duradero testimonio de vuestro tiempo, y analizar, para proceder con sensatez, las tendencias y las presiones que mueven los sucesos. La confusión es hoy mayor que nunca: las imágenes acaban por obnubilar, y los decibelios, por atorar las opiniones. Para quitar la espoleta a algo perturbador, no hace falta prohibirlo, sino dejarlo junto a la abundantísima bazofia: pasará inadvertido, como *la carta* fundamental de Poe *escondida sobre* un montón de cartas. ¿Quién os servirá de guía o de luz en un momento en que la televisión estupidiza o, en el mejor de los casos, enajena con su sabiduría de calendario; en que se tiende a convertir al individuo en alguien que aprieta botones, o lee pantallas que le resuelven en apariencia sus problemas, o empuña el dinero electrónico de las tarjetas de crédito, si es que lo tiene, y se vanagloria de una tecnología que lo deshumaniza? ¿Cómo continuar siendo uno mismo ante la falsa equivalencia de la virilidad con una colonia, de la realización con un coche, del atractivo con un teléfono portátil, del amor con una segunda residencia? ¿Qué certeza conseguirá resistir ante la continua igualación de la categoría con la anécdota, de lo sustancial con lo accesorio, de la atención con el papanatismo, del silencio con la ignorancia?

De vuestros planes de estudio se han raído las humanidades. Se asegura que para proporcionarles una falsa agilidad que, sólo en teoría, los incrusta en las necesidades sociales; pero que realmente os deja a vosotros indefensos. En efecto, todos quieren enseñaros y mandaros. Y todos se apoyan en *la razón*, para cuya esgrima os retiraron las espadas, o en *la fe*, que os exigen aceptar sin excusas. No obstante, es vuestro destino personal y vuestro destino como generación lo que está en juego. No es posible que aceptéis tales enseñanzas y tales órdenes sin pasarlas por el tamiz de vuestros propios criterios. Os escamotean las soluciones, y han logrado que reflexionéis lo menos posible, y a costa —si lo hacéis— de una lucha revolucionaria y enconada.

La razón y la fe son caminos que han de andarse de uno en uno: no son gratuitos ni para quienes los ofrecen, ni para quienes los aceptan. Habéis de haceros las preguntas necesarias para sacar vuestras intransferibles consecuencias. ¿Será razonable la fe que predican los sacerdotes de todas las deidades? ¿No manejará razones que convenzan? Porque de creer en lo que no se ve se pasa, por reacción, a creer sólo en lo que se ve, cuando en puridad sólo se ve lo que previamente se ha creído. ¿Y no ha de ser razonada y asimilada la razón, por mucho que los maestrillos, con su librillo cada cual, os la brinden ya digerida? Desconfiad de toda vía que os conduzca derechamente al poder y al dinero. Procuraos, con el ejercicio de vuestra razón, la razón de vuestra vida, y con la fe en vosotros mismos, la fe en lo que os amplíe y no en lo que os dé pasta. Si huís de la pobreza, no lo hagáis hacia la riqueza, que es asimismo inicua, sino hacia la justicia que está grabada en el centro del corazón humano: ese corazón que es, en el fondo, lo único que importa. Porque en él reside la meta común, luminosa y altísima en la que todos —de cualquier condición, raza, sexo, religión o clase— coincidimos.

LOS HEREDEROS EXPOLIADOS

Más del 50% de la población mundial tiene menos de veinticinco años, y el 80% vive en el Tercer Mundo. Aquellas sociedades, si es que pueden llamarse así, no satisfacen las necesidades de los jóvenes ni de los adolescentes (ni éstas tampoco), a pesar del coste humano que eso supone y de los grandes riesgos futuros que acarrea. Porque los cambios que a escala mundial se producen son acusados de manera más aguda por los jóvenes, que modifican sus comportamientos y sus relaciones, y sienten agravados sus problemas de salud. (Especialmente las muchachas, las más afectadas, que, sin la menor responsabilidad en la mayoría de los problemas, los padecerán tanto en sí mismas cuanto en sus descendientes.) Y, por lo que respecta no a otros Mundos sino al más desarrollado, son los comprendidos entre los veinte y los treinte años los que registran un número de casos de depresión diez veces más alto que el de la generación precedente. He ahí un fenómeno típico de los países ricos, ocasionado por la presión para alcanzar el éxito, por el miedo al fracaso y por el individualismo, que aísla y hunde a los seres en una implacable y no buscada soledad. Pero, si esto es así, ¿qué sucede con los jóvenes que forman el *Cuarto Mundo*: el de la miseria, el de las extremas bolsas de la pobreza y la marginación?

No sé si esto lo escribo para vosotros o para quienes ponen a muchos de vosotros en el trance en el que se hallan. «Los jóvenes pasan de todo, y tienen fuerza, si quisieran usarla, para superar todo», se dicen unos a otros con el fin de tranquilizar su omnívora conciencia. No ven, al pasar, los rebaños más o menos pacíficos de jóvenes, con o sin auriculares que los apartan del mundo alrededor. De un mundo por el que se saben rechazados. No los ven, envueltos en su música, en sus colores harapientos, su sufrido calzado, sus cabezas grasosas y sus expresiones perdidas, entre un cúmulo de ropas y latas de cerveza, fumando lo que encuentran, adornados con pendientes o broches de pins de crucifijos, esvásticas, logotipos pacifistas y signos ecológicos, todo a la vez sin el menor propósito. Nadie ve de verdad, nadie quiere ver a estas breves manadas, *vagas y maleantes*, desentendidas, que levantan de cuando en cuando la cabeza, como animales que olfatean un peligro o una presa o una agresión... Y todavía éstos se tienen unos a otros. Hay, sin embargo, algunos solitarios que van, como el caracol, con toda su casa a cuestas; que tocan la trompeta o la guitarra para comer; que piden limosna a la puerta de los grandes almacenes, con los pelos revueltos y los ojos revueltos y la vida revuelta. Y luego están, Dios mío, los encarcelados. No sabemos por qué escala descendente han llegado hasta aquí, ni siquiera si esa escala es de veras descendente. Ignoramos qué esperan, qué esperaron, y quién los defraudó.

Yo siento ante ellos un escalofrío. Por descontado, no de miedo. Siento un escalofrío, de com-pasión, es decir, de sim-patía. Como si yo, en alguna otra vida, o en la imaginación, o en una pesadilla, hubiese bajado a los infiernos, y por un ya olvidado milagro hubiese resurgido. No soy capaz de hacerles el más mínimo reproche. Comprendo a los biempensantes y a los sumisos a leyes protectoras; comprendo a los padres que se sacrificaron sin fortuna; comprendo a las instituciones defraudadas; comprendo a quienes, sin el recurso de resolver lo que presencian, vuelven la cara con un gesto sombrío. Los comprendo: no en vano soy un *ácrata comprensivo*. Pero comprendo, sobre todo, a los incomprensibles muchachos que venden baratijas, o servilletas de papel, o nada, en las esquinas y en los pasos de cebra. Comprendo a los muchachos que se prostituyen sin saber bien por qué ni para qué. Comprendo —los aplauda o no: ésa es otra cuestión— a los delincuentes, el producto de cuyos delitos va creciendo hasta asustar a la sociedad, que es sólo entonces cuando los toma en cuenta. Comprendo a los adictos que llegaron a la droga no por el gozo, no por la fruición, no por los lazos vinculantes, sino por el abandono, la incomprensión y el hundimiento... Los comprendo porque yo, a su edad, estaba enganchado en la ilusión y en la esperanza; reinventaba el futuro con mis expectativas personales fracasadas, pero por propia voluntad: yo buscaba otra cosa, no la instalación cómoda, beata, bancaria y remolona: yo me buscaba a mí.

Sin embargo, estos muchachos pasan fatigas contemplando el derroche. Desde su escasez contemplan los coloreados escaparates del consumismo: para alcanzarlos, basta abrir una navaja o dar un tirón; para borrarlos, basta una dosis de droga. Su silencio es el mayor reproche contra nuestra brutal hipocresía. Nosotros pertenecemos a la minoría privilegiada, al porcentaje de oro que sufre *penas finas*, a la dulce bohemia de ducha y canapés, al sector que se incomoda —olvidadizo— cuando ve ciertas escenas por las calles. Hay *beautiful people*, y hay también gente fea; pero estos de que hablo son los más feos de todos: los que han heredado el peor de los mundos, ya sin ideales comunitarios, ni más gestos benefactores que unas buenas y vacías palabras; ya sin sueños realizables, ni esperanzas. ¿Y tendrán acaso el menor inconveniente en que tal mundo se hunda? ¿Les sobrevendrían por ello el menor sentimiento de dolor? Pensémoslo: ellos, sin duda, son los marginados; pero, a su lado, ¿qué somos los demás?

EL FLAUTISTA

Hay quien está convencido de que para vosotros soy —o trato de ser— como el flautista de Hamelín que, con su instrumento, igual que se llevó a las ratas de la ciudad, se llevará tras sí, en venganza de unos padres codiciosos y sórdidos, a los más jóvenes del reino. La opinión de esa gente me trae al fresco; la vuestra, no.

Y os aseguro que nada hay más lejos de mi intención. Lo que pretendo no es sólo que os quedéis *en* el reino, sino que os quedéis *con* el reino. El son de mi flauta, que a veces parecerá tan ronca y tan desafinada a vuestro oído, no aspira a subyugaros, ni a fascinaros, ni a seduciros, ni a ganaros para mis opiniones. (Como eco de mi primera carta, una muchacha, desde Granada, me escribió: «Seguro que te tacharán de viejo, cascarrabias, cursi, gruñón, marica, metomentodo, carrozón, pringao, colgao, multiplicador de ceros y muchos otros epítetos más o menos repetitivos; pero muy pocos quedarán indiferentes. Te aguardan tragos amargos, pero acuérdate de nosotros, que somos una mota no perteneciente a este mundo que nos quieren meter por las narices, y que todos parecen compartir, y que NO EXISTE.») Ni estoy sobre una tarima dándoos clase, ni poseo el *imperium* que se impone, ni siquiera la *auctoritas* que se consiente. No tengo nada. Converso con vosotros y eso es todo: el que quiera atender que atienda, el que quiera responder que responda. Aunque su respuesta sea sólo interior.

Sé —y sabía— que dirigirse a los jóvenes y ser escuchado por ellos no suele traer muy buenas consecuencias. Puede, por el contrario, significar un riesgo mortal: a Sócrates, acusado de corromperlos, le pusieron en la mano su vaso de cicuta. Sin embargo, hoy las cosas transcurren de otro modo. Cuando se controlan los cerebros, ¿cómo van a inquietar a quienes mandan las simples opiniones? El poder no entra en disquisiciones ni en dialécticas con nadie: le basta con cubrirlo y silenciarlo por medio de una asfixiante campana neumática; deja intacta la bomba... después de haberla desactivado con minuciosidad. Hace poco uno de vosotros me escribió: «Este pestilente sistema, ¿será tan listo que hasta permita, destaque y remunere el hecho de que escribas, con la máxima virulencia, en contra suya? ¿No has pensado nunca si te habrás convertido en una especie de vacuna para inmunizar el cuerpo social y que así nada cambie?» Sí, claro, lo he pensado. Y he concluido que, sea como sea, yo tengo que decir lo que digo y en la manera en que lo digo. Aunque caiga en el saco roto de la inadvertencia; aunque una multitud de escritos baladíes lo entierre; aunque la confusión total y la batahola ambiente no permitan oírlo.

Yo no soy una persona rara. Soy un simple *hombre aparte*, o sea, que se independizó con todo su brío de las cosas y de los seres que procuran hacernos dependientes, y que paga por ello. Alguien que ha sufrido, que no siempre estuvo solo, que amó y fue amado, y en quien la vida conserva su exigente vigencia. Alguien que reflexionó y aún reflexiona, y que se encuentra con voz y con fuerzas suficientes para comunicar los resultados. Alguien que os ve muy cerca de sus ideales —tanto que casi sois un ideal suyo— y muy cerca asimismo de su corazón. Soy, en fin, eso que se llamó —ya apenas se usa tal palabra— un *intelectual activo*. Y no por vocación, sino por destino al que no me es posible —ni lo intento— escapar, porque no deseo traicionarlo ni traicionarme a mí. He decidido, pues, desde hace mucho, gritar mi inconformismo, mi rebeldía, mi toma de postura frente a una realidad que me repugna y que considero claramente mejorable. He decidido, pues, oponerme a las doctrinas interesadas, a los paños calientes, a los chaqueteos, a las ramplonerías de botica, a las mentiras piadosas que enriquecen a unos cuantos. Llevaba ya demasiado tiempo cantando las cuarenta a los empinadillos que se creen superiores, a los enanos montados sobre otros más enanos aún, a los políticos de tres al cuarto, a los pescadores de ríos revueltos. Demasiado tiempo diciendo *no* para que no me apeteciese proclamar mi esperanza y embarcarme en una singladura positiva. Hacia el futuro, por supuesto; hacia vosotros, por supuesto. No me extraña, en consecuencia, haber provocado la desconfianza de quienes fomentan la coreografía al uso, el estruendo estrepitoso que nos venden por música, y el desconcierto general. Supongo que hablo demasiado claro como para no provocarla.

En alguna ocasión he probado que, además de pensar, soy capaz de dar mi vida (si es corta, la haría así más ancha) por conceptos tan pasados de moda como la justicia, la verdad, la libertad, la belleza o la más ancha fraternidad humana. Y estoy dispuesto a seguir en mis trece. Por eso, de ningún modo miraré a los podridos, a los que comercian con la desesperación ajena, a los que patean y hozan sobre las ilusiones de los demás, a los que ostentan el símbolo del dólar hasta en sus calzoncillos. Ni los miraré, ni los oiré. Y os recomiendo que en eso me imitéis: si no, os convertiríais en estatuas de sal. Os lo recomiendo con toda mi alma a vosotros, en quienes cifro el porvenir del mundo, la pureza del mundo, el sentido verdadero del mundo. A vosotros, para quienes taño mi flauta de pocos agujeros, aunque suene a veces sólo por casualidad, como la del burro de la fábula. A vosotros, a quienes considero mi más querido y más fértil auditorio.

LAS PODEROSAS

Este mundo y sus cosas van a cambiar de prisa. Ya lo hacen. De vosotros depende, en buena parte, la dirección que tomen. Y muy en especial, de vosotras, las muchachas y las mujeres jóvenes de hoy. El extremo que nuestra civilización ha conseguido acarrea tales problemas y en tal número (guerras, violencia, enfermedades, suma pobreza, medio ambiente) que no es posible abarcarlos todos, y menos resolverlos. En este ápice —se ha dicho— comienza el declive. Para remediarlo se precisa sacar fuerzas de flaqueza: fuerzas, pues, de refresco. ¿De dónde provendrá una minoría inédita que ofrezca recursos nuevos? Por supuesto, de la sociedad misma. Sin embargo, el patriarcado que duró miles de años apunta hacia su fin. Parece que ha sonado la hora de la mujer. No sé si sola o no, pero con una presencia decisiva. Sois vosotras las que sostenéis la mitad del cielo y algo más de la mitad de la tierra. Y no por revancha vuestra —o no sólo—, sino por encomienda de los ritmos históricos, tendréis que acometer la tarea salvadora.

Algunas sois ambiciosas, pero sin objetivo: creo que no tardaréis en daros cuenta de cuál es. Otras os quejáis de la aridez de vuestras relaciones con padres o parejas, y adivináis que los distintos sufrimientos personales no se pueden medir con el mismo rasero. Otras opináis que todo está por hacer en cuanto a vosotras se refiere. Otras, de exterior pasivo, os sentís corroídas de excitación por descubrir lo vivido por otros y superarlo en el jardín de las propias experiencias. Otras, más agrias, os subleváis por haber heredado un mundo enfermo, sin percibir que tendréis que ser su médico para legar a vuestros sucesores la libertad, la ilusión, el amor y un grado de locura, necesarios en la conquista de la felicidad... No obstante, ninguna sabéis del todo qué hacer, ni cómo hacerlo.

No os ensimisméis: salid de vosotras, participad, abríos, expresaos. Desechad, sí, las ideas que los hombres, por su conveniencia, pusieron en las cabezas femeninas; pero también las que ponen los movimientos *vindicativos* de liberación. Hay cualidades que vosotras —y no el hombre— tenéis: gozadlas. Como se dice en *Los bellos durmientes*, mi última comedia, el feminismo no es una represalia, sino una reconquista; no hay que darle la vuelta a la tortilla, sino hacerla mejor, y entre ambos sexos. Es vuestro turno: la historia lo ha querido así. Si a tanta hostilidad, durante tantos siglos, ha sobrevivido vuestra capacidad de amor; si a tanto abandono y tanta contradicción ha sobrevivido vuestra inteligencia, es porque sois más necesarias que el hombre para la vida. Y ahora de forma más urgente. Ella no ha dejado de cantar y bailar dentro de vosotras. Sois las madres presentes o futuras. En vosotras está la semilla. Vuestro papel es glorioso y costoso: conservar y transmitir la memoria de la especie; enseñar a vuestros hijos el mundo que queréis, de acuerdo o no con vuestra pareja, y en desacuerdo con la sociedad que yerra; soñar y proyectar el porvenir de vuestro mundo, o sea, del mundo.

Se afirmó siempre que lo femenino (el *Yin* chino) es la tierra y la maternidad, la luna, la intuición, la síntesis, la cooperación, la sensibilidad, la moderación y la conservación. Y que lo masculino (el *Yang*) es el sol, el análisis, la fortaleza, la exigencia, la rigidez, la actividad, la competición y la agresión. Nuestra especie está configurada por uno y otro bando, no tan distantes, no tan opuestos como hasta ahora se nos ha hecho creer. Cada ser humano tiene en sí, afortunadamente, los dos sexos y las dos energías disponibles. Un ser iluminado —¿y a qué otra cosa se aspira?— no es ni varón ni hembra: está por encima de las dos posiciones. El verdadero atractivo de un hombre quizá resida en tener una parte del *Yinn* que pide protección, y viceversa: una mujer atractiva y feraz tendrá su parte de *Yang*, es decir, una fortaleza que no la dejará ser tan sólo «femenina». La evolución del mundo ha corrido paralela a vuestra evolución, y ahora echa mano de vosotras donde converge lo más valioso de las dos direcciones.

Los tiempos de remedio que se aproximan son aquellos en que no será necesario ser el mejor, sino el cooperante. Porque la labor común de la convivencia no exige la competitividad ni la agresividad, sino un trabajo solidario, generoso y alegre. De ahí que la rigidez tenga que desaparecer, sustituida, para la mejora total, por el respeto a las diferencias, por las excepciones que no vendrán ya a confirmar la regla, sino más bien a abolirla en beneficio de una libertad y de una variedad enriquecientes. Junto a tal diversidad, vuestra flexibilidad típica habrá de producir una armonía y una comprensión por fin universales. Como en las épocas de oro del matriarcado, anterior al riguroso derecho y al férreo orden masculinos. Ante el reconocimiento de un fracaso, se os va a llamar —se os está llamando— a haceros con el mando dedicándoos a las *labores propias de vuestro sexo* (en un sentido tan alto como nunca se ha empleado). Para ello, no perdáis la ternura, la sensibilidad, el sentido del placer, la fe en el milagro, el instinto —productivo y reproductivo— que no engaña. Porque el conjunto de esas virtudes, no siempre ni debidamente ponderadas, tendrá que servir de base a una sociedad nueva en la que el hombre habrá de aprender de vosotras los atajos recónditos por los que os habéis visto obligadas, durante siglos y siglos, a avanzar en secreto. Disponeos, por tanto, para la epifanía de lo femenino.

NUESTRO IDIOMA

El lenguaje, ese supremo don perfeccionado por el que nos comprendemos cuando no lo usamos para jugar tras él al escondite, se ha dicho que es un organismo vivo. No lo es: cambia, se perfecciona o degenera no porque esté vivo, sino porque evolucionamos quienes nos servimos de él. De ahí precisamente nuestra responsabilidad. Por ejemplo, vosotros habláis de una forma muy distinta a la mía. Podría quizá no entenderos, o quizá vosotros no me entendáis a mí. Todos hablamos castellano, pero en dos versiones: una procede de vosotros e imita a la vida. Sin embargo, será más efímera que la que hablo yo: ratificada y recogida en los diccionarios. Otros jóvenes vendrán y borrarán vuestras expresiones, vuestros grafitos, vuestras peculiaridades de barrios casi, de universidades o de pueblos. Acaso mis expresiones duren un poco más. Cada río señala un cauce que no es el que fue, poco a poco, imperceptiblemente, hasta llegar un día en que aquel remanso o aquel meandro ya no coincide con los de antes, aunque la dirección —camino de la mar— no haya mudado.

El lenguaje es un claro fenómeno cultural: una cultura se manifiesta a través de él y viceversa. Es un producto social. Es una consecuencia de la sociabilidad, pero no es sociabilidad él mismo. El ser humano a solas no es humano: no habla. Se une a los demás, y ya procrea, y actúa sobre el mundo mejorándolo (o tal sería nuestro deseo). Ese sexo y esa actuación conjunta sí son sociabilidad. Con todo, la influencia del vehículo total en que consiste el lenguaje es tan enorme que se habla de un *lenguaje sexual* (que comienza cuando decae el de las voces, y deben dejar su sitio al beso y la caricia), y se habla de un *lenguaje de acción* (que es el más de moda hoy en día), y de un *lenguaje de la imagen* (que está —se afirma— muy por encima del de las palabras).

En las historias de los hombres y de las lenguas hay momentos críticos en que los vocablos no significan ya lo mismo para unos que para otros, y en los que los vocabularios andan de capa caída, como si cada uno tuviese derecho a emplear un personal idioma intransferible (siendo así que el fin absoluto de cualquier lengua es justamente el de la comunicación). Se trata de momentos que trastornan las relaciones íntimas y también las colectivas. Hoy, por ejemplo, la palabra *moneda* no querrá decir igual para un mendigo que para un banquero; la palabra *amor* ha llegado a tener tantas y tan contrarias acepciones que habría que ponerse de acuerdo antes de hablar de él; la palabra *convivencia* será para unos un estado de afinidad y comprensión, mientras para otros sólo la posibilidad de coexistir sin molestarse; la palabra *placer* significará gozo, o porquería; la palabra *sexo*, una dádiva inigualable, o algo nauseabundo... ¿Y será culpa de nuestro idioma, que se ha hecho impreciso e incomprensible, o será culpa nuestra, que nos adentramos en una confusa Babel de interesados egoísmos?

Para mí, el idioma es lo que define, manifiesta y caracteriza a un grupo humano más o menos numeroso. Yo tengo el orgullo de hablar la misma lengua que trescientos millones de hispanoamericanos y más de treinta millones de habitantes de USA (que acaso llegue a ser bilingüe un día no distante). En el siglo xix los lingüistas de Suramérica se alarmaron ante la posibilidad de que, partiendo del castellano, se desarrollaran idiomas distintos en los distintos países, igual que sucedió un día con el latín. Había un precedente: fue para defender la unidad de la lengua por lo que ya Nebrija en 1492 escribió su gramática, porque entonces el dominio de los Reyes Católicos se extendió a toda la península (ni siquiera se soñaba aún con América). Y por la misma causa, Andrés Bello escribió en 1875 su gramática desde su Venezuela. Los temores de desunión y quebranto no se cumplieron en ninguno de los casos. No obstante, el idioma está hoy muy erosionado por los terribles medios de comunicación de masas. Y también, queridos amigos, por vosotros. Mirad: los antiguos griegos estaban tan ufanos de su lengua que a quienes no la hablaban les llamaron *bárbaros*, o sea tartamudos, y desde entonces tal denominación es despectiva para cualquier asunto. Después de la Edad Media, los eruditos hablaban en latín y no en griego; y lo que no entendían «era griego» para ellos. De ahí procede la palabra *gringo*, con que los mexicanos tachan a los norteamericanos, y los argentinos a los inmigrantes de otras lenguas.

Quizá por ser escritor, tengo al idioma como un regalo continuo, y como un regalo acepto palabras desconocidas por mí de este lado o de aquel del Atlántico. Un diccionario enteramente nuevo sería a mis ojos el mayor cataclismo: con el de ahora, a trancas y barrancas consigo al menos que me adivinéis vosotros, o tal creo. Ésta es la causa de que, por vuestro bien y por el mío, desee de todo corazón que los que seáis catalanes o vascos o gallegos no dejéis de percibir, junto al lógico riesgo, las ventajas que vuestros bilingüismos os deparan. Y os deseo a la vez que distingáis entre las razones políticas que son, como los propios políticos, pasajeras, y las razones culturales —nacionalistas o no, qué más da— que permanecen, porque son las que nos configuran, nos originan y proyectan. Que el don del bilingüismo no se malogre nunca, y no sea nunca usado como arma arrojadiza.

LOS DIFERENTES

Cuántos de vosotros habréis sufrido en vuestra infancia por ser diferentes. Y muchos, en silencio, lo que provoca aún más desolación. Por ser más altos o más bajos o más gordos que la mayoría, o por hablar de un

215

modo especial o con un acento especial, o por escribir con la mano izquierda, o por muy rubios o muy morenos, o porque vuestro padre o vuestra madre eran tal o cual cosa... Y, sin embargo, todos, manifiestamente o no, somos diferentes. Y es bueno que lo seamos: ya me habéis oído decir que, si todos fuésemos iguales, todos seríamos peores. El ser humano *pretende* distinguirse, y al mismo tiempo *teme* distinguirse. Desde el oro y las joyas hasta las lujosas mansiones y los yates, casi todo es una forma de llamar la atención sobre nosotros, de proclamar nuestra excepcionalidad. *Ser distinguido* y *tener distinción* significan un grado de privilegio frente a *ser ordinario*, que no se sabe por qué se confunde con ser grosero. Pero, a pesar de todo, subsiste el pavor a la diferencia. Porque la mayoría siempre desea imperar, igualar, marcar las reglas del rebaño, uniformar los unos con los otros. Ya veis cómo vestirse con ropas de marca y calzarse con zapatos de marca no individualiza, sino que identifica. Y no a uno consigo mismo, sino al revés: a uno, con los demás usuarios de las mismas marcas, con las que se viene a formar un tácito clan, en el seno del cual nos sentimos amparados, reconocidos y considerados.

«Hay que ser normales», se nos ha dicho con frecuencia a todos. Pero ¿en qué consiste *la normalidad*? En lo que abunda más, en lo más acostumbrado o más frecuente. ¿Y es la garantía del número lo único que sirve para demostrar la bondad de algo? ¿Tendremos que convencernos de que los excrementos son apetitosos porque les gusten a millones de moscas? ¿Qué es *lo natural*? Para unos, una cosa, y para otros, otra: según la naturaleza de cada cual. ¿Por qué es natural que nosotros nos comamos a los animales, y no que los animales nos coman a nosotros? La naturaleza no es más que una segunda costumbre, lo mismo que la costumbre llega a ser una segunda naturaleza. Entre nosotros es natural no comer hormigas o cucarachas; y no de todas las culturas puede afirmarse igual. Cada uno ha de *ser como es* según su propia condición. Lo difícil es tenerla clara y ahondar con firmeza en uno mismo; pero, una vez sabida, sin el menor pretexto, hay que arrostrarla y llevarla hasta el final con entusiasmo o con una fructífera aceptación. No somos —ni seremos, aunque nos esforcemos mucho— como los otros (así sean quienes más nos aman) querrían que fuésemos (y me refiero a la última verdad irrebatible de nuestro carácter), ni siquiera como a nosotros nos habría gustado ser. De ahí que el *ser como se es* constituya el único punto de partida válido para crecer; y que el *yo*, una vez averiguado, constituya el primer paso para ser, cada cual, más *yo distinto* cada día.

El derecho a la diferencia nace —o más bien tal expresión— por los años setenta. Comenzó referido a las *mujeres* (como si ellas no fuesen, sin necesidad de reconocérseles, idénticas esencialmente a los hombres) a los *homosexuales* (como si todos los humanos debieran aceptar las normas de los *normales*, hasta en aspectos tan intransferibles como el del placer y el del sexo), y a los *inmigrantes* (como si llegar de fuera, con costumbres dispares y creencias dispares y otra manera de ver al mundo y a los hombres, constituyera un insalvable abismo). Vergüenza da que todavía haya que seguir escribiendo sobre estos temas. Vergüenza que en España ser gitano aún pueda ser una cruz insobrellevable (y no es más que un ejemplo al que los diarios nos tienen muy hechos), o tener ideologías contrarias, u opiniones discrepantes, o fes divergentes. Las diferencias no hay que ignorarlas, pero tampoco arrasarlas o suprimirlas. Hay una estrategia muy común en la extrema derecha: «El extranjero, el extraño, no tiene nada que ver conmigo. No hay asimilación posible ni integración. Por tanto, que no se mezcle conmigo ni con los míos, o mejor, que se esconda o se vaya a su tierra...» Las diferencias que caracterizan a alguien deben seguir existiendo, respetadas, no rechazadas ni anuladas. Y será tal actitud la que nos ennoblezca y nos dignifique a todos.

Vivimos en un país en que se dispara contra lo que brilla, contra lo que destaca o se separa de lo común. El *machismo* español (hoy menos en boga, por fortuna, o acaso más sutil) lo ha gobernado todo a fuerza de pelotas. Se mofó de los débiles; desdeñó a los sensibles;

maltrató a las mujeres; se cebó en quienes no se atenían a la prepotencia, y usaban otros códigos: el pudor, la delicadeza o la ternura. El miedo a no ser *como todos* ha aterrado infinidad de adolescencias y de primeras juventudes. Es hora de que vosotros seáis más respetables por más respetuosos. Es hora de que los diferentes saquéis de vuestra diferencia vuestro poder. Es hora de que no sólo vigoricéis el derecho a ser distintos, sino que aprendáis de vuestra misma diversidad y os convenzáis de que os defendéis defendiéndola. Que ningún orgullo y ninguna virilidad se cifre en domeñar o en burlarse de nadie, porque qué dudosa virilidad la del que así alardea. Os lo asegura alguien que, apenas rozando la juventud que hoy es vuestra, se vio obligado a ponerse el mundo por montera. Y en la montera lo sigue llevando todavía.

LOS DESCONCERTADOS

Se avizora en el horizonte —quizá mucho más cerca— un nuevo modelo de hombre, que se aproxima no sabemos si por su propio pie o a remolque del nuevo modelo de mujer que ha llevado a los varones a la defensiva. La libertad sexual, la identidad de oportunidades, la independencia económica, la maternidad elegida, el respeto intelectual y la participación paritaria en el diseño del mundo común, han conducido a la mujer a un puesto positivo e inamovible. Frente a ella, más que junto a ella, se pregunta el hombre qué va a ser de él. Y esta cuestión lo desconcierta, porque navega entre el modelo de masculinidad que heredó y aquel que asoma y va a ser su futuro.

Se trata de una transición que él no ha iniciado, pero que presiente irrevocable. Todo muda en su entorno: el concepto del amor, el ejercicio de la paternidad, la pareja, la fidelidad y la tolerancia. Ha de reconocer que la mujer invade sus áreas seculares y él comparte las tareas del hogar. Rechaza ya los prejuicios basados en posiciones contrarias, o en la práctica de papeles distribuidos de antemano. La mujer obtiene mejores notas en los exámenes, su sexualidad es más rica y poderosa, y las virtudes castrenses ya no se cotizan. Por el contrario, el varón se perfuma o se desodora, se hidrata la piel y se muscula, o sea, como antes la mujer, se transforma y embellece no tanto para gustar como para gustarse. Es evidente, pues, que pierde terreno; pero estoy convencido de que los más agudos de vosotros os preguntaréis si de verdad lo pierde, y qué ventajas encontrará en el cambio inminente. Porque soléis comprender bien a la mujer nueva como ser humano, pero os sentís con frecuencia lejos de ella emocional y sexualmente. No es malo que sea así, porque la identidad no debe llegar hasta la alcoba, ni anular las diferencias esenciales. Pero, ¿cuáles son éstas? Lo visible biológico existe; sin embargo, ¿es tan determinante? Hay mujeres que buscan un tipo de hombre que no aparece todavía, y hombres que aún buscan una mujer que ha desaparecido ya. He ahí la encrucijada.

¿Cómo definir un hombre? No es más inteligente, ni más valeroso, ni mejor pensador, ni más creativo que la mujer. ¿Será sólo más fuerte? ¿En eso consistirá su único atributo? Porque la fisiología es bastante ambigua: en el pene y en los cromosomas XY, ¿residirá la identidad del macho? El cromosoma femenino X está en la base de todo ser humano; el varón es, por tanto, la hembra y algo más. El embrión tiende hacia lo femenino; es el cromosoma Y el que consigue el desarrollo de los testículos en vez de los ovarios. Y desde ese remoto instante el varón tiene que luchar por su propia diferencia. La mujer nace desde el principio; el hombre se va haciendo. La mujer se muestra; el hombre se demuestra. Habrá quien, para asumirse y acreditar su hombría, no cese de huir, desde el vientre materno, hacia los otros vientres femeninos. Habrá, al revés, quienes anhelen en sus relaciones sexuales el seno de la madre. Y habrá quienes divinicen su pene como factor de afirmación más o menos rotundo, hasta que su disminuida potencia los conduzca a sicólogos o a protésicos.

Lo cierto es que el modelo que los padres personificaban no vige ya. La falta del padre, o el hambre del padre, ha cuajado en dos símbolos suyos contrapuestos: el inaccesible y el desvirilizado. Ambos han de ser sustituidos. En la Grecia clásica, la virilidad se transmitía no a través del padre sino del mentor: consistía en un sólido y enorgullecido sentimiento y en una sabiduría adquirida por medio de las relaciones iniciáticas e íntimas con los mentores. Curiosamente era la homosexualidad la que daba paso a la virilidad más honda. Superadas las pruebas, se tranquilizaba para siempre la identidad masculina, que ahora —en lo más escondido de vuestros corazones— está desazonada. Para alcanzar el sosiego, lo mejor es que os quedéis a solas con vosotros mismos y que, sin el menor prejuicio heredado o impuesto, descubráis vuestro lado femenino (que no es, contra lo que se piensa, vuestro lado más blando). Hay hombres que, en los desvanes ya el tipo supermacho, renuncian a los tradicionales valores masculinos y se adormecen sobre los femeninos, creyendo ir así más veloces al encuentro de la mujer, que en general los rehúye porque ella misma renunció ya a tales valores. Son los hombres que se asustan de cualquier compromiso definitivo; que prefieren romper una relación a guerrear por ella; que se deprimen cuando fracasan, y que no se comprenden a sí mismos.

Pero entre estos hombres y aquellos cinematográficos supermanes, hay un tercer espécimen, que reúne lo mejor de los dos. Supongo que es el tipo de hombre que quieren las mujeres: andrógino en espíritu y mentor de sus hijos, acepta la derrota de la virilidad patriarcal y machista, se encara con sencillez a la vilipendiada feminidad del macho, y, con todo coraje, inventa una masculinidad realmente nueva y comprensiva. Una masculinidad que será fuerte sin ser hostil, sensible sin ser blandengue, defensora sin ser autoritaria, apacible sin ser cobarde, dirigente sin ser dictatorial. Claro que, por este camino, cada uno de vosotros, improvisando, avanzará en cabeza. Pero con la pareja que haya elegido pendiente de su brazo y de su corazón.

EL BROTE

El más viejo de los filósofos distinguía entre el mundo de las ideas, en el que hay que incluir los valores y los sentimientos, y el mundo material. Cada día más, de forma en apariencia irrefrenable, el segundo se multiplica e invade el otro, dejado en el olvido y la desatención. El desequilibrio entre ambos es demasiado grande: ya hemos tocado fondo. Y es a vosotros a quien corresponde hacer una revolución moral, más trascendente para la Humanidad que las industriales y tecnológicas de hasta ahora, porque éstas sin aquélla nos conducirán —nos han conducido— a una Tierra sin hombres verdaderos. La gráfica del mundo material —ya que tan aficionados somos a gráficas y estadísticas— habrá de ser en vuestras manos una parábola que empiece a declinar. Sois los herederos —así me lo escribe una de vosotros— de un mundo muy descompensado; vuestro principal trabajo ha de consistir en nivelar los platillos de la balanza. Mucho queda por recorrer y muchos, casi infinitos, vacíos que llenar. Vuestro quehacer se diferenciará del de vuestros padres no sólo en el método, sino en el fin; incluso tendrá que oponerse al de ellos. Vuestro campo es el de lo intangible. No os mintáis: no seréis felices, ni conoceréis el amor, la amistad, la alegría, la familia, la simpatía o la sinceridad si no os empeñáis en una tarea de regeneración.

Y toda regeneración ha de comenzar modestamente como el brote de una planta. Primero, el jardinero u hortelano buscará tierra fértil y depositará en ella la semilla: valiente, creadora, divina por ser la más humana. Después hay que regar la tierra con aguas naturales, no contaminadas ni esterilizadas. Nacerá el brote pequeño y delicado, acreedor de cuido, entrega y vigilancia, de palabras de ánimo y de mucha paciencia.

Indefenso y a la vez luchador, ese brote será el efecto de vivir de acuerdo con uno mismo y también de aferrarse a la vida común. Las manos que lo siembren, los dedos que lo aúpen, la voz que lo estimule, cumplieron así su cometido. A partir de tal punto será el mismo brote quien tenga que realizar el esfuerzo mayor; con su voluntad de incremento, con su fervor por aprender, con su avidez de observar y de escuchar, con su sentido de solidaridad hacia otros brotes, también surgidos al socaire de la tolerancia y el respeto, hasta que entre todos llenen el mundo nuevo.

Ningún guía, ningún suministrador de la semilla, puede hacer otra cosa que indicar el camino más recto; cada uno de vosotros tendrá que andarlo; nadie lo hará por él; no hay ningún sueño que se cumpla solo. Un día llegará en que no necesitéis guía ninguno, porque hayáis encontrado la dirección dentro de vosotros. No está mal que entretanto dudéis, ya que la duda es el método más seguro de afirmación y de enriquecimiento. Cuando hacéis montañismo, el más experimentado asciende por delante y os ayuda a escalar: la confianza en él, si es merecida, será la cuerda más resistente; a los que suban detrás, vosotros les serviréis de apoyo. Todo en la vida nos guía: para confirmarnos en nuestro camino, o para advertirnos de que nos estamos equivocando y hay que rectificar; pero todos los movimientos y los pasos habrán de ser vuestros. El brote es el que tiene que alzarse hacia la luz: nadie puede elevarse por él. Un viento grato y perfumado recorre el mundo, pero nosotros somos los dueños de nuestras ventanas, y los que decidimos si abrirlas o no abrirlas.

Según la edad, así ha de ser la alimentación: ni las papillas son para hombres barbudos, ni las paellas para bebés. No comáis sino lo que sea apropiado a vuestro momento. El tiempo pasará, y lo que antes apartasteis vendrá a seros muy útil; os tropezaréis con las mismas palabras que hoy desecháis, y mañana las veréis llenas de sentido. No es el texto el que cambia, sino quien lo lee. Por eso el guía más útil no es aquel que da consejos: es el que expone su mensaje. No el que desciende a particularismos, ni a las mínimas necesidades personales, ni a la estrechez de los dogmas: es el que dice: «Yo traté de progresar por esta senda. Tropecé, me enredé, en ocasiones hasta me desvié y me perdí. El que aspire a transitar por ella que aprenda de mis errores y mis dificultades.» Porque, una vez que te embarques en la búsqueda de tu meta, esa búsqueda no cesará, y será ella la que mejor sirva de directriz a tus acompañantes.

Que nadie hable para demostrar su experiencia, ni su erudición, ni su superioridad. Que hable sólo para transmitir compasión y misericordia, a través de un mensaje que accede con facilidad al sentimiento y a la inteligencia. Todos somos iguales, cualesquiera que sea el nivel de nuestro crecimiento: es la voluntad de crecer la que nos identifica. Todos somos brotes del mismo huerto y del mismo jardín. Se crece de abajo arriba (no me cansaré de repetirlo) y de dentro afuera. Es abajo y es dentro donde está el despertar. El hombre que no se adapte a la verdad, sino que adapte la verdad a sus necesidades, ése no crecerá. La semilla se halla en el árbol, y el árbol entero en la semilla: lo que sucede entre una y otro constituye el mayor milagro que nos es dado hacer.

LAS DROGAS ENEMIGAS

La droga es más un anatema que un concepto. No se la entiende como sustancia productora de determinados efectos sobre el funcionamiento cerebral, a menudo beneficiosos. Su correlato social no lo da su actividad farmacológica, sino su fuerza para simbolizar el mal. Se ha convertido en un ejemplo maniqueo: declararse enemigo suyo, aun sin un previo análisis, es requisito imprescindible para ser considerado buen ciudadano. Es temida como un contagio vergonzoso, como una peste negra. En ella se concretan las aversiones y la encarnación de lo peor que le sucede al hombre. Se la

223

tiene como adversaria de la familia, destructiva de los futuros individuales, propiciadora de delitos y demoledora de toda convivencia. Así las cosas, es difícil opinar con sensatez sobre la droga, cuyo solo nombre ya aterroriza y mancha.

Pocos discurren que, para que se genere la drogadicción, se precisa una previa vulnerabilidad del individuo, ya sicológica ya valorativa, representada por una ansiosa necesidad. Tal compulsión es una patología provocada por la sociedad de mercado de la que tan orgullosos nos sentimos y cuyos servicios sin cuenta cacareamos. Cuanto más neoliberal y más consumista, más drogadicción siembra. Porque lo que ésta rebela es el hondo conflicto del mundo contemporáneo. Del adicto se asegura que es un terrorista de la intimidad y un subversor del orden que, al modificar su propia química, trata de reemplazar a Dios. Lo cierto es que, si se analizan una a una sus historias (yo recibo cientos de cartas de *salientes* más o menos decididos), se echa de ver que son seres deformados por el autoritarismo o el miedo; o que su voluntad se debilitó al ser sustituida por la de sus *educadores*; o que se empleó con ellos el chantaje afectivo, lo cual les ha incapacitado para desarrollarse entre las graves presiones que descarga la democracia de las masas.

Dicen los médicos que la mejor vacuna contra el sida es la prevención. Igual sucede respecto de la droga. El fortalecimiento, la enseñanza, el ejercicio y la preparación para elegir, el adiestramiento de la persona para hacerla capaz de mantener su independencia frente a las tentaciones de la verbena consumista que los Estados fomentan, son el camino único para evitar que los jóvenes —que os sentís tan desamparados— entréis a formar parte de la oscura cofradía de la adicción. Eso, y no las maldiciones de los padres ni las alarmantes profecías de los afiches, ni la actitud hipócrita y prohibicionista de los gobernantes. El núcleo familiar o se ha deshecho o está en trance de una crisis decisiva. El remoto control de los legisladores y la no tan ciega justicia (que sanciona a los más modestos traficantes sin ir a la cabeza del crimen organizado) prueban su impotencia cada día. La sociedad (que, en lugar de promover la libertad, la agota entre prometedoras ofertas y estúpidos eslóganes) hace la guerra a quienes dan en ella sus primeros pasos, y los empuja hacia extravíos que los destierran y degradan... «Es un derecho de la sociedad —se afirma—, y de los mismos *enfermos*, que la ley no permita el consumo de sustancias que, como está plenamente demostrado, inexorable e irreversiblemente atentan contra la especie humana.» Este razonamiento —si lo es— constituye una falacia de tremendos resultados.

Las drogas han convivido con los seres humanos desde el principio, y conviven, y convivirán. Fue el cristianismo, temeroso de cualquier éxtasis (incluso el de los místicos), y apoyado por la ciega fe en dogmas irracionales, el que se opuso a las drogas como instrumento ya de cultos paganos ya de la medicina de Galeno e Hipócrates. Por supuesto que las drogas adictivas se adueñan del alma del hombre o la mujer que se acerquen a ellas con una urgente sed y un desconocimiento de sus peligros. De ahí que haya que prevenirlos. De ahí que haya que convencerlos de que aquello que persiguen con la droga sólo lo conseguirán con la lucha, con la esforzada lucha frente a un mundo que esclaviza, humilla, indignifica y abate: él sí, más aún que la droga a que se contrapone.

A quienes me cuentan su yermo vía crucis y sus intentos por salirse de él; a quienes saltaron desde el amor compartido hasta la droga aisladora; a los decepcionados que pretenden olvidar sus bellos sueños fenecidos; a los ardientes deseadores de triunfos que no vienen; a los hijos normales de padres normales en quienes no hallaron la calidez de la comunicación; a los curiosos impertinentes que siguieron las huellas de otros impertinentes e ignorantes; a los que descienden los peldaños del alcohol y las drogas blandas hasta el infierno más cerrado, yo los invito a abrir los ojos y enfrentarse a sí mismos, a mirar a su alrededor y olvidarse después un poco de *ellos*. Y a combatir contra sus verdaderos enemigos, poniendo ese combate como sustituto de la droga, y esa ilusión como sustituto de la derrota. Porque ellos, que proceden de las tinieblas desoladas, pueden ser los más sólidos forjadores del mundo de la luz.

LAS DROGAS ALIADAS

Sé que, en general, estáis en contra; que os hiere que se generalice en este tema más que en otros, y por eso acentuáis vuestra repulsa; que lo que veis y oís os parece una dolorosa evidencia. Y, sin embargo, es necesario puntualizar; necesario informarse y reflexionar antes de volver la espalda al tema; y necesario, sobre todo, comprender. La droga es tan antigua como el hombre; no se trata de un fenómeno de hoy, por mucho que así os lo quieran hacer creer. Las vinculaciones empáticas que algunas provocan, o la evasión que propician otras, o la intensidad vital que todas prometen, han sido desde siempre ansiadas por los seres humanos. Los sabios griegos las consideraban oportunas o inoportunas según los casos, los usuarios y las circunstancias. Todas las culturas las han empleado en una dirección beneficiosa. ¿Qué es, por tanto, lo que hay de nuevo ahora?

El problema no está en las sustancias sicotrópicas, sino en su relación con la cultura ambiente. Nada hay demoníaco en la composición química de las drogas. Un altísimo número de consumidores no son andrajosos delincuentes ni marginados, sino personas integradas en el aparato productivo y, de acuerdo con las normas, *respetables*. En los EE. UU., impulsores de la prohibición en una Europa que no se planteaba con la droga una cuestión básica, se dan cifras muy expresivas: al alcohol se atribuyen de 80 000 a 100 000 muertes anuales (como factor, influye en otras 100 000 más), y cerca de 300 000 se atribuyen a efectos del tabaco, mientras que sólo 3 572 personas mueren al año por causas imputables a *todas las drogas ilegales juntas*.

¿A quién se le ocurriría calificar de drogadictos a los indígenas suramericanos que mastican las hojas de coca mezcladas con cal? Y los Estados que tanto se oponen a la droga *que mata*, si existiera alguna de diseño que nos transformase en dóciles y fructíferos ciudadanos, ¿vacilarían un segundo en dárnosla a paladas?

Lo nuevo hoy es la compulsión en su consumo, la adicción a ella, y no su empleo. Una personalidad bien formada mantendrá la droga a su servicio, y nunca se pondrá al servicio de ella. ¿Que se corre un riesgo? Hay muchas cosas arriesgadas; siempre nos da más de vivir lo que nos mata: el tiempo, sobre todo, y el amor, y la vida con sus vibrantes atributos y sus vericuetos sorprendentes. Hay muchas cosas de las que nos colgamos: desde la música hasta el trabajo, desde la religión hasta el deporte. Hay muchas cosas asesinas: desde las guerras hasta los pecados contra la naturaleza, es decir, contra esa cadena, la rotura de cuyos eslabones ignoramos dónde nos llevará dentro del desequilibrio ecológico.

Se dice que los drogadictos son antisociales. Y yo también lo soy. Es esta sociedad la que nos hace antisociales, no la droga. Es esta sociedad la que crea drogadictos, a través de actuaciones pésimas que nos ignoran y nos timan: el paro, el consumismo ofrecido sin discriminación, las explotaciones del hombre como objeto, la competitividad, el espejuelo de *ser el mejor*, el desamor que contamina las ciudades... Tales son las verdaderas causas de las drogadicciones: la búsqueda de lo que nos ponga una venda de paz, aunque sea ficticia, ante los ojos; la búsqueda de lo que nos fortifique para trabajar más, para divertirnos más, para resistir más, para rendir más en lo privado o en lo público.

Nadie puede obligar a nadie a tomar drogas, o a abortar, o a divorciarse; pero la droga, el divorcio y el aborto son hechos que están ahí, susceptibles de emplearse favorablemente. Los efectos más inmediatos de la tesis prohibicionista están muy claros: las enormes ganancias de los narcotraficantes (que hasta intervienen con su dinero en la *cruzada* que tanto les aprovecha); el creciente incentivo de lo vedado, que se transforma a veces en reacción contra quien veda, o en un gesto de madurez, o en un intento de irresponsabilizarse; el aumento de las muertes por productos adulterados (no más del 10% de una dosis es heroína, y lo mismo sucede con la coca); la estimulación de los racismos, que simplifican las persecuciones y encarnizan los odios.

De ahí, y de que la represión no haya conducido a nada positivo sino al contrario, que se empiece a considerar la despenalización del consumo, la legalización, o —lo que sería más exacto— una liberalización bien planteada. Es decir, recuperar su uso como una consecuencia de la libertad personal, que actúa ética o estéticamente, o que persigue un alivio a la crudeza de las relaciones humanas más deterioradas cada día. No embistamos contra los efectos, sino contra las causas. Respétese al ser humano y se disminuirá el extremo recurso de la droga; procúrese la realización de los ideales del individuo, y en la misma medida decrecerá el abuso de las sustancias consoladoras. Nuestro modelo de desarrollo ha fracasado: por eso los Estados se esfuerzan en penalizar lo que palía tan terrible sensación de hundimiento. Si se penase por igual a todos los disidentes y los heterodoxos, se abriría una senda al autoritarismo, a la invasión de la intimidad, a la extorsión de nuestra dignidad última. Y acabaríamos ahogándonos todos en una especie de *sobredosis legal*. Aquí, como en todo, es al individuo al que le corresponde la elección. Aquí, como en todo, son los Estados los que nos confuden.

¿QUIÉN SOY YO?

Sé que a menudo, en solitario, os habréis preguntado *¿quién soy?*, *¿quién soy yo?* Se trata de una cuestión que antecede a todas las otras. Sin una respuesta veraz, todo lo que siga (todas las interrogaciones y las contestaciones que sigan) estará contaminado de insinceridad o de inautenticidad, porque se hallará, de entrada, fuera de lugar. Sucederá como sucede a quien avanza por un camino, y posa el pie con un casi imperceptible desvío: cuanto más avance y más deprisa, después de tal falseamiento, más se apartará del camino que hacía y era el suyo. Por eso la indagación de la exacta respuesta al *¿quién soy?* es la que da plenitud a la vida, y abre el principio de la iluminación. Sin ella —sin la respuesta, pero también sin su búsqueda— la vida, por mucho que la atiborremos de aspiraciones y de aparentes cumplimientos, carecerá de propósito ya que carecerá del personal e individual sentido que la hace inconfundible y única.

En otro tiempo vivió el hombre —no hablo de filósofos ni de pensadores, sino del hombre común— como una vagoneta que transcurre sobre rieles fijos. Contemplaba la vida con antojeras, sin acceso a una gran cantidad de objetos, sin gozar de movilidad y de información, lo cual ceñía sus posibilidades a muy estrictos límites. Por el contrario, hoy en día, el hombre, en nuestra área cultural al menos, en nuestro mundo de los más ricos al menos, se ha convertido en un ávido e insatisfecho consumidor, disfruta de una creciente movilidad, y es objeto de una aparatosa y anegadora información. Es por eso por lo que su insaciabilidad de cosas puede transformarlo en un ser frustrado, que rastree su identidad en el exterior de sí mismo, y aspire a diferenciarse y destacar a fuerza de una extraversión con la que sólo conseguirá anonadarse y diluirse. Es por eso por lo que, con la movilidad de que se siente tan ufano, se desplaza monótonamente de su domicilio a su lugar de trabajo y viceversa, o aprovecha sus vacaciones para acudir a lugares ya invadidos por otros como él, enajenados y estandarizados, que descansan cansándose con los mismos entretenimientos y durante iguales fechas. Es por eso por lo que la sobreabundancia de información engendra confusionismo y errores, como quien, hecho a la lentitud y a la solemne parsimonia del camello, monta en un coche deportivo perdiendo el ritmo al que tenía acostumbrada su cabeza. El *desear tener* (reducido a objetos de consumo, a dinero, a celeridad más o menos vertiginosa, o a una información cambiante) nos convierte en esclavos de las situaciones, porque cometemos el desatino de buscarnos entre ellas en lugar de hacerlo en la penumbra y el silencio y la soledad de nuestro interior. Es el *saber vivir* lo que nos hará libres, porque nos permitirá investigar la certeza de nuestro ser en nuestra verdadera intimidad.

Con frecuencia somos como aquel al que se le encomienda un paquete, advirtiéndole que su contenido es esencial para él y aconsejándole que compruebe su importancia, con el fin de que lo lleve así con el mayor ogullo y el más minucioso cuidado. Pero el portador superficial avanza por un camino lleno de sugestiones, y se enreda entre ellas, y se detiene a admirarlas sin advertir que lo valioso es el contenido del envoltorio que no se toma siquiera el trabajo de abrir. Y piensa, mientras se demora o retrocede, en las brillantes trampas que le tiende el viaje, y se sienta a la vera del sendero, y va viendo caer el sol, sin decidirse a desenvolver el paquete que cada vez le es más ajeno, distraído como está en las piedras que brillan, o en los anuncios de riquísimas minas, o en la tarea de repletar su mochila con recuerdos insustanciales o con los amoríos que un rato le entretienen. Y cada vez le pesa más la sobrecarga con la que él mismo se ha abrumado. Hasta que deja en tierra el paquete y lo abandona sin volver la cara, y prosigue su avance, perdido ya definitivamente.

Y es que la más alta meta de cualquier conocimiento es el hallazgo de uno mismo; el resto es secundario. Hoy en día, sin embargo, tiende el hombre a actuar más al nivel de la mente y menos al del corazón, siendo así que los dos caminos han de converger. Si es la mente la que valora, el corazón es el que siente; si la comunicación rige el reino de la inteligencia, el del sentimiento es la comunión. De ahí que por las dos vías haya de perseguirse la respuesta al *¿quién soy?* Y nada se nos dará gratis. No hay oráculos que nos cieguen con su luz: habremos de encerrarnos en la reserva de nuestro tabernáculo a inquirir la verdad; habremos de prestar oído atento a las voces secretas. Nadie encuentra sin haber buscado: el camino de Damasco exige siempre una resuelta iniciativa. El primer propósito de la vida es ratificar en dónde crece; el primer propósito del ser racional es su confirmación en la vida; el bautizo con su agua, que lo convierte en alguien perfectamente diferenciado e irrepetible. Con la vida se nos da una lámpara al nacer: no para que la ocultemos ni para que prendamos con ella fuego al bosque, sino para iluminar el camino de la búsqueda hacia nosotros mismos.

De esa forma será como lograremos no llenar nuestra vida de días (lo que la prolongaría de una forma insensible e inútil), sino llenar nuestros días de vida (lo cual ha de ser nuestra máxima ambición). Haya sol o sombra, felicidad o desdicha, mañana o noche, frialdad o calor. Porque la cumbre tiene su sentido, y el valle tiene el suyo. Y es en el contraste de los dos donde reside la riqueza del mundo.

SER O NO SER

La jaula, por muy de oro que sea, no deja de ser jaula. Los animales, que pertenecen a la Naturaleza, difícilmente se reproducen en cautiverio. Echan de menos la libertad, el gran aire, su riesgo también y sus peligros que forman parte de la vida en cuya escala habitan, como depredadores o acaso como víctimas. Tal es la última sumisión —inconsciente— que admiten. Sin embargo, los seres humanos se dejan aprisionar complacidos; aplauden la decoración de sus cadenas; agradecen que se les introduzcan en sus cárceles juguetes y pasatiempos; se adaptan con docilidad a los horarios; no se resisten a ser sustituidos en las labores del corazón y del pensamiento; descansan en otros el ejercicio de su inteligencia y la obtención de conclusiones; se transforman en dependientes, encarrilados, semejantes como cortados por patrones idénticos, lo cual facilita su manejo y su esclavización.

La tarea primordial del hombre de hoy es sacudirse esa consoladora carga de falsa solidaridad. Bajo ella no podrá decir su nombre, ni cumplir la otra tarea: por la que vino al mundo y que comenzará sintiéndose *ser vivo en plenitud, liberado y valiente*. Liberado de todas las prisiones con que lo ciñen las creencias transmitidas que nadie puso a prueba jamás; y los sistemas que se aceptan como indiscutibles; y las tradiciones contra las que la rebelión se considera un crimen; y las teorías sobre las que se erigen las más graves dictaduras interiores. Un ser vivo no puede ser sino valiente para enfrentarse a autoridades que jamás dan la cara, a errores ciegos que se imponen como axiomas, a supersticiones que pocos se toman el trabajo de quebrantar o discutir.

Si el hombre es racional, no lo es más que por su capacidad para comprender. No para someterse, sino para plantearse cuestiones nuevas como un eterno insatisfecho. No para dormitar sobre la cómoda almohada de la obediencia y la uniformidad, sino para proclamarse distinto, inalienable y crítico. Nadie ha nacido para imitar a nadie; ni para repetir, por un mendaz respeto, los gestos de nadie; ni para negar los propios sentimientos en función de los sentimientos de otro, por próximo y querido que éste sea. El discípulo no tiene por qué poner su pie sobre la estricta huella del maestro: ha de elegir la dirección de su camino y ser después el creador de sus etapas y su meta. Cuando la vida no está llena, sus vacíos producen una inestabilidad dolorosa y una enrevesada pesadumbre. Sé que es más confortable andar en compañía, pero hay trechos que no sólo conviene, sino que es imperioso, andarlos solo. Sé que es más confortable recorrer las sendas trilladas y aparentemente inequívocas, pero no son las que conducen a la intransferible realización individual.

La actuación de quien desee comunicaros sus experiencias no ha de consistir más que en alumbrar la verdad que yace en el fondo de cada uno, como la oscura agua de un pozo que refleja la alta luz de la estrella. Nadie goza del derecho a imponeros su verdad personal: de uno en uno vosotros habréis de hallar la vuestra; lo único que está permitido es fomentar el anhelo que os mueva a tal hallazgo. No hay ningún molde colectivo que valga, no os hagáis ilusiones. Si aceptáis cualquiera que os propongan, os equivocaréis. Vuestras características son singulares: tendréis que descubrirlas, o atender con finura de oído, la voz que en vuestro interior os las descubra, y promover después vuestra singularidad. Toda copa es nociva, y sólo conduce a la mediocridad y al retroceso. Cuidado con las incondicionales adhesiones. Cada uno es único, y en el enaltecimiento de tal certidumbre se encontrará la perfección, o mejor aún, el avance hacia la perfección que es siempre inalcanzable.

Contad con los maestros, con los padres, con las personas ejemplares; pero que su sello no os sea grabado a la fuerza en el alma, igual que se troquela un rostro en la moneda que irá de mano en mano. Jamás os anuléis por responder a la esperanza ajena, porque os traicionaréis, y traicionaréis, por lo tanto, en el fondo, a quien espere lo mejor de vosotros. Responded con todo ímpetu a las esperanzas vuestras; mantened vuestras discrepancias; y caed, si es inevitable, sólo en vuestras propias tentaciones. En medio de las infinitas propuestas, del barullo que os rodea y confunde, de las flechas innumerables que señalan direcciones contrarias, no tenéis más remedio, si queréis seros fieles, que seguir vuestro sendero singular: por mínimo, por escondido y aun por despreciable que os parezca. No conozco a nadie valioso que no sea su propio dueño; que no haya luchado por su integridad y sus peculiaridades; que no emprendiera un viaje inédito en una travesía no frecuentada por rebaños. Y que, al final, no haya sacado de su soledad la mejor y más generosa compañía.

LOS PADRES

Padres y madres vuestros me escriben airados con frecuencia. Casi todos me acusan de enfrentar a las generaciones, de separaros de ellos, de oponeros; como si el diagnóstico y el tratamiento fuesen anteriores a la enfermedad. «Escriba a los herederos —me dice uno—. Hágalos suyos: puedo responder a tanta nobleza. Pero no intente arrancarlos sistemáticamente de sus raíces. No todas están vacías, ni podridas. Las hay firmes y agarradas a la tierra y muy capaces de mantenerse, vengan los temporales de donde vengan. A los herederos no se les lleva "muy cerca del corazón" (aquí me cita): son el corazón mismo.»

Insinúa otro que, «cuando se es un mago de la palabra, se puede hacer, quizá inconscientemente, con la magia, demagogia». Y me atribuye menospreciar «a los que no tenemos veinte años. Porque un día los herederos tampoco los tendrán, y entonces, cuando quieran roturar los campos que los vieron crecer, y arañar con sus manos la tierra que los engendró, se sentirán perdidos. Y será tarde, y serán viejos».

Hay quien lanza su gruesa artillería estrictamente contra mí por solitario: «¿Qué has hecho de la esperanza que sostiene al hombre contra toda esperanza? ¿Quién podrá apoyarse en ti, que ya no necesitas ningún hombre para descansar?» O quien me reprocha: «En esta guerra usted pertenece al cuerpo de élite, el que dirige la estrategia desde un sillón con el mapa de las angustias en una mesa. Hay quienes las viven en el duro campo de batalla. Esta guerra no le infligirá lesiones graves, ni dejará cicatrices profundas.» Y todo, según creo, porque no insisto, para su interés, en lo siguiente: «Que los herederos conozcan cuánto amor expusimos al transmitirles la vida; cuánto ganamos ayudándolos a crecer; cuánto hemos perdido sin llevar la cuenta; cuánto nos queda guardado todavía a la espera de que alarguen la mano para llevárselo.»

Leo estas cartas, y ni siquiera sé si hablan de mí, ni si han leído con reflexión todo cuanto os escribo, o si sólo respiran por la herida. Vosotros juzgaréis: ¿estoy yo desprovisto de esperanza, cuando es una palabra que no se me cae de la pluma, y el único motor de estas páginas? ¿Será otro sentido que el del amor el que me mueve a escribiros?

Lo cierto es que sí me pregunto de continuo qué fue de aquellos jóvenes de hace veinticinco o treinta años, que avanzaban codo con codo junto a mí; cómo desaparecieron; dónde se refugiaron; en qué sillones y ante qué mesas instalaron su asiento, ellos sí. No hablo de este o aquel padre, ni de esta o aquella madre en concreto, que si se pican es porque ajos comen. Sé que los hay magníficos, y ésos no necesitan insultarme. Hablo de los padres y madres que hoy, antes que a mí, os descalifican a vosotros, os desconocen, os desprestigian. Hablo de los *mayores* que se han propuesto neutralizaros, no ya con la droga (que les asusta), pero sí con músicas y deportes entendidos como una alienación, con velocidades vertiginosas que ellos pagan, con el alcohol o la agresividad que, consentidoras de esta sociedad sucia, ellos propician.

Hablo de los malos ejemplos que os han metido por los ojos y de los desvíos con que os apartan de su mundo: la corrupción irrespirable que lo apesta; el mercado de trabajo tan parcialmente manejado; la indiferencia ante los méritos profesionales y los estudios bien llevados; el trinconeo, las malversaciones y el incumplimiento total de promesas que caracterizan a los políticos, que tienen la caradura de incriminaros por vuestro repudio a la política; la flagrante contradicción entre los datos que ofrecen las encuestas oficiales y los que os afectan en vuestra carne viva... ¿En qué han convertido ellos, porque supongo que serán padres de muchos, la sociedad? En un campo de Agramante donde sólo se cotiza y aprecia el dinero, y donde el camino para conseguirlo es multiforme y siempre bendito, aunque se trate de la defraudación, del zascandileo, de la insolidaridad, de la hipocresía, de la manga más ancha posible y del sálvase quien pueda.

No, no me sale de dentro aconsejaros que os asemejéis a vuestros padres. Insisto en que me refiero a la mayoría: a los constructores del mundo que vosotros y yo —y ellos— por desgracia habitamos. Sé que los no inmersos en la aberrante *paternidad* de este mundo os habrán educado con su presencia sólo, y seréis sus vástagos convencidos, y ojalá de tal palo salga tal astilla: enhorabuena. Pero, por lo que hace a los otros, antes de poner el grito en el cielo, que tengan la humildad de dudar y preguntarse a sí mismos y examinar sus conciencias, en vez de exhibir y promocionar ante vosotros verdades inconcusas, órdenes de circulación obligatorias, modelos tan malolientes como inaccesibles. Porque lo más humano es dudar, y dudar juntos quizá sea la mejor prueba de compañerismo que puedan daros, y la más envidiable manda que puedan ofreceros en herencia.

MOVIDAS

No me cabe duda de que vosotros tendréis vuestras movidas: menos uniformes y quizá muy distintas de lo que, desde fuera, ven los adultos. A mí me gustaría que no se asemejasen en nada a *la gran movida* de los años posteriores a la dictadura. Antes estaba claro, y se comprobó luego, que la muerte del dictador no iba a producir eclosión cultural ninguna: eso no se improvisa, ni nadie da lo que no tiene. Lo que sí se improvisó fue *la movida*. Consistió, más que nada, en un gesto tan natural e instintivo como el del desperezo después de un largo sueño. Y tan improductivo y poco elegante como él. El inaugurado uso de las libertades se desbordó en una confusión de río revuelto. Todo el país —o casi todo— se convirtió en una fiesta aldeana. Los medios de comunicación de masas fomentaron la uniforme reiteración de la vulgaridad y el cutrerío. En una mitología de lo zafio, cualquier cosa se tomó por arte y por cultura: las verbenas, las tradiciones imaginarias, los festivales de quincalla, los populachismos, la cocina, la forma de vestir o de expresarse indebidamente... Por obra y gracia de una plebeya demagogia, todo exigió ser tomado en consideración y ser además subvencionado.

Se llamó creación a la intrepidez y a la osadía vinieran de donde vinieran, y a cuanto se conformaba con reproducir clónicamente el arte. Creadores fueron los estetistas, los diseñadores imprevistos, los modistas dudosísimos, los transgresores de pan y chorizo, los asesores de imagen, los relaciones públicas, cuantos sentían una vaga ansiedad lírica y cuantos no habían encajado antes en ningún tablero. Por supuesto que cada personalidad ha de expresarse; pero, por evidente que tal derecho sea, si quien se expresa es basto, bastas serán sus expresiones. La movida aquella fue una exaltación de mediocridades, una criada para todo, una confusión de la sencillez con la cochambre, y de la transgresión con el cambalache. Gentes sin dones, sin criterio y sin preparación alguna asaltaron la bolsa del arte por la puerta de servicio. Reclamaba admiración y protección un sexo pobre, que hasta entonces había estado en los sótanos, y ahora se atrevía no sólo a decir su nombre, sino a restregarlo por los morros de quien fuese. Se buscó un éxito inmediato, económico y contentadizo, y una fama casera, manejada por los manejadores de lo que se llamó —en falso— posmodernidad. Todo emanaba un tufo a cocidito madrileño y brasero de mesa camilla. No hubo grandeza, ni auténtica toma de posturas, ni ejercicio de la libertad responsable, ni rebeldía que se ocupase de cambiar —a fondo y para siempre— el rostro de la antipática y siniestra sociedad en que habíamos vivido.

A la calle se echaron los homosexuales que no eran más que eso, y unos cuantos barullos marrulleros que se reducían a asuntos de entrepierna. El ambiente se convirtió en una bullanga pestífera, formada por un pueblo que calcaba los peores defectos de la burguesía y por una burguesía que se apretaba las narices para fingirse aristocrática. Lo estrictamente popular no apareció por ninguna parte. Así, esfumado el rigor, todo era feria, subasta y carnaval. Por eso nadie —más que sus estólidos protagonistas, de los que muy poquitos se salvaron— siente añoranza de aquello. Fue una época para listillos, para aprovechados y para jugadores de ventaja: una juerga en la que se robaban las carteras.

Pero de aquellos polvos vienen estos lodos. La sociedad de hoy, adormilada, delegadora y consentidora; distraída, como antes, en el fútbol y en los toros; con pregonadas esencias añejas, que huelen, más que a viejo, a podrido; con una televisión de basurero; con la continuidad de la chapuza como símbolo nacional; y con un arte en manos de los mercaderes que han llevado a abrevar sus caballerías hasta los altares del templo.

Sean cuales sean vuestras movidas de hoy, no remedéis las de ayer. O salíos, mejor, de todas las movidas: que cada cual se mueva como quiera. No seáis, en expresión de los adultos resabiados, *normales* (los atenidos con sumisión a las normas que han de respetarse para que se les reciba entre los directivos del cotarro, y de tal modo de triunfar en el sitio en que están sin cambiar sus leyes, ni sus modas, ni sus baremos, ni sus ídolos). No seáis tampoco *marginales* (los que escupen, y se alejan a través de la droga, de la neurosis, de la mendicidad o del falso arte). Por favor, transgredid construyendo. No os contentéis con la búsqueda de la novedad que encandila y se extingue. No os pongáis a tiro del dinero, porque su disparo terminará por asesinaros. No os alineéis con esa gentuza a la que sólo le interesa su salud y un acomodo físico. Desechad los alcoholes *light*, los tabacos *light*, los amores *light*, la cultura *light*... No hay nada que nos eleve tanto como acometer apasionadamente la irrepetible hazaña que es vivir. El desapasionamiento quizá alargue la vida, pero estoy seguro de que no la enriquece.

PARADOS

Carlos Marx observó que las revoluciones económicas tienen su origen en un cambio de los instrumentos de trabajo. La rueda y el arado convirtieron al hombre de nómada en urbano; la máquina de vapor convirtió al siervo en proletario; la tecnología punta, la informática y la robótica amenazan con transformar al trabajador en parado. La mayoría de vosotros no lleva la vida que aspiró a llevar. Considerabais la adultez un ineludible e indoloro paso biológico, no un trauma que ensombreciese vuestra biografía. La juventud —ahora os convencisteis— no era un valor objetivo, ni bastaba por sí misma, ni era un «divino tesoro», sino sólo un tránsito para algo, una oportunidad, un instrumento: exactamente lo mismo que la vida. Esa mayoría de vosotros no tiene trabajo, o lo tiene precario e inestable. El trabajo es ya un bien escaso y, por tanto, precioso. ¿Tiene esto solución?

Dentro del sistema capitalista en que nos movemos, no. Los trabajadores son más costosos que la máquina, y, para la producción, conviene que la máquina los sustituya: la mecanización se ha impuesto. El objetivo de la economía no es proporcionar empleos, sino crear el máximo de riqueza con el mínimo de recursos. En puridad ya nadie sincero habla de una situación de pleno empleo; como mucho, se habla de una nueva utilización del tiempo. Es decir, de sacarle partido: las máquinas significarán trabajar menos, más a gusto y distribuir el trabajo de otro modo más lógico. Ésta es la pelota que va a caer de pleno sobre vuestro tejado. De cómo juguéis con ella dependerá, en gran parte, vuestra vida. Hasta ahora se ha actuado como otro Marx, esta vez Groucho: se queman los vagones del tren para alimentar con ellos la locomotora que los lleva. Acelerar el crecimiento para promover así el desarrollo de las naciones ha sido un fiasco trágico, que no ofrece aspecto de remediarse.

Por ejemplo, en buen número, los que estudiasteis en la universidad os preguntáis para qué. En general, lo hicisteis para conseguir, con un título, unos ingresos honorables y un buen grado en el escalafón social. Os sentís defraudados. Primero, porque esta universidad no sirve ni para eso. Segundo, porque muy pocos aspirasteis a formaros, a satisfacer la ansiedad de saber, a realizaros mediante un rendimiento creativo, a conocer un mundo distinto de aquel en que nacisteis, a crecer dentro de vosotros mismos: en una palabra, a haceros mejores. Muchos de los casi adolescentes estudiantes que fuisteis sois ahora jóvenes cansados y prematuramente envejecidos: ya por el paro, ya por un trabajo que os empequeñece o que os abruma. Os sentís invadidos por la desconfianza hacia una sociedad aficionada a los éxitos personales mensurables en dinero; por la infravaloración que percibís en los demás y en vuestro propio interior; por la autocompasión, tan malísima compañera, que os sugerirá las peores escapatorias; por el miedo a perder lo poco que tenéis, o a que otro os desposea, o a permanecer mano sobre mano, todo lo cual favorece el egoísmo insolidario; por la agresividad que desencadena cualquier régimen de pura competencia como el que vivimos. O sea, la universidad, en lugar de formaros, os deformó, esperemos que no para los restos.

Vivir a costa de los padres, o a fuerza de subsidios, o a través de economías sumergidas, o en los límites de la supervivencia o de la delincuencia, amarga al santo Job, aunque disimuléis por fuera exigiendo vuestro derecho a la pereza. En una sociedad cuyo eje es el trabajo, nadie más que un parado responsable sabe cuánta tensión despierta el tiempo no utilizado cuando tampoco es libre; ni cuánta humillación acumulan la búsqueda de empleos inferiores, el sello de las cartillas de paro, la consulta de direcciones inválidas, la petición de favores, y el presentir que la gente tacha de vagancia, por si fuera poco, lo que es un vía crucis. Nadie mejor que un parado conoce el sufrimiento de tener que replantearse su posición respecto a sí mismo, a su familia y a su entorno; ni el riesgo de acostumbrarse al estilo de vida del parado (soledad no querida, televisión, entumecimiento de las facultades, embrutecimiento voluntario), en que se pierde hasta la menor gana de reaccionar y sublevarse.

De ahí que, con vuestra fuerza entera, hayáis de influir, asociados o solos, en la introducción de nuevas normas del campo laboral, en la redistribución de las ocupaciones, en la defensa de los trabajadores, en el apoyo a quienes por desgracia no lo son, en el aprovechamiento del tiempo y las jornadas de forma más equitativa. Es tarea vuestra desde ahora mismo; con ella crearéis un mundo más compasivo y misericordioso. Como lo crearéis no dejándoos hundir por nada ni por nadie: acudiendo al voluntariado, al ofrecimiento de vuestra persona en empresas bienhechoras, al ejercicio de vuestras profesiones en países menos desarrollados... Así ampliaréis vuestro caudal de concordia; se multiplicará vuestra experiencia; aplicaréis vuestros estudios o habilidades; os sentiréis útiles. Y, sobre todo, avanzaréis en la empresa de ser cada día mejores hombres y mejores mujeres, que es la empresa esencial.

LOS ESPACIOS SAGRADOS

Existen espacios místicos donde se hacen enigmáticos hallazgos. Son «el ameno huerto deseado», o «la interior bodega», o «las subidas cavernas de la piedra», de san Juan de la Cruz. En tales espacios los seres humanos descubren a otros seres desconocidos que habitan dentro de ellos mismos. Son territorios trascendentes en nuestra vida, donde acometemos experiencias rituales y personalísimas. Sin embargo, en relación con ellos, cuyo reflejo o cuya vislumbre llevamos dentro, puede pecarse por exceso o por defecto: la persona que no entre nunca allí será una masa de pan que se ha quedado sin cocer; la que, por el contrario, se exceda y prolongue su estancia, se transformará en un pan incomible por demasiada cocción. Las antiguas misas latinas de la Iglesia, sus barrocos ceremoniales, su sentido teatral de las luces, de los perfumes y los cantos, forman —o formaban— un espacio sagrado en que el hombre se tropezó con extrañas presencias o no adivinadas peculiaridades de su propio carácter. Como la tragedia en el teatro griego, que produjo la catarsis o purificación de los espectadores. Como el ámbito invisiblemente acotado donde, en lugares del Tibet o la India, se unen las parejas durante largas horas, a través del sexo, mirándose a los ojos sin llegar al orgasmo.

Porque con frecuencia la visita a semejantes espacios no conduce a nada material, ni a una plenitud ni a una adquisición, sino precisamente al descubrimiento de un vacío previo, de un anhelo insatisfecho que nos ayuda a reconocernos en su insatisfacción. Para introducirse en tal recinto no hay que romper barrera alguna, ni fronteras, ni hostilidades. Hay que abrirse y ofrecerse con naturalidad. Hay que *manifestarse*. Y esta manifestación nos trae al recuerdo las danzas con que determinadas aves se cortejan, o las euritmias de ciertos animales. ¿Son ritos de nupcialidad, o movimientos de supervivencia? ¿Son galanteos con que la naturaleza seduce para llegar a la fertilidad? Se ha descubierto que no: no se trata de razones *prácticas*, sino de despliegues gratuitos, de exhibiciones sólo dirigidas a la expresividad, a la euforia y a la hermosura. Todo a su alrededor se esponja y se activa; todo cuanto observa la gozosa parada colabora con ella.

Pero el ser humano no está lejos de las garzas, de los impalas, de las gacelas, de las grullas o de los somormujos. También él se exhibe; también él se embellece para la mirada ajena; también bravuconea y se ostenta: no sólo el macho ante las hembras, sino la hembra ante los machos. Las pandillas de adolescentes son exhibicionistas —en sus vestidos, en sus maneras, en sus coches— ante la entrada de los espacios sagrados de sus discotecas o sus clubes. Y son estos espacios los que os alejan, a los adolescentes y a vosotros, del machismo ofensivo o del ácido hembrismo, o de cualquier otra fantasía de dominio. Os apartáis de la confrontación para acercaros a la comunidad y a la pareja, y lucir ante ellas: aparte del último clímax, aparte del orgasmo, aparte de la rivalidad y la batalla. Entonces habitáis sin vergüenza vuestro cuerpo y os enorgullecéis de él, como el pavo real, «cuyo orgullo es la gloria de Dios» según Blake. Cultiváis el gozo de la forma con independencia de lo masculino y de lo femenino, de lo aliado y de lo hostil. Estáis *para ser vistos* —y para ser agradecidos—, obedientes al mandato más natural de todos. Vuestra condición belicosa se domestica en arte, en encanto, en placer, en baile, en música, o sea, en armonía.

Sin tales espacios sagrados, ¿cuánto tiempo tardaríamos en iluminar y aprender nuestras partes oscuras, que las familias y los maestros al uso intentan siempre ahuyentar de nosotros? A los muchachos se os conduce hoy desde la niñez hasta una aparente serenidad obligada, saltándose la formación que los adultos antes supervisaban y en la que, para curtirse, los iniciados peleaban entre sí, se rebelaban, se metían en bretes, se airaban y se manifestaban como arrogantes, pendencieros e individualistas. Hoy se os conduce a los jóvenes a una falsa y precoz madurez, impuesta como la de los frutos que maduran en cámaras separados de su árbol. Porque os aseguro que no es posible llegar a la madurez sin una herida al menos en el corazón. Cada herida es un regalo que no debemos dejar de agradecer: en ella está nuestro patrimonio y nuestro espacio sagrado interior. De ahí que haya de ser publicada y exhibida también, como nosotros, y entroncada con las heridas de nuestros antepasados, con quienes nos vincula. Tenedlo claro: no sólo no hay ninguna herida de la que avergonzarse, sino que no hay ninguna gran herida individual: todas tienen antecedentes glorificadores. Por eso, para recuperar *todo nuestro ser*, hay que empezar por sus zonas sombrías, por sus llagas mal o bien o no cicatrizadas, por sus aparentes impurezas. Porque hasta que no estemos completos, con

nuestra carga entera a hombros, mostrada con sencillez y sin falsos pudores, nadie podrá confiar en nosotros *del todo*. Y hará muy bien.

LA INICIACIÓN

En principio, la iniciación consistía en el aprendizaje de los secretos colectivos. El trayecto de quienes
se iniciaban iba desde su vinculación a la madre hasta
la separación de ella, desde el acercamiento al padre
hasta la separación también de él. Según las tradiciones de cada tribu, se rodeaba a los adolescentes de terrores sagrados. (A veces, las madres fingían defender-
los contra los iniciadores, que los secuestraban o los
arrancaban de sus brazos.) A su alrededor, el alma común deslumbraba el paisaje o lo entenebrecía. Se les
manifestaba el sentido del enigma: eran instruidos por
los adultos en la historia de su pueblo, en la batalla, en
la caza, en la magia, en el ceremonial. La supervivien-
cia de cada tribu dependía de esa traslación de los co-
nocimientos, minuciosa y responsablemente realiza-
da: ella era la única vía de aprehender, de continuar,
de transmitir los altos legados.

Y tal encargo se llevaba a cabo con todo lo que tenía de contienda, clara y oscura a la vez, entre el padre
y la madre. Fuesen éstos o no conocedores de sus papeles respectivos, de sus contradictorias actitudes, del
radical efecto que producirían en el hijo. Porque hay
una parte consciente de la madre que desea que el hijo
crezca y sea libre; pero hay otra parte, sólo quizá inconscientemente, que no quiere que crezca para que
no se aleje de sus faldas. Igual que hay una parte luminosa del padre que transmite creatividad, disciplina y
acuerdo con cuanto es natural, mientras otra parte
perjudica al hijo —al que contempla como destrona-
dor— en su autoestima o en su sexualidad. El campo
donde esta contienda se libraba, con devoción y con

denuedo, era el alma del hijo, que salía de la lid vigorizado o estéril, acaudalado o harapiento.

En nuestro mundo, que parece de tránsito, ha remitido la mortalidad infantil: se producen cuantos niños se quiera, pero muchos menos hombres auténticos (es necesario reconocerlo así). ¿Qué es lo que nos sucede? ¿Por qué, llegados a la edad en que antes comenzaban los ritos de la iniciación, los muchachos de hoy la aplazan, sustituyéndola por la afirmación propia: la afirmación de sus señales de identidad, de sus hábitos, de sus músicas, de sus modas, de sus tics? Así se posterga el momento de su instrucción canónica o se aboie definitivamente. ¿Se trata de niños que, como Peter Pan, se resisten a crecer, o es que los adultos no hallan propuestas nuevas que ofrecerles? ¿No hay ninguna enseñanza fértil que comunicarles, para su futuro y el del mundo, o es que se espera que todo lo aprendan en los libros o en los colegios o en las aceras o en las televisiones? ¿Quién inicia a quién hoy?

Por si fuera poco, en las últimas décadas, la mujer ha descubierto la riqueza de su vida interior y exterior. Se opone a un patriarcado que ha perdido su razón de ser. Se ha hecho experta en sí misma, y se subleva contra el método habitual de iniciar, hasta ahora una exclusiva de los ancianos y los adultos masculinos de la tribu. De ahí que las madres requieran, con frecuencia y demasiado pronto, a sus hijos para sustituir o reemplazar al padre, y ellos se consideren impotentes aún para tan costosa tarea. Ésa es la causa de que, sin iniciar, se quede el hijo nadando entre dos aguas, y no acabe de descubrir su don. El don que, nazcamos donde y como y cuando nazcamos, traemos todos dentro: el de la luz y el cumplimiento, el de la gloria personal, que la familia de ahora tiende a empequeñecer, a normalizar o a deprimir.

Quizá la iniciación, en nuestra área de cultura, haya de consistir precisamente en tal descubrimiento: el de la inalienable, imprescriptible e irrenunciable personalidad, y el del fundamento en que se constituye y se confirma y crece. Me estoy refiriendo a la espontaneidad, tan a menudo extraviada desde la niñez; al acercamiento a las puertas, aliadas e irreductibles a la vez, de la Naturaleza, de la que formamos parte, y que nos es favorable, y a la que no tenemos derecho a tratar como enemiga ni como objeto de perenne esquilmación. Quizá la iniciación —vacilante la familia, industrializada la mente, quebrantada la paternidad— estribe en la transmisión de una nueva enseñanza. Hay que confiar en el don de la ebriedad, de la irracionalidad, del lado dionisíaco del hombre. Hay que confiar en el don de lo que aparentemente está debajo. Hay que confiar en nuestros instintos, que casi nunca nos engañan. El hombre es objeto de deseos incalculables; si le arrebatásemos tal pluralidad, si lo serenásemos, si lo satisficiésemos del todo, el hombre dejaría de existir. Es la inquietud de su corazón lo que lo distingue del resto de los animales: la herencia y la incorporación de lo primitivo, la aceptación razonada del dolor, su gusto por el riesgo, la intensidad y el apasionamiento, su conciencia de las heridas y del salto y del freno y también del batacazo. Porque nuestra labor, como hombres y mujeres, no consiste sólo en liberarnos de las protectoras jaulas familiares y de los correosos sistemas sociales que nos atan, sino en liberar asimismo nuestros ideales para compartirlos, y a nuestros semejantes para crear con ellos un mundo en que la iniciación, cualquiera que sea su método, conduzca más que nunca a la paz y al amor y a la luz.

HAMBRE DE PADRE

La relación entre el padre y el hijo no es muy distinta de la del hijo con la madre antes de nacer: se trata casi de un intercambio físico: como una sustancia que pasase de unas células a otras. Por eso la expresión, americana, de *hambre de padre* es tan precisa: expresa la carencia material de una nutrición adecuada, el alimento que indebidamente no recibe un hijo de aquel que lo engendró. (Hay que reconocer que en las mitologías abundan los ejemplos de malos padres, muchos de los cuales no sólo no alimentan a sus hijos, sino que los devoran.) Hasta hace no demasiados años, eran legión los padres agricultores a quienes sus hijos veían trabajar a diario, bajo todos los cielos y todas las estaciones. Así fue desde el principio de los tiempos, lo mismo con las actividades recolectoras que con las ganaderas o las venatorias. Sólo últimamente el hijo deja de ver al padre trabajador, y su lugar de trabajo, y lo que éste produce. Entonces se origina una especie de agujero en el alma del hijo: una sima profunda, una incredulidad concretada en el «no te fíes de nadie mayor de treinta años», que comenzó a cundir en los años sesenta. Porque hay muchos tipos *artificiales* de padre: el que imita al antiguo cazador, dedicado sólo a la intendencia; el rey mago, que viene una vez por año, pero cargado de regalos; el supuesto amigo de sus hijos, que empieza a actuar cuando ya son demasiado mayores; el de la autoridad suprema, que remunera de acuerdo con las declaraciones de la madre...

Y ninguno de éstos es el padre *verdadero* y *completo*. Quien trabaje en una oficina o en una empresa, ¿qué enseñará a su hijo?: ¿cómo defraudar a Hacienda, o cómo destruir el medio ambiente en su provecho, o cómo colegiar las decisiones para diluir responsabilidades, o cómo eliminar con la burocracia la personalidad? Cuando crecieron los centros industriales y se hicieron centrípetos, se obligó a las familias a emigrar hacia ellos; los ministerios que el padre desempeñaba desaparecieron; se separó el hombre de la naturaleza y de su parentela... Es decir, no existen precedentes que aclaren cuál haya de ser la relación síquica del padre y de sus hijos en la sociedad actual. Alguien ha dicho que el hijo hoy recibe temperamento en lugar de enseñanzas. Esto ya no es ni un patriarcado ni un matriarcado, sino un sistema de dominación industrial que carece de reyes y de reinas. Alrededor de la mesa o de la televisión se sienta la familia, si se sienta, junto a un padre mediocre, al que se ha calificado de «un tonto con mal genio» o «un pobre indeciso». Y la madre no lo puede redimir (con frecuencia tampoco quiere hacerlo); lo ha de redimir el hijo, en todo caso.

Pero al hijo se le plantea el dilema vital de su propia actitud: semejarse a su padre, lo cual lo sume en la desesperanza, o reaccionar levantando el vuelo. Un vuelo que será tanto más alto cuanto más baja sea la personalidad paterna. Un vuelo en el que el hijo se opondrá no sólo a lo que ve, sino a cuanto leyó u oyó de paternidades truncadas y fallidas: malos tratos a niños, abusos sexuales, incapacidad de convivencia, posturas militaristas, rigideces en la educación, preferencia por el trabajo que lo aparta del círculo familiar, atentados contra la madre o los hermanos, alcoholismo, abandono de hogar... O sea, todo lo que yo llamaría *defecto de padre*: las huellas de quien no está ausente de la casa, pero tampoco en realidad presente como ejemplo. Y el hijo alza el vuelo y se aleja. Sin embargo, no lo hace como en otros tiempos enfrentándose al padre (la persona más próxima, contra la que tiene que fortalecer su musculatura), ni siquiera tratando de vencerlo como exigiría un buen complejo de Edipo, sino remontándolo y dejándolo atrás. No por rivalidad si es un hijo varón; no por contradecir su atracción si es hembra; nunca a su encuentro, sino huyendo de él. Antes, cuando el hijo escapaba de su casa, era al parecer siempre por temor a una madre posesiva o castrante; ahora el impulso de evasión —de triunfar evadiéndose— suele provenir de ese padre opaco que provoca hambre de él mismo.

Justamente a causa de él y de la reacción que él suscita es por lo que nuestra sociedad está poblada de hijos volanderos y precoces, de jóvenes empresarios exitosos, de adictos al trabajo y a la creación de una familia (no siempre con éxito), de incoadores de esperanzas en los mismos campos en que fracasara su progenitor, de brillantes ejecutivos que parten el bacalao allí donde aquél obedecía. Y, sobre todo, creo que nunca habrá habido tantos hijos que intentaran olvidar o distraer su hambre de padre, superándolo; que intentaran saciar su hambre de padre con tantos alimentos no caseros, diferentes y aun contrarios a los que se les ofreció en su infancia o en su adolescencia. Alimentos tomados de acá y de allá, a veces con peligrosa intrepidez, y difíciles de encontrar en un mundo en el que lo corriente son los cocinados o los precocinados, tan indigestos para el débil estómago de un pájaro recién fugado de su nido. Porque si los jóvenes no tenéis cerca de los ojos alguien a quien poder coronar, ¿cómo distinguiréis la llegada de un rey, o cómo sabréis que en vuestro interior ya nació uno? Un rey más hogareño, más expresivo, más afectuoso, más vulnerable, más inclinado a su sangre que a su trabajo, es decir, en definitiva, más humano.

INVITACIÓN A LA ALEGRÍA

Se dice, con excesiva superficialidad, que la juventud lleva en sí la alegría. Quizá porque se piensa que lo que la origina es la irresponsabilidad; o la euforia que una salud perfecta produce; o el natural optimismo de quien tiene la vida por delante, y es capaz de comerse el mundo antes de que el mundo se lo coma a él. Sin embargo, conozco pocos jóvenes alegres; en general, conozco muy poca gente alegre. Como si la sociedad protectora que inventamos, y las ciudades aliadas que nos acogen, amortiguasen nuestro impulso hacia la jocundidad. Porque la vida, el simple y mortal hecho de vivir, es precisamente a la alegría a lo que invita antes que a cualquier otra cosa. *Alacer*, en latín, es a la vez *alegre, vivo* y *ágil*.

No me refiero a la alegría orgiástica de los griegos, en que los dioses y los hombres danzaban juntos la gran danza de Pan desenfrenados. Ni, al contrario, a la alegría ascética y fantasmal del cristianismo antipagano, que cerró la mirada a los gozosos adornos de este mundo para fijarla en la visión beatífica del otro. Ni a la alegría libertina, desencadenada del temor al pecado. Ni mucho menos, a la burguesa de quienes, conseguidos los anhelados bienes materiales, se satisfacen con ellos. Ni tampoco me refiero a la de los perseguidores de utopías colectivas, los revolucionarios que aspiran a una unidad humana que todo lo comparta: esta alegría es aplazada y sólo genera un orgulloso contento por el deber cumplido. Me refiero a la alegría a la que todos hemos sido convocados, y que es, por tanto, previa: más sencilla y más complicada al tiempo que cualquiera de las enumeradas.

Es posible que haya unos seres más propensos a ella: seres que no nacen taciturnos y cabizbajos (si es que alguien nace así, y no es que se vuelva así por causas que aún desconocemos y que afectan al hombre desde el mismo momento de echarse a respirar, o antes quizá). Pero tampoco la alegría es identificable con el entusiasmo, ni con la graciosa extraversión, ni con el afán por la fiesta y por la risa. La risa concretamente es una manifestación no siempre auténtica y no siempre alegre (al fin y al cabo, en España abunda el humor negro y la fiesta ensangrentada de los toros). Ni tampoco es identificable con el placer: confundirla con él sería como confundir a Dios con un humilde cura rural sin desbastar, o como confundir el sentido del humor, que ha de teñirlo todo, con un chiste que provoca la carcajada más elemental e inevitable. La alegría no tiene por qué ser irreflexiva, ni pedestre, ni patrimonio de los simples... Es otra cosa; quizá es siempre otra cosa *además*, lo mismo que el amor.

Se trata de algo perfectamente compatible con la sombra de los pesares y con el conocimiento del dolor y de la muerte: cualquier sombra resalta la luz y los contornos de un paisaje. La alegría, contra lo que pudiera pensarse, no es un sentimiento pueril o desentendido: ha de ser positiva, incluso emprendedora de la carrera que lleva a sí misma o a su resurrección. Aunque fracase en ello. Porque si la alegría no lo es *a pesar de todo*, no lo es de veras. Frente a la tristeza, un sentimiento débil y grisáceo y que mancha, ella es un detergente que blanquea y que fortifica. Consiste en un estado de ánimo, que puede perderse y también recuperarse; que es anterior y posterior a la pena, y que el más sabio lo hará también coincidente con la pena. «Las penas hay que saber llevarlas con alegría», dice la protagonista de mi primera comedia, escrita a vuestra edad.

Y es que la alegría, en realidad, es la base y el soporte de todo: la palestra en que todo tiene lugar, y en la que nosotros luchamos, vencemos o nos vencen, y acabamos por *ser* (el hombre *es*, en el fondo, su batalla y asimismo su campo de batalla). De ahí que debamos aspirar a una alegría no ruidosa, no efímera, no tornadiza, sino serena y consciente de sí misma. No podemos permitir —antes la muerte— que alguien nos la perturbe, y menos aún que nos la arrebate. Ella es la principal acompañante de la vida: su heraldo y su adiós, su profecía y su memoria. No hay nada para mí que resulte más atractivo: ni la inteligencia siquiera, ni la belleza. Porque el alegre es ecuánime y mesurado: todo lo pasa por el tamiz de su virtud y lo matiza con ella. Con ella, que representa la aceptación de un orden vital en principio incomprensible; la aliada más profunda de cualquier actividad que colabore en favor de la vida; la superviviente de catástrofes y cataclismos, y de la maldad humana, y de las depredaciones, y de la infinita concatenación de las muertes que hacen sitio a la vida. Es el más dulce fruto de la razón; la prerrogativa inconfundible del hombre; la mejor fusión del sentimiento y de la mente, de la zona más alta del ángel y de la más baja del animal: el resumen perfecto. Por nada de este mundo ni del otro debe perderla quien la tiene, ni dejar de recuperarla quienes la hayan perdido.

LA CIMA

Quizá algunos privilegiados de los que me leéis hayáis visto, con vuestros propios ojos y total certidumbre, el objetivo de vuestra vida: aquello a lo que sabéis que ha de estar dedicada y sin lo que os sentiríais en esencia frustrados. Se trata de un codiciable primer don, o de una codiciable primera conquista. Pero a partir de ellos, hay que hacer todo lo demás, que es justamente *todo*. No es raro que a menudo se identifique la meta adivinada con su consecución, y el ardiente deseo de llegar con la satisfacción de haber llegado. Sin embargo, la vida es dinámica pura, tensión, progreso, intensidad, impaciencia, ascenso, impulso, respuesta sucesiva. Aquel que se siente está perdido; aquel que se contente no tendrá más que aquello que le produce su contento.

Allá lejos vemos la montaña. Hay días en que nos parece irreal, como un telón de fondo que la lontananza transforma en pintado e imposible. Hay días en que la percibimos entre brumas, velada y más distante que nunca, con sus intactas nieves perpetuas que nos rechazan y, erguidas frente a nosotros, nos vedan el acceso. Hay días en que la vemos clara y radiante, maternal e invitadora... Allá está la montaña, coronada por la alta cima. Alguno sabe que su destino es ascender a ella, y se solaza con la ilusión. Pero el ascenso no se reduce a proyectar el día de la partida, los planes, las etapas, los trebejos, las cuerdas. Hay que ponerse en marcha: levantarse y avanzar. Como el *surgam et ibo* del hijo pródigo que decide retornar a la lejana casa de su padre.

Lo primero es abandonar el valle: el valle conocido y complaciente. Preguntar a los prácticos por la única o las diversas veredas de la aproximación. Comenzar el trabajo, acaso por la cara de la montaña que no recibe el sol, acaso por la que lo recibe demasiado. Dejar atrás los caseríos que nos invitan a descansar. Seguir de día y de noche la vocación de la difícil cima, con tanta frecuencia oculta, y en muy contadas ocasiones sonriente y despejada. Dejar atrás las navas donde la vida es fácil, y donde habitan nuestros antecesores rendidos, o resignados, o conformes con lo que consiguieron. La llanura es a veces demasiado ancha: nos da la sensación de que nada hemos adelantado, sino que, por el contrario, sin saber cómo ni por qué, retrocedimos. Son las peores tentaciones: flaquear, tirarlo todo al abismo, volver a la tibieza y a la comodidad.

Para evitarlas, desde el principio, el deseo de la ascensión ha de ser *vuestro*, resueltamente nacido de vuestro corazón no influido por otros; si no es así, no subiréis jamás. Un deseo rotundo, positivo y flamígero, seguido de un esfuerzo que, en muchas circunstancias, juzgaréis más grande que vuestros propios bríos. No bastará la renuncia a otros sueños, ni el desecho de otras oportunidades: se precisa un compromiso y una involucración apasionados, y la asistencia de los guías mejores, y toda la sabiduría que sólo da el camino, y el mayor autodominio para apretar los dientes y proseguir. Porque son muchos los convocados por la señera gloria de la cima, pero nunca muchos los que acaban por poseerla. Hay que destruir la primera y más próxima barrera que os impida emprender el ascenso; pero subsisten luego muchas otras, que hay que romper también —ignorancias ajenas, recelos, prejuicios, mezquindades—, porque, si no, os impedirán la victoria. Y tendréis que aprovechar, más aún que la ajena, vuestra improvisada experiencia, puesto que no hay dos modos iguales de escalada. La revolución que ella significa la deberá hacer cada uno contra las opresiones, y el falso dominio, y el falso amor, y las envidias, y también contra la autosatisfacción.

Equipados de este modo, comprobaréis que vuestra fuerza crece a medida que subís, como si la cima os atrajera. Y es que os atrae, y que os acercáis a ella como el hierro al imán. Ella será la fuente de vuestro entusiasmo y de vuestra abnegación. Y así, cuando la poseáis y ella os posea, confirmaréis la siguiente verdad: el misterio de la cima sólo se abre a los hombres de buena voluntad. No a naciones, no a grupos, no a partidos, no a religiones, no a organización alguna, sino a los individuos que ostentan el poderío secreto de la fe. Ellos son los que no desean para sí la grandeza, ni la heroicidad, ni la paz durmiente de los valles, sino sólo un corazón valeroso, una inteligencia diáfana y una disponibilidad fraternal. De ahí que el que llega a la cima, acto continuo, se vuelve hacia los que aspiran a llegar, y les entregue, para confortarlos y auparlos, el tesoro de su conocimiento, el de su estímulo y el de su bien ganada serenidad.

PASADO Y FUTURO

Os habrán asegurado muchas veces que vuestro campo es el presente, y otras tantas que vuestro campo es el futuro. De lo que no cabe duda alguna es de que *vuestro campo no es el pasado*. A él tenéis que negarlo, y sacudíroslo, y cortar las amarras que os aten a él, y despegaros de su costa. No es vuestro: por muy glorioso o fructífero que fuese, por muy doloroso o atribulado. No os sintáis responsables de él, ni atañidos por él, ni apenados siquiera: rehuidlo.

Alrededor —por causa vuestra, pero también a vuestro margen— se están produciendo mudanzas radicales. Desde sus cimientos se estremece la Historia y da pábulo a la esperanza. Bastantes de vosotros, ensimismados, no lo advierten: el estruendo de sus músicas y sus velocidades, o el interior estrépito de su dejadez, no les permiten escucharlo. Pero también bastantes de vosotros estáis arriesgando vuestra libertad en la lucha por el pacifismo y la insumisión, y empleáis vuestro tiempo en campañas a favor de los mundos desprovistos, y os aportáis en ayuda de los necesitados más próximos. Por eso es preciso que os alegre el ruido de las mentiras al derrumbarse y de las caretas de los mentirosos al caer; el ruido, al ser destronados, de los políticos vendidos y de los políticosególatras; el de los valores ya rancios, que se proclamaron eternos y ahora se desmoronan, el de las ideologías caedizas y las promesas inservibles.

Vosotros representáis los valores nuevos que surgirán de nuevos gérmenes. Por eso no os podéis implicar en lo que ha fracasado; en lo que pregonaba vino y vendía vinagre; en lo que sólo cuenta todavía con vosotros para reduciros a números fríos en su cuenta de beneficios: el número de accidentes cada fin de semana, el de drogadictos, el de parados... No os dejéis implicar en la estrategia de la araña, cultivada por el poder y el dinero, que os ha expulsado (para ventaja vuestra) del ámbito de sus actividades, por consideraros pasotas o inmaduros. No os dejéis embaucar por las antiguas lacras renovadas, que os contagiarán salvo que os vacunéis contra ellas: el racismo, los ultraísmos ideológicos, los fascismos, los nacionalismos, los integrismos desalmados... Eso no es cosa vuestra, sino de los que se instalaron como dueños del pasado y se negaban a dar entrada en su reino a los demás: a los menos fuertes, a los de otras creencias, a los de otros pueblos, a los de otra edad, es decir, a vosotros.

En vuestras manos sólo tenéis el tiempo: es más que suficiente. Si poseyerais más, os lo quitarían; pero el tiempo no pueden. Jano, el dios de la guerra, ostentaba dos rostros: uno miraba al ayer, y otro al mañana; el segundo es el vuestro. Adelante. A trabajar con una meticulosa precisión, porque, si los fines son nuevos, no menos nuevos habrán de ser los métodos. Para crear un mundo más refulgente y más humano no sirven procedimientos caducados. Recordadlo: «al andar se hace camino»; a medida que avancéis, lo iréis allanando y convirtiendo en practicable para quien os suceda. Por tanto, de lo que conocéis no elijáis esto o aquello: os pertenece todo; de lo peor y lo mejor sois herederos, y aquello que os repela habrá de ser cambiado. Pero vosotros, causahabientes, sois distintos del causante: no hay testador que valga. Aquí es el tiempo quien dispone, y os está señalando con el dedo. Lo vuestro es la legítima. Me disgusta que me escribáis que con la herencia no sabréis qué hacer, o que os parece pésima, o que no os consideráis sus dueños, o que la rechazáis. Claro que es mala, y no debéis mancharos con ella. De ahí que sea necesario mejorarla, someterla a cuarentena, innovar, limpiar, enriquecer... Para eso está el futuro. Vosotros sois sus amos: que nadie os lo arrebate ni os lo hipoteque.

Detesto a la gente que, sin moverse, se imagina glorificada en el futuro porque lo sueña así. La detesto tanto como a los que se reducen a dormir sobre los laureles de su ayer. A ambos, el tiempo los separa de lo que podrían ser. Por eso, os habéis de *incorporar* en todos los sentidos, y llamar al futuro e invitarlo a *presentarse*, o sea, a transformarse en presente. Por eso, hay que mirar por encima de los enanos de ayer y recibir a voces el mañana, que será el día triunfal si desde hoy lo planeáis. Pero no es posible vivir en el mañana con el alma de ayer, con las malicias, las basuras, el egoísmo y los odios de ayer. El mañana ha de escribirse con rectitud y generosidad, sin rastros vetustos que lo impurifiquen. Y no hay que tenerle miedo. Quien se lo tenga y prefiera seguir atado al pretérito, que se quede en tierra. Los demás, libres y ligeros de equipaje «como los hijos de la mar», a embarcar y a embarcarse. A corazón abierto. A cuerpo limpio. Avanzando hacia vuestra mejor propiedad, que es el futuro, para abrazaros con él a mitad de camino.

HASTA SIEMPRE

Os aseguro que esta página no es una despedida. En ella, y en las que la han precedido, me quedaré junto a vosotros el tiempo que queráis, por si volvéis. No conozco mejor permanencia que la de estar al lado, con el oído atento a la llamada, con la palabra escrita o dicha cerca. Una palabra que deberá renovadamente interpretarse, ahondarse y comprenderse, según el estado de ánimo y la necesidad de quien la lee o la escucha. Que todo lo que hemos reflexionado juntos a lo largo de esta carta no sea definitivo; que no sea dogmático, sino móvil, cambiante, intercambiante en la medida de vuestros proyectos y según la capacidad de vuestro corazón.

Mucha gente, leyéndome, ha pensado: «Este hombre se pasa de optimista. ¿Qué jóvenes son esos a los que se dirige? Él se los imagina; no existe nadie así. Los jóvenes de hoy, los más reales, no han echado ni una sola ojeada a tales páginas. O se prostituyen aceptando detestables trabajos por dinero, o se mueren de hambre. La derrota y el asco son sus únicas salidas. ¿Cuántos lugares o personas o situaciones tendrán que abandonar para no mancillarse? ¿Cómo van a vivir con dignidad en la calle, en medio de un entorno puntiagudo y hostil, acaso sin apoyos familiares, sin dinero, solos y en guerra contra todo? A las ovejas, blancas o negras, se las come el lobo... ¿A quién le escribe este hombre, y quién lo lee? Más que optimista es paranoico...»

Quizá tengan razón. Pero a mí me es más vital confiar en vosotros que en quienes así opinan. Y para vosotros es vital que alguien confíe: si nadie espera nada de uno, uno jamás se esforzará por corresponder a la esperanza. Puede que, en efecto, al final resulte un paranoico. O quizá no. Sé que el mundo no cambia; no cambia solo, al menos. Ni nos cambia el amor; a no ser el amor verdadero: aquel que somos, del que formamos parte... Sin embargo, ¿no podremos mejorar de uno en uno? ¿No podremos mejorar un poquito nuestro entorno? ¿No mejorará, sin que nos demos cuenta, con nuestro entorno, el mundo? ¿Habremos de ostentar una permanente mueca de desolación y de desesperanza en nuestras almas? ¿No moriremos un poco más tranquilos —y viviremos un poco más tranquilos— si intentamos que nuestro pequeño y cotidiano mundo sea más justo y más claro?

No sé ni quiénes de vosotros se habrán sentido instigados a la rebeldía a lo largo del tiempo cordial que hemos pasado juntos; pero sean quienes sean y cuantos sean, los continúo instigando. A los dieciocho años, un muchacho cualquiera puede haber visto cuatro mil horas de publicidad; quiero decir con esto que, en el fondo, se cometen demasiados pocos crímenes. A los hombres *normales* se les exige que sigan en silencio la corriente. Los Estados quieren ciudadanos cumplidores y unánimes, que faciliten su tarea de gobierno. La Iglesia procura seres resignados y mansos de corazón. La Universidad, estudiantes domésticos y sin iniciativas. La industria y las empresas, empleados sumisos que encajen a la perfección en sus equipos. Cada vez más mujeres prefieren hombres pasivos: la mitad de cada pareja, pacífica y casi intercambiable, descansa en la otra mitad, y ambas se descargan pronto en sus hijos, y el padre en la madre, o viceversa... Es a la actividad a lo que os llamo. Os llamo a *ser*; a romper con cualquier somnolencia, sublevados, intransferibles, con nombre propio y sin uniforme.

También os insto, con pasión y con brío, a que los muchachos y las muchachas seáis auténticos amigos. Pero asimismo, a que cada uno agarre lo más fuerte que pueda su dolor personal, y lo asuma. Porque los dolores y los gozos de los dos sexos son diferentes. Habréis de distinguirlos —son quienes os definen— y acompañaros en ellos unos a otros: acompañaros, pero no sustituiros. Por eso os ruego que seáis sinceros siempre, con una sinceridad profunda y nada parlanchina. Y, sobre todo, que seáis fieles cada cual a sí mismo, y leales con los otros. Para no fracasar, para crecer, antes que nada, es preciso conocer nuestros límites: dónde nos acabamos y hasta dónde conducen nuestros sueños. No decirnos en esto la verdad es traicionarnos y traicionarlo todo.

Y os deseo que no os defraudéis a vosotros mismos nunca; que consigáis la felicidad ahora y después. Esa felicidad que para mí deseo. No un éxtasis gratuito; no una embriaguez efímera que luego da resaca; no un revuelo enemigo del arraigo y de la disciplina; no una blandenguería que os haga dormitar ajenos a la tensión fructífera; no una autocomplacida lucidez que os separe del caos, ni un caos constante que os aísle de la lucidez; no una condescendencia que os tolere sentiros débiles, desamparados, impotentes, enfermos. Sobre la mentira no construyen la felicidad más que los ilusos y los necios... Aspirad a la altura; sed dúctiles y francos, pero sed duros si es preciso. Y sangrad siempre que sea imprescindible: la sangre se remoza. Ojalá lleguéis a ser como yo os imagino: fuertes y realistas, soñadores y fuertes. La felicidad a que aspiro y que os deseo es la alta y honda satisfacción de saber quiénes queremos ser, y que lo estamos siendo, o que nos aproximamos más cada día a serlo.

Hasta siempre. Tenedme con vosotros. Pero, aunque me olvidaseis, hasta siempre también.

Índice onomástico

Adams, John: 14.
Adán (personaje bíblico): 39, 92.
Almanzor: 20.
Ángela, tía: 36.
Aristófanes: 111.
Arquímedes: 89, 196.

Bainville, Jacques: 158.
Beatles, los: 68.
Bello, Andrés: 214.
Blake, William: 243.
Buda: 128, 162, 164.
Bush, George H. W.: 24.

Caribdis (personaje mitológico): 141.
Cristo: *véase* Jesús de Nazaret.

Dante Alighieri: 178.

Edipo (personaje mitológico): 131.
Electra (personaje mitológico): 131.
Epicteto, esclavo: 112.
Escila (personaje mitológico): 141.
Eva (personaje bíblico): 39, 92.

Feltin, cardenal: 152.
Fernado II de Aragón, el Católico: 43, 200, 214.
Francesca: 52.
Friné (cortesana griega): 114.

Gramsci, Antonio: 41.

Heráclito: 21.
Hitler, Adolf: 16.
Hobbes, Thomas: 72.
Horacio: 31.

Ícaro (personaje mitológico): 146.
Isabel I de Castilla, la Católica: 43, 200, 214.

Jano (dios de la guerra): 255.
Jesús de Nazaret: 47, 128, 164.
Job (personaje bíblico): 240.
Jonás, profeta: 186.
Juan de la Cruz, san: 241.
Juan Pablo II, papa: 162.

Keats, John: 69.

Leonardo da Vinci: 128.
Lorenz, Konrad: 122.

Madonna: 25.
Magdalena (personaje bíblico): 113.
Maquiavelo, Nicolás: 56.
Marco Aurelio, emperador: 112.
Marx, Groucho: 239.
Marx, Karl: 239.

Nica, tía: 36.
Nietzsche, Friedrich: 35.

Ortega y Gasset, José: 22, 35, 121, 127.
Ovidio: 119.

Paolo: 52.
Pascal, Blaise: 118, 150.
Platón: 59, 112.
Poe, Edgar Allan: 203.

Quevedo y Villegas, Francisco de: 35, 155.

Schopenhauer, Arthur: 103.
Shakespeare, William: 172, 177.
Simeón (personaje bíblico): 34.

Smith, Adam: 15.
Sócrates: 128.

Tennyson, Alfred: 30.
Tobías (personaje bíblico): 36.
Tomás Moro, santo: 102.

Unamuno, Miguel de: 173.

Vega y Carpio, Félix Lope de: 155.
Virgilio: 178.